# 何处是我身

## 青少年在网络游戏中的自我认同建构

胡晓梅 著

ZHEJIANG UNIVERSITY PRESS
浙江大学出版社

**图书在版编目（CIP）数据**

何处是我身:青少年在网络游戏中的自我认同建构 / 胡晓梅著. —杭州：浙江大学出版社，2021.6
ISBN 978-7-308-21402-5

Ⅰ.①何… Ⅱ.①胡… Ⅲ.①网络游戏—青少年心理学—研究 Ⅳ.①G898.3 ②B844.2

中国版本图书馆 CIP 数据核字(2021)第 097587 号

**何处是我身:青少年在网络游戏中的自我认同建构**

胡晓梅　著

---

**责任编辑**　顾　翔
**责任校对**　张一弛
**封面设计**　周　灵
**出版发行**　浙江大学出版社
（杭州市天目山路 148 号　邮政编码 310007）
（网址:http://www.zjupress.com）
**排　　版**　杭州青翊图文设计有限公司
**印　　刷**　广东虎彩云印刷有限公司绍兴分公司
**开　　本**　710mm×1000mm　1/16
**印　　张**　14.5
**字　　数**　261 千
**版 印 次**　2021 年 6 月第 1 版　2021 年 6 月第 1 次印刷
**书　　号**　ISBN 978-7-308-21402-5
**定　　价**　49.00 元

---

# 目 录

# 第一章　研究问题、架构与方法

## 第一节　研究问题与研究意义

从20世纪下半叶开始出现至今，互联网不仅深刻影响了全球的政治、经济、文化和军事，而且已经完全渗透到我们的社会生活中，甚至彻底改变了我们的日常生活形态。在这个曼纽尔·卡斯特尔称为“网络社会”的时代，信息技术革命引发了以网络为主要特征的新社会结构的诞生，人们在生产和消费关系、体验和权力关系上的组织安排，都建基于信息技术和微电子控制下的信息网络。[①] 互联网的崛起，正在改变和重塑人类社会的生产方式、生活方式、沟通方式、行为方式，甚至人与人之间的亲密关系。截至2020年3月，我国网民规模达到9.04亿，互联网普及率为64.5%，其中手机网民规模达到8.97亿。[②] 腾讯公司发布的2020年第一季度财报显示，社交媒体微信及WeChat的合并月活跃账户数已达到12.025亿，比2019年同期增加0.908亿。[③] 2019年的“双十一”，天猫、京东、苏宁、拼多多等电商平台全网成交额为4101亿元。其中，京东累计下单金额

---

① Manuel Castells. Toward a Sociology of the Network Society[J]. *Contemporary Sociology*, 2000, 29(05): 693-699.

② 中国互联网络信息中心. 第45次中国互联网络发展状况统计报告[R/OL]. (2018-05-11)[2021-03-08]. http://111.0.93.184/www.cnnic.net.cn/hlwfzyj/hlwxzbg/hlwtjbg/202004/P020200428596599037028.pdf.

③ 腾讯网. 腾讯公布二零二零年第一季度业绩[R/OL]. (2020-05-13)[2021-03-08]. https://cdc-tencent-com-1258344706.image.myqcloud.com/uploads/2020/05/18/fc1afc176e4604f3a05602a467b259ad.pdf.

达2044亿元,天猫最终交易额达到2684亿元,“网红带货”已成为电商平台的标配,超过50%的天猫商家通过直播获得了新增长。[①] 一连串数字的背后,体现了人类向赛博空间的“移居”,赛博空间不仅是超越人类生命发生于其间的地理空间或者历史时间的一种新的体验维度,而且是几乎与我们日常生活所有方面都有关的五花八门的迷宫式的关联域。也就是说,不仅人类世界的一部分转变成为虚拟环境,我们日常生活的世界也日益与虚拟空间和虚拟时间交织在一起。[②]

“由互联网的兴起所引发的数字化、信息化和全球化革命,正以迅捷的速度广泛地影响着人们的社会生活,并全方位地改变着人类社会的面貌,改变着人们的思考方式、行为倾向、社区形态以及自我认同。”[③]其中,打游戏作为一种娱乐方式也日益进入广大网民尤其是青少年网民的日常生活,成为网络使用者参与度颇高的一项网络行为。相较于传统的面对面的游戏而言,在匿名和身体不在场的情况下,网络游戏玩家可以借助游戏角色与其他玩家在虚拟世界里展开各种形式的互动,充分发挥个人才能和潜力、发展独特性格、建立并经营线上及线下的人际关系、体验各种真实的情感,并在游戏中收获成就。网络游戏玩家正日益形成一个特殊的社会群体,他们将闲暇时间投入虚拟空间,穿梭于游戏设置的不同时空,在其间探索未知世界、开展竞争与合作、打怪升级、买卖交易、与其他玩家结成“情侣”甚至“结婚”。玩家可以在游戏中体验一种或多种与现实完全不同的人生,成就现实中无法实现的光荣与梦想。正因如此,网络游戏玩家群体引起传播学家、社会学家、心理学家、教育学家的广泛关注,网络游戏行为也成为一个跨越传播学、社会学、心理学和教育学等多个学科领域的研究场域。

## 一、研究背景与研究问题

大约20年前,英特尔公司CEO安迪·格鲁夫这样描述:“互联网就像迎面而来的卡亚斯克飓风,以20英尺(约6.1米)高的浪潮袭击着我们。这场暴风雨

---

① 智研咨询.2019年双十一市场销售额、成交额、物流订单量及各大电商平台销售情况分析[R/OL].(2019-11-14)[2021-03-08].http://www.chyxx.com/industry/201911/805087.html.

② 约斯·德·穆尔.赛博空间的奥德赛:走向虚拟本体论与人类学[M].桂林:广西师范大学出版社,2007:02.

③ 黄少华,翟本瑞.网络社会学学科定位与议题[M].北京:中国社会科学出版社,2006:03.

经过太平洋数千英里的能量积蓄，足以使你腾空而起，再将你重重摔下。通过计算机相互连接的时代近在咫尺，至少美国、日本以及欧洲是如此。互联网影响着我们每个人的生活……”① 在随后的时间里，互联网以前所未有的速度迅速扩张，逐渐成为信息搜索与传递、人际互动、社会交往、购物、教育、娱乐等日常行为的新的平台。人们的电子游戏场域也开始从游戏厅和游戏机逐渐向互联网空间转移。根据中国互联网络信息中心发布的《第 45 次中国互联网络发展状况统计报告》，截至 2020 年 3 月：我国网络游戏用户规模已达到 5.32 亿，占整体网民的 58.9%，较 2018 年年底增长 4798 万；手机网络游戏用户规模达到 5.29 亿，较 2018 年年底增长 7014 万，增幅达 14.5%，占手机网民的 59.0%；游戏直播用户使用率达到 28.7%。②

随着网络游戏用户规模的持续扩大，游戏市场的表现也非常抢眼。中国音像与数字出版协会游戏出版工作委员会(GPC)、CNG 中新游戏研究(伽马数据)和国际数据公司(IDC)联合发布的历年中国游戏产业报告，将我国游戏(包括客户端游戏、网页游戏、社交游戏、移动游戏、单机游戏、家庭游戏机游戏、电视游戏)产业 5 年实际销售收入的部分情况整理如下(见表 1-1)。

**表 1-1　我国游戏市场销售收入 5 年数据③**

| 年份 | 游戏市场总收入/亿元 | 客户端、网页、移动、社交游戏市场总收入/亿元 | 移动游戏市场总收入/亿元 | 移动游戏市场收入同比增长率/% | 移动游戏在游戏市场总收入的占比/% |
|---|---|---|---|---|---|
| 2014 | 1144.8 | 1144.3 | 274.9 | 144.6 | 24.0 |
| 2015 | 1407.0 | 1403.4 | 514.6 | 87.2 | 36.6 |
| 2016 | 1655.7 | 1647.4 | 819.2 | 59.2 | 49.5 |
| 2017 | 2036.1 | 2019.8 | 1161.2 | 41.7 | 57.0 |
| 2018 | 2144.4 | / | 1339.6 | 15.4 | 62.5 |

① 约翰·诺顿. 互联网：从神话到现实[M]. 南京：江苏人民出版社，2001：22.

② 中国互联网络信息中心. 第 45 次中国互联网络发展状况统计报告[R/OL].(2018-05-11)[2021-03-08]. http://111.0.93.184/www.cnnic.net.cn/hlwfzyj/hlwxzbg/hlwtjbg/202004/P020200428596599037028.pdf.

③ 中国音像与数字出版协会游戏出版工作委员会，等. 2018 年中国游戏产业报告(摘要版)[R/OL].(2019-05-05)[2021-03-08]. http://www.cgigc.com.cn/gamedata/20752.html.

虽然该系列报告没有明确给出网络游戏市场的实际营收情况,但由于客户端游戏、网页游戏、移动游戏和社交游戏基本上需要在联网情况下进行,这 4 类游戏销售总额的逐年上升可以被视为网络游戏收入的持续增长。其中,受益于以智能手机为代表的移动上网设备的迅速普及,移动游戏市场在经历了 2014 年和 2015 年的快速扩张后依然保持了较高的同比增长率,在游戏市场总收入中的占比也在 2017 年攀升到 50%以上。此外,中国游戏产业系列报告从 2016 年开始统计电子竞技游戏的市场表现。2016 年,我国电子竞技游戏市场实际销售收入达到 504.6 亿元,占游戏市场总收入的 30.5%;2017 年,电子竞技游戏实现 730.5 亿元的总收入,同比增长 44.8%,占游戏市场总收入的 35.9%;2018 年,电子竞技游戏市场实际销售收入达到 834.4 亿元,占游戏市场总收入的 38.9%。网络游戏产业已经逐渐成为国民经济增长的重要引擎和新的经济增长点。

网络游戏产业的快速发展引起了相关机构的密切关注。随着《英雄联盟》和《王者荣耀》等电子竞技类游戏的日益流行,尤其是《王者荣耀》在 2015 年 11 月推出后迅速走红,教育和体育机构开始对这类游戏市场进行培育和引导。2016 年 9 月 2 日,教育部职业教育与成人教育司发布《关于做好 2017 年高等职业学校拟招生专业申报工作的通知》,公布增补 13 个普通高校高职教育专业,其中就包括电子竞技运动与管理专业。[①] 2017 年,锡林郭勒职业学院、四川电影电视学院纷纷开始招收该专业的专科学生,中国传媒大学也以数字媒体艺术(数字娱乐方向)的名称招收游戏策划和电竞管理专业本科学生。国际奥委会表态认可电子竞技是一种体育运动[②],亚奥理事会也宣布将电子竞技纳入 2022 年在杭州举办的第 19 届亚运会正式比赛项目中。或许从这个意义上可以说,网络游戏正在逐渐被主流话语体系所接纳。

在网络游戏用户中,青少年网络游戏玩家是一个不容忽视的群体。根据一次关于青少年上网行为的调查,截至 2015 年 12 月,我国青少年网民规模达到 2.87 亿,在整体网民中占据 41.7%的比例,占全国青少年总人口的 85.3%,远高于当年全国整体 50.3%的网民互联网普及率。其中,青少年网络游戏玩家数量达到 1.9 亿,青少年网络游戏使用率为 66.5%,虽然网络游戏不是青少年使

① 教育部职业教育与成人教育司.关于做好 2017 年高等职业学校拟招生专业申报工作的通知[EB/OL].(2017-08-10)[2021-03-08]. http://www.moe.edu.cn/s78/A07/A07_gggs/A07_sjhj/201609/t20160907_277984.html.

② 薛原."入奥",电子竞技可以吗[N].人民日报,2017-11-24.

用最多的网络应用，但青少年的网络游戏使用率比网民整体网络游戏使用率高出 9.6%，比青少年和网民整体在所有其他互联网应用上的差异都要大。① 借助匿名的游戏角色，青少年玩家在网络游戏中结识来自不同地方、有着共同爱好的一群人，远离现实生活的束缚，全身心投入一个可以自己掌控角色命运的虚拟世界，在其间发挥想象力，尽情地表现自我，尝试现实中无法实现的行为和梦想。一方面，通过网络游戏，玩家可以拉近彼此之间的距离并寻求认同，在玩游戏的过程中互相帮助、互谈心事，发展出同属于一个团体的群体认同意识②，经历喜怒哀乐，体验成长与成熟；另一方面，心智尚未完全成熟的青少年玩家可能会深陷游戏营造的“异度”空间，混淆虚拟与现实，迷失自我，做出不理智举动，影响个人成长。

“我是一名《魔兽世界》的资深玩家，四年下来，断断续续玩了六七个账号。……在停服前夕，我看到了那些在暴风城门口的库德兰 · 蛮锤雕像前合影留念的玩家，看到了写下一篇又一篇回忆录却仍无法收笔的玩家，看到了那些脱下最后一件装备静静地坐在丧钟镇的战友……也许这就是一种沉迷，但对于我来说，我沉迷的并不是游戏中肆无忌惮的杀戮，而是那份自我满足的归属感。在这个虚拟的世界里：有和我一起坐在小酒馆里互倾感伤的朋友；有我成为英雄、保卫荣誉和精神家园的理想；还有和我跌跌撞撞一路成长起来、让我为之心动的红颜知己。我深知网络游戏都是虚拟的，而且没有人能够脱离现实生活生存下去。但事实上，在游戏的同时我也能够顺利毕业、努力工作、贡献社会，在我能够自食其力的前提下我需要这种归属感。”③

这是 2009 年 6 月 7 日《魔兽世界》在中国内地全面停服后，玩家为怀念游戏生涯所写下的文章，表达了一部分玩家对网络游戏的真实情感。在这些玩家看来，游戏并非虚幻的，而是属于他们的真实的生存空间、伴随他们成长的一种方式，能让他们体验到和现实一样的成就、归属、爱和友谊。与此同时，每年都有青少年因沉迷游戏而财产或生命安全受损的新闻出现，仅 2017 年一年就发生了多起由青少年玩游戏引发的危险事件：4 月份，17 岁广州小伙因为冲击游戏最高段

---

① 中国互联网络信息中心. 2015 年中国青少年上网行为研究报告[EB/OL]. (2017-08-02)[2021-03-08]. http://www.cnnic.net.cn/hlwfzyj/hlwxzbg/qsnbg/201608/P020160812393489128332.pdf.

② 黄少华. 互联网的社会意义：以网络参与和网络游戏为例[M]. 杭州：浙江大学出版社，2015：148.

③ 付强. 我心中的《魔兽世界》[J]. 互联网天地，2009(09)：84-85.

位，连续开黑[①]激战 40 多个小时，中间仅闭眼休息 3 小时，最终造成脑血管堵塞，形成脑梗；6 月 22 日，13 岁男孩毛毛因为痴迷《王者荣耀》和父亲发生口角，一言不合直接从 4 楼阳台跳下，导致髌骨和股骨骨折，他醒来后第一句话是向父亲要手机登录游戏账号，医生描述称孩子入院后情绪焦虑，经常说一些游戏术语；10 月 20 日，湖南邵阳一寄宿在亲戚家的少年因其亲戚不让他玩游戏而欲跳楼轻生，警察通过与少年聊游戏拉近距离成功将其救下，其间少年还吐槽警察技术差，表示可以在游戏中带他。[②]

那么，网络游戏在青少年的成长过程中究竟起到什么样的作用，是让青少年迷恋沉醉，混淆虚拟和现实，最终深陷其中不能自拔，还是会帮助青少年发现潜能，展现自我，成为其青春记忆中的独特篇章？J. B. 阿什福德等人认为，“认同形成”(identity formation)是青少年阶段最为重要的发展任务，并且是持续终生的发展过程。[③] 当青少年玩家进行网络游戏行为时，他们是如何将自身投射到角色符号上，通过符号互动在虚拟世界中展开与游戏角色、其他玩家和团队之间的多维度互动，建构另外一个“我”的？虚拟自我与现实自我又是怎样交织重叠、相互影响，在青少年成长过程中发挥作用的？不同年龄段的青少年玩家借助网络游戏行为所展现的自我认同是否呈现出某种变化，这种变化背后又折射出怎样的自我反思性？本研究试图从传播学、社会学、心理学的学科背景出发，对上述问题做出分析与阐释。

## 二、研究意义与价值

自我认同是人类对“我是谁”“我为什么是我自己”和“我将会怎样”的不懈追问，是个人如何看待自己，如何通过自己的行为在与环境和他人的互动中对自我成长的不断追求。网络游戏是玩家自我认同实现的平台之一，玩家按照自己的意愿选择游戏角色进行角色扮演，既可以独自一人游历虚拟的游戏世界，又可以在游戏中与他人互动，展开不同类型的合作与竞争。网络既隔离又联结的特性

---

① 开黑，游戏术语，指一群人在同一网吧见面交流或通过聊天工具在线交流的情况下，组队进行游戏的行为。

② 上述新闻来自新浪、搜狐、新京报等网站。

③ J. B. Ashford，等. 人类行为与社会环境[M]. 台北：双叶书廊，1999.

为游戏者提供了有利的展示机会，使他们能够挣脱身体在场时的拘谨和束缚，抛开现实身份的限制与规约，在放松身心之余探索自我发展的多重可能，在匿名的角色背后尽情释放自我、实现自我认同，重新塑造一个新的“我”。

珍妮特·穆瑞详细描述了网络游戏玩家自我认同产生的过程。她从亚里士多德戏剧理论出发，认为沉浸、代入、转换是网络游戏的三个基本审美特征。基于数字环境程序(procedural)、参与式(participatory)与交互性特征，参与者能“代入”游戏中，按照自己的意愿参与和选择活动，并体验游戏世界；而其空间的(spatial)、信息全面的(encyclopedic)特征能使游戏者主动创建信任(create trust)，产生沉浸的审美感受；在游戏过程中，游戏者能在不同情节与角色之间自由转换，并在这种转换过程中，改变参与者的自身认同。① 约斯·德·穆尔将网络游戏这种形塑自我认同的功能归因于游戏具有嬉戏的维度，“在嬉戏世界中，玩家与游戏所揭示的各种可能性的空间相认同，可能行动的领域被反思性地运用于自身，与制定的规则相连的各种可能结果的无限性被内化，被挪用和吸收，结果改变了玩家的认同”②。由此可见，玩家在网络游戏中并不只是单纯地玩耍，透过自己扮演的角色，每个玩家都在不断地与游戏角色，与其他玩家和所在团队进行着持续互动，并从中得到快乐和满足，获得成就与自信。并且，在这些互动中，玩家个体的心理特征、性格特点、个人能力，以及玩家对理想自我的期待都有机会得到体现和重构，玩家的游戏行为过程同时也是他们自我认同的建构过程。

对于青少年玩家而言，虚拟空间的自我认同建构显得更加重要。埃里克·埃里克森将自我认同的发展分为 8 个阶段，即信任与不信任(婴儿期)、自主与羞怯和怀疑(幼儿期)、主动与内疚(学前期)、勤奋与自卑感(学龄期)、认同与角色混淆(青少年期)、亲密与孤独感(青少年期或成年早期)、关注后代与关注自我(中年期或成年期)、完善与绝望(成熟期或老年期)。其中，青少年时期是自我认同建构的关键时期。克里斯汀·多特纳强调，青少年阶段是强烈转变的一个阶段，青少年比其他年龄群体更大量地使用新媒介与媒介产品，因此比其他人更容易受到新媒介的影响，他们暴露在外界各种影响力之下，比处在其他生命阶段的

① Janet Murray. *Hamlet on the Holodeck*: *The Future of Narrative in Cyberspace*[M]. New York: Free Press, 1997: 71-101.

② 约斯·德·穆尔. 从叙事的到超媒体的同一性：在游戏机时代解读狄尔泰和利科[J]. 学术月刊, 2006(05): 35.

人口更具可塑性。① 作为一种新媒介，网络游戏为青少年玩家尝试多元化生存提供了新的虚拟空间，也影响了这一时期青少年最为重要的自我认同建构任务。青少年的心理发展特点是具有“开放的心理结构”②，在此时期，出于好奇，青少年勇于尝试各种事物，包括被社会禁止的各种行为。网络游戏正是青少年体验新鲜事物的一个场域。向往自由的青少年在现实生活中受到来自家庭、学校和社会的多重规约，在网络游戏中则可以凭借想象充分发挥个人潜能，尝试现实中无法完成的许多行为。在传统文化与后现代思潮相互交织的当下，青少年玩家的游戏实践已成为一种自我的表演、宣泄和满足。随着电子竞技游戏的日益职业化，这种实践甚至可能影响青少年玩家的学业选择与职业走向。考察青少年网络游戏玩家如何看待游戏中的自己，如何通过不同形式的互动建构另一个或另外几个不同于现实生活中的自己，如何对游戏中的自我进行反思性叙述，因此而变得必要。

当前对于青少年网络游戏玩家的研究中，游戏行为、游戏中的角色扮演和社会交往、玩家的社会化，以及游戏成瘾和游戏中的暴力问题等被讨论得比较多，关于自我认同建构的研究还没有受到广泛关注。已有研究虽然普遍认为玩家在游戏中实现的自我认同是基于现实和理想建构出的结果，但对于具体的建构过程则讨论得不够充分，无论是从方法上还是理论视角上都很难全面展现青少年在游戏虚拟空间的自我认同形成机制。因此，本研究借助自我认同理论、符号互动理论、角色扮演理论等，试图系统分析和阐述青少年玩家在网络游戏中的自我认同建构问题。

为达到这一目的，本研究将研究重心放在青少年玩家的互动行为上，从互动入手，探究玩家自我认同中个人认同、社会认同和集体认同的建构。之所以以互动为切入点，主要基于以下两个原因。第一，自我认同是从互动中产生的。正如费孝通所说，人们的自我认同是通过“我看人看我”③的方式形成的，每个人的自我认同都是他所意识到的他人对自己态度的反应。从乔治·米德到埃里克森，

① Kirsten Dortner. Modernity and Media Panics［M］//M. Skovmand, K. C. Schroder. *Media Cultures Reappraising Transnational Media*. London&New York：Rutledge，1992：42-62.

② J. Kristeva. The Adolescent Novel［M］//John Fletcher, A. E. Benjami. *Abjection*, *Melancholia and Love*. London：Routledge，1990. 转引自陈俞霖. 网络同侪对N世代青少年的意义：认同感的追寻［M］. 嘉义：南华大学社会所，2003：38.

③ 费孝通. 我看人看我［J］. 读书，1999(03)：99-103.

从安东尼·吉登斯到雪莉·特克,自我认同的研究者们从心理学扩展到社会学和传播学,研究场域也从现实世界延伸至虚拟空间,但共同的一点就是,他们都强调自我认同是在互动中逐渐建构的。第二,玩家的网络游戏行为本身是一个持续互动的过程。为了获得最大化的利润,网络游戏开发商非常注重对游戏互动性的追求。有研究者构建的研究模型显示,如果游戏设计有利于角色间的互动,玩家实施游戏行为和参与游戏活动的积极性将随之增加。① 无论是独自游历虚拟世界,还是结伴打怪或组队团战,青少年玩家在网络游戏中进行的所有行为都是玩家与游戏角色或其他玩家互动的结果。

在相关理论的支撑下,本研究通过对互动的分析,从个人认同、社会认同与集体认同三个方面揭示和阐述青少年玩家在网络游戏中的自我认同建构问题,进一步丰富青少年网络游戏行为研究,并对自我认同理论在虚拟空间的延展做出补充。同时,在现实层面,本研究通过上述过程探讨青少年玩家如何对虚拟自我进行反思性叙述,分析这种叙述对青少年成长产生的影响,将有助于我们更客观全面地看待网络游戏行为,对于我们指导青少年玩家理性对待游戏、合理利用游戏的有益因素,帮助他们在游戏过程中建构积极、健康的自我认同大有裨益。

## 第二节　文献综述

自我认同研究是从哲学领域延伸到心理学、社会学、传播学等其他社会科学领域的一个重要问题。随着互联网的介入,虚拟认同,即人们在互联网中的自我认同问题日益受到研究者的关注,许多社会科学文献对其进行了多方位的探讨。其中,网络游戏因为创造了一个融合其他多种互联网应用的虚拟世界,为人们平行体验多种不同生活、发掘自我的不同面向提供了更宽广的试验平台而备受瞩目。玩家尤其青少年玩家在网络游戏中的自我认同建构问题逐渐成为近些年自我认同研究领域的焦点之一。

---

① Seung-Bae Park, Namho Chung. Mediating Roles of Self-presentation Desire in Online Game Community Commitment and Trust Behavior of Massive Multiplayer Online Role-playing Games[J]. *Computers in Human Behavior*, 2011(27):2372-2379.

雪莉·特克是最先关注网络时代游戏玩家自我认同问题的研究者之一。她在其经典著作《虚拟化身：网络世代的身份认同》中，通过参与观察和深度访谈分析了数名MUD[①]游戏玩家的案例，探讨玩家在网络空间中寻求自我认同的过程。特克将网络游戏看作是发现自我甚至重塑自我的实验室，游戏玩家通过游戏中的角色扮演，能够实现现实生活中无从展现的自我面向，完成现实中无法办到的事，能够弥补现实中的情感缺陷，变身为真实的、理想的，甚至不愿意成为的那个"我"。特克认为，玩家在游戏中可以不受时空限制建构平行、多元、去中心化、片断化的后现代自我认同，MUD使自我与游戏之间、自我与角色之间、自我与模拟之间的区隔模糊化。但她同时发现，游戏中的角色扮演可能导致两种结果：一种结果是虚拟空间的成功激发玩家在现实生活中继续寻求成功，实现角色的治愈功能向现实生活的转移；另一种结果是虚拟空间的成功尤其社交关系上的成功并未延伸到现实生活中，玩家的现实困难依然存在，甚至可能更加严重。

特克的研究开启了研究者对于网络游戏中自我认同建构的研究兴趣，后续研究者从多个角度展开了不同探讨。结合这些研究，笔者从个人认同、社会认同、集体认同和反思认同四个方面梳理既有网络游戏玩家自我认同建构的研究，以厘清当前包括青少年在内的游戏玩家进行自我认同建构的基本样态。

## 一、玩家个人认同研究

个人认同是个体立足于自身内在感受和特性所产生的自我意识。网络游戏是角色扮演的游戏，玩家选择成为游戏中某个角色，通过角色的身体体验游戏，并将自己的个人特征和自我意识通过角色呈现出来，实现个人认同的建构。玩家如何从个人内在出发选择角色，在扮演过程中又体现出怎样的自我呈现特征？国内外研究者们通过实证方式从游戏角色的选择和扮演、性别转换和性别建构两个层面，对玩家的个人认同进行了大量研究。

### 1. 游戏角色的选择和扮演

游戏角色的选择和扮演是玩家进入游戏世界后的首要行为。研究者们发现，玩家普遍基于现实自我的特点和个人对理想自我的期待来进行角色选择与

---

① MUD是multi-user domains或multi-user dungeons的缩写，俗称泥巴，是20世纪七八十年代在美国流行的角色扮演游戏(RPG)的统称，以《地下城与龙》为代表。

塑造，并且，角色扮演过程受到个人心理特质的影响。

绝大部分玩家在游戏角色创造中融入了个人的自我意识。扎克·瓦格纳将詹姆斯·吉关于真实世界认同、虚拟世界认同和投射认同的认同建构理论作为分析框架，对骨灰级玩家、休闲型玩家和新手玩家三种不同类型玩家的游戏实践进行了非常详细的观察和记录，并结合访谈分析玩家角色扮演每一个行为背后的个人认同。① 他的研究结果显示，无论是哪种类型的游戏玩家，都将自己现实生活中的身份性格、处事方式和道德判断准则融入角色扮演中，很大程度上依据现实中的自我来选择角色形象，并为游戏角色做出行为选择。在这一过程中，玩家对自我的认识与认同得到充分呈现。尼古拉斯·杜切特等人分析了不同游戏类型的玩家创建角色时的特点，指出游戏角色的形象反映了玩家对自身条件的评价和期望，他们发现32%的受访玩家愿意将自己的身体特点复制到角色身上，其中社交类网络游戏玩家花费于角色外形个性化上的时间最多。②

玩家对理想自我的期待也作为建构个人认同的一种方式进入角色扮演的过程。部分研究者的结论显示，玩家倾向创建外形条件比现实中的自己更为理想的游戏角色。③ 亚历克斯·梅瑞迪斯等人通过深度访谈进一步发现，玩家将游戏角色视为探索认同的一种方式，在创建角色时增加玩家希望表达的积极因素，以理想化的角色形象与其他玩家沟通，完成现实生活中无法做到的事，比如成为社交活动的焦点或在某个活动中成为领导者。④ 严梦音对5个16～17岁的中学生进行了深度访谈，并结合自己的游戏经历和参与式观察探讨了网络游戏中青少年的个人认同问题。她发现，青少年玩家对游戏角色的设定有自己

---

① Zach Waggoner. *My Avatar, My Self: Identity in Video Role-playing Games*[M]. North Carolina: McFarland & Company, 2009.

② Nicolas Ducheneaut, et al. Body and Mind: A Study of Avatar Personalization in Three Virtual Worlds [M]//S. Greenberg, et al. *Proceedings of International Conference on Human Factors in Computing System*. New York: Assoc Computing Machinery, 2009: 1151-1160.

③ R. A. Dunn, R. E. Guadagno. My Avatar and Me: Gender and Personality Predictors of Avatar-self Discrepancy[J]. *Computers in Human Behavior*, 2012, 28(01): 97-106; Holly Maxwell Pringle. Conjuring the Ideal Self: An Investigation of Self-presentation in Video Game Avatars[J]. *Press Start*, 2015, 02(01): 01-20.

④ Alex Meredith, et al. Identity in Massively Multiplayer Online Games: A Qualitative Pilot Study [J]. Proceedings of iiWAS2008, 2008.

的创造性发挥,在角色扮演中的表现既有对理想我的追求,也有对现实我的反思。①

在角色依附问题上,人格心理特质和游戏经历被发现与角色依附之间存在明显的关系,亲社会倾向②和互依自我度高③的玩家更容易与游戏角色产生感情,游戏卷入程度则与玩家的角色依附和自我呈现都显现正相关关系④。多名研究者都认为,人格心理特质主导了玩家在游戏中建构和塑造的自我,在角色创建和角色依附中起到重要作用。例如,凯瑟琳·贝西尔等人发现,高度抑郁和低度自尊玩家创建的角色都更接近于理想自我。⑤ 王智健等人发现,如果玩家自尊程度低,对自我不满意,会通过角色来改变所有不满意之处,脱离社会规范束缚的愉悦感会让玩家感觉自己就是游戏中的角色,进而增加自我呈现。⑥ 黄少华等人也指出,玩家的性格特征及其为人处世的态度会投射到角色身上,通过游戏角色的行为反映出来,角色因此变得更加丰满。⑦

**2. 性别转换和性别建构**

吉登斯指出,自我认同包括性倾向的认同,都是反思的成果,因此,各种异性恋或同性恋的形式、各种性属与性别角色的选择,都已变成探索和抉择的对象与结果。⑧ 性别是研究者们考察玩家个人认同的一个特殊视角,游戏行为中体现出来的性别差异、性别转换行为、玩家的性别建构等都是研究者们关注的焦点。

---

① 严梦音. 虚拟与现实:网络游戏中青少年的自我认同[D]. 桂林:广西师范大学,2017.

② N. D. Bowman, et al. "'I'm Attached, and I'm a Good Guy/Gal!'": How Character Attachment Influences Pro-and Anti-social Motivations to Play Massively Multiplayer Online Role-playing Games[J]. *Cyberpsychology, Behavior, and Social Networking*, 2012, 15(03): 169-174.

③ Seung-A Annie Jin, Namkee Park. Parasocial Interaction with My Avatar: Effects of Interdependent Self-construal and the Mediating Role of Self-presence in an Avatar-based Console Game, Wii [J]. *Cyberpsychology, Behavior, and Social Networking*, 2009, 12(06): 723-727.

④ Hee-Woong Kim. What Motivates People to Purchase Digital Items on Virtual Community Websites? The Desire for Online Self-presentation[J]. *Information Systems Research*, 2012, 23(04): 1232-1245.

⑤ Katherine Bessière, et al. The Ideal Elf: Identity Exploration in World of Warcraft [J]. *Cyberpsychology, Behavior, and Social Networking*, 2007, 10(04): 530-535.

⑥ Chih-Chien Wang, et. al. Self-present by Avatars in Multiplayer Online Role-playing Games: The Influence of Self-esteem, Online Disinhibition, and Virtual Self-discrepancy[J]. PACIS 2014 Proceedings, 2014.

⑦ 黄少华,等. 网络游戏中的角色扮演与人际互动:以《魔兽世界》为例[J]. 兰州大学学报(社会科学版),2015(02):93-103.

⑧ Anthony Giddens. *The Transformation of Intimacy*[M]. Cambridge: Polity Press, 1992: 147.

研究者们普遍认为，玩家的游戏行为体现出明显的性别差异。例如，霍莉·普林格尔以网络游戏《上古卷轴》玩家为样本的研究发现，男性选择最多的角色是具有毁灭作用的龙骑士，女性选择最多的是具有治愈作用的圣殿骑士，选择术士的女性比男性多，选择夜刃的男性更多。① R. A. 邓恩指出，性别和角色形象之间存在一定关系，男性更愿意创建比自己健壮的角色，女性更愿意创建比自己瘦的角色，男女玩家对游戏角色的外形要求符合现实社会中的普遍审美标准。② 尼古拉斯·杜切特等人研究《魔兽》《枫叶故事》《第二人生》三款不同类型角色扮演的游戏，发现女性玩家更喜欢创建与理想我相似的角色，男性玩家更喜欢具有独特性的角色。③ 还有研究者区分了女性在游戏中跟同性玩家和异性玩家分别竞争时的表现，特别关注当女性的游戏竞争对手为同性和异性时，女性玩家在行为及心理方面表现出来的差异。他们的研究结果表明，女性与异性玩家竞争时会感觉到更大的挑战性，并会低估自己的游戏水平，这在游戏技能较弱的女性身上表现得更加明显。同时，女性与异性玩家竞争会产生更多负面情绪，比与同性玩家竞争感受到更大压力。④

性别转换作为网络游戏中比较常见的一种行为，是指玩家选择扮演与自己现实性别相对立的角色，并以此在网络游戏中建构另外一种自我性别认同。国外有关性别转换行为的研究显示，总体看来，男性比女性更愿意在网络游戏中进行性别转换，但也有研究者认为，男性玩家在性别转换上的顾虑比女性玩家多。⑤ M. D. 格里菲斯对性别转换行为的持续研究进一步表明，实施性别转换

---

① Holly Maxwell Pringle. Conjuring the Ideal Self: An Investigation of Self-presentation in Video Game Avatars[J]. *Press Start*, 2015, 02(01): 01-20.

② R. A. Dunn, R. E. Guadagno. My Avatar and Me: Gender and Personality Predictors of Avatar-self Discrepancy[J]. *Computers in Human Behavior*, 2012, 28(01): 97-106.

③ Nicolas Ducheneaut, et al. Body and Mind: A Study of Avatar Personalization in Three Virtual Worlds[M]//S. Greenberg, et al. *Proceedings of International Conference on Human Factors in Computing System*. New York: Assoc Computing Machinery, 2009: 1151-1160.

④ Lotte Vermeulen, et al. Challenging the Other: Exploring the Role of Opponent Gender in Digital Game Competition for Female Players[J]. *Cyberpsychology, Behavior, and Social Networking*, 2014, 17(05): 303-309.

⑤ 范国光，等. 虚与实性别化身研究：以《魔兽世界》探讨为基础[J]. 文化创意产业研究学报，2012(04): 371-382.

的玩家比例不断增长,基本保持在60%左右。① 就玩家性别转换的动机而言,约翰·苏勒比较全面地总结了男女玩家性别转换的不同动机。其中,男性进行性别转换的动机包括释放自身较为女性的一面,吸引更多玩家注意、享受被瞩目的感觉,得到帮助或免费装备等。女性进行性别转换的动机则有渴望成为更有魅力的角色、渴望成为领导者等。Z.侯赛因和M.D.格里菲斯的研究发现,一半以上的男性玩家和2/3以上的女性玩家都在游戏中进行过性别转换行为,他们扮演异性角色的原因包括体验现实生活中无法做到的事、避免被异性骚扰、得到同性玩家的照顾等。② 在国内,李紫茵和王嵩音对网络游戏玩家的性别转换进行了详细考察,通过量化和质化相结合的研究方法,他们发现,异性角色的外貌是吸引玩家进行性别转换的首要原因,探索、了解另外一个性别,也是性别转换的重要动机之一。③

网络游戏是一个开放、虚拟的空间,因而成为玩家进行性别建构的试验场。多位研究者对游戏玩家性别建构的实践及其影响进行了探索。林宇玲从后结构女性主义观点出发,研究孩童如何利用网络游戏建构性别认同。她在研究台北某小学六年级学生的游戏实践时发现,学童通过游戏行为主动参与性别建构,其网络游戏的行为表现出明显的性别刻板印象。他们意识到了网络游戏的性别化特质,在选择游戏时刻意体现出性别差异。受到性别认知的影响,男生偏爱具有宰制性、征服性的暴力游戏类型,女孩偏爱亲合作或社交性的游戏类型。即使面对同一款游戏,男女生注意的点也不一样:男生偏重动作、注重游戏本身,女生留意造型和服装、更喜欢在游戏中聊天。在游戏行为中,男孩会使用脏话,或一再强调自己"绝不玩女孩游戏""也不采用女性角色",以此建构自己的男孩特质。④ 罗莎·玛蒂等人考察了性别转换和游戏行为之间的关系,发现进行性别转换的

---

① M. D. Griffiths, et al. Breaking the Stereotype: The Case of Online Gaming[J]. *Cyberpsychology, Behavior, and Social Networking*, 2003(06): 81-91; M. D. Griffiths, et al. Demographic Factors and Playing Variables in Online Computer Gaming[J]. *Cyberpsychology, Behavior, and Social Networking*, 2004(07): 487-495; Z. Hussain, M. D. Griffiths. Gender Swapping and Socializing in Cyberspace: An Exploratory Study[J]. *Cyberpsychology, Behavior and Social Networking*, 2008(11): 47-53.

② Z. Hussain, M. D. Griffiths. Gender Swapping and Socializing in Cyberspace: An Exploratory Study[J]. *Cyberpsychology, Behavior, and Social Networking*, 2008(11): 47-54.

③ 李紫茵,王嵩音.线上游戏性别转换行为分析[J].传播与社会学刊,2011(18):60-61.

④ 林宇玲.偏远地区学童的电玩实践与性别建构:以台北县乌来地区某小学小六年级学童为例[J].新闻学研究,2007,90(01):43-99.

男性玩家不会刻意隐藏自己的真实性别，在游戏行动上与其他男性玩家没有明显区别，但会在角色外形和语言沟通方式上以理想化女性的形象出现。他们指出，性别具有操演空间，性别转换并非只是一种认同表达，可能更多是玩家探索游戏空间、实践性别建构的一种策略。①

研究者们对网络游戏赋予玩家性别实践的权力表现出审慎的态度。林宇玲认为，网络游戏为玩家提供了一个公开并且安全的性别展演场域，让玩家能够体验不同性别，进而发展出多元的男/女性特质，玩家透过不断的性别转换和性别协商，解构并重构其自我认同。她同时指出，尽管线上游戏允许玩家转换性别，但由于传统性别观念和审美标准的影响，玩家的转换潜力受到限制，不仅无法切断和现实性别的关联，反而强化了二元对立的性别观念。② 张玉佩等人对于性别解放持有更保守甚至悲观的态度。张玉佩和邱馨玉发现，男性身体在网络游戏中被遮掩和忽略，其战斗能力得到彰显和强调，而女性角色则以"极度夸张的性欲化形象再度被塑造成为媒体凝视的焦点"③，传统的性别气质概念并未于网络游戏世界中消失。张玉佩和吕育玮则认为，网络游戏对于现实世界的父权制度具有放大、极化的扭曲作用，其衍生的"公婆制度"（男玩家包养女玩家的现象）强化了男强女弱的互动关系。④ 在他们的研究中，网络游戏中的女性玩家按照社会期待的模板来建构自己在游戏中的形象，使得原本多元化的女性特质呈现出集中、单一、片面的倾向，女性广泛结盟，在游戏中与男性争夺权力的现象并未发生，游戏中的两性互动不仅延续了现实世界既存的模式，还复制并强化了阳刚霸权的性别文化。

从以上分析可以看出，现有文献对青少年玩家个人认同的研究主要考察了玩家在游戏角色选择和扮演过程中所投射的自我，尤其关注玩家的性别意识在其中的反映。然而，大部分研究采用量化分析来建立角色扮演和个人认同之间的联系，对于玩家的价值观、心理状态、心理倾向等缺少深入和细致的阐述。而且，现有研究对个人认同发展变化过程的动态审视略显不足。因此，从符号互动

① Rosa Mikeal Martey, et al. The Strategic Female: Gender-switching and Player Behavior in Online Games[J]. *Information, Communication & Society*, 2004, 17(03): 286-300.

② 林宇玲. 线上游戏与性别建构[J]. 新闻学研究, 2011(108): 51-58.

③ 张玉佩, 邱馨玉. 游戏媒体文化之男性气概探索：文本结构与玩家诠释[J]. 传播与社会学刊, 2010(12): 111-146.

④ 张玉佩, 吕育玮. 网路促进女性解放的可能？从线上游戏开启的反思[J]. 中华传播学刊, 2006(09): 113-150.

角度深入玩家内心，探讨青少年玩家在角色扮演中的个人认同建构具有重要的现实意义。

## 二、玩家社会认同和集体认同研究

余健伦在对网络游戏玩家类型进行划分时，提出社交认同、人际关系和团队合作三个划分维度。① 社交认同指玩家对于和其他玩家进行社交如聊天、互助等特别感兴趣；人际关系指玩家渴望与其他玩家形成长期、稳固的关系，包括恋人等亲密关系；团队合作指玩家拥有身为团队一份子的归属感和荣誉感。这三个维度实际上反映的是自我认同内容中的社会认同和集体认同两个部分。研究者们对这两块内容展开了大量实证分析。

### 1. 社会认同

社会认同强调个体通过互动从周围环境中建构社会关系，以及从中得到的他人对自己的评价和印象。已有文献对玩家社会认同的研究基本上都从社会互动切入，主要从玩家社会互动对象、互动内容与方式、互动与认同的关系三个方面展开。

在互动对象方面，研究者们发现，玩家与熟识的人和陌生人都会进行互动。杜切特等人的研究指出，《魔兽世界》中有大量基于真实生活的社交关系存在，绝大部分玩家都和现实生活中的朋友、家人一起玩游戏，同时在游戏中结交新朋友，建立新的社会关系。② 该项研究表明，游戏能够补充甚至提升玩家的现实关系，而不是简单地替代或摧毁这些关系。海伦娜·科尔等通过对角色扮演类游戏中玩家之间的吸引、在线友谊、信任等进行测量，认为陌生玩家之间同样存在大量互动行为，并且这些互动行为可能会导致玩家在网络游戏中发展出真实的友谊和其他关系。③ 陈佳靖在分析《天堂》玩家的友情和爱情时也发现，对线上线下并不能做简单的二元分割，玩家之间的互动既可以从线下发展到线上，也会

---

① Nick Yee. Motivations for Play in Online Games[J]. *Cyberpsychology, Behavior, and Social Networking*, 2006, 09(06): 530-535.

② Diane J. Schiano, et al. The "Lonely Gamer" Revisited[J]. *Entertainment Computing*, 2013, 05(01): 65-70.

③ Helena Cole, M. D. Griffiths. Social Interactions in Massively Multiplayer Online Role-playing Gamers[J]. *Cyberpsychology, Behavior, and Social Networking*, 2007, 10(04): 575-583.

从线上发展至线下，二者的关系及由此形成的社会认同并不是彼此隔绝孤立的，而是一个相互形塑的循环过程。①

在互动内容与方式方面，海伦·哈里斯发现，《第二人生》玩家经常参加的活动有聚会、学习、文化活动、赌博、体育运动、宗教仪式和社区活动，玩家的“充电”类活动如学习、文化活动，与娱乐类活动如聚会、赌博之间保持平衡，说明虚拟世界的活动内容基本反映了现实生活的状况。② 传播学研究者乔治·佩纳和J. T. 汉考克对 5826 条文本信息的分析显示，玩家游戏经历越丰富、经验值越高，互动信息中的积极情感成分就越多，说明玩家在游戏中获得更多的正面认同。③ 刘晋飞着眼于网络游戏中的符号，发现大学生玩家对符号类型和符号交流方式的选择会影响相互之间互动的持续性。④ 彭涛等人将玩家在互动中建构的关系分为泛亲缘关系、交易关系、心理关系和“敌对”关系四种，认为不同关系会对玩家社会认同产生不同影响。⑤ 陈怡安认为，网络游戏的魅力在于使青少年玩家得以摆脱现实身份约束，不受时空限制，随心所欲地与他人互动，并在此互动中表达出自己内在真实的感受，进而调整自我概念，形塑社会认同。她将重度玩家的游戏行为分为社交型的使用、自我肯定型的使用与逃避型的使用 3 类，指出玩家借助不断升级、与其他玩家进行社会交换等互动方式满足爱与隶属、自尊与尊重，以及自我实现和自我认同的需求。⑥ 此外，为研究女性青少年玩家在网络游戏中的社会认同问题，杨效宏和陈京京用两年时间持续观察一名 15 岁青少年女性玩家的网络游戏实践，发现网络游戏满足了青少年尤其女性青少年被压抑的性别需求和与异性的交友需求，女性玩家可以通过角色选择获得与其他游戏玩家平等交往的权利，并在角色扮演中更自由地表达自己，按照自我意愿的方式行事，从而得到大家的赞赏与肯定，并从社会认同中获得自我价值的实现。⑦

---

① 陈佳靖. 网路空间·人际关系：线上线下·生活世界[J]. 资讯社会研究，2003(04)：141-179.

② Helen Harris, et al. The Evolution of Social Behavior over Time in Second Life[J]. *Presence: Teleoperators & Virtual Environments*, 2009, 18(06): 434-448.

③ Jorge Peña, J. T. Hancock. An Analysis of Socioemotional and Task Communication in Online Multiplayer Video Games[J]. *Communication Research*, 2006, 33(01): 92-109.

④ 刘晋飞. 大学生在网络游戏世界中互动持续性的影响因素分析：对华中科技大学 282 名在校生的调查[J]. 中国青年研究，2009(07)：96-103.

⑤ 彭涛. 网络游戏与现实互动中的人际关系[J]. 四川师范大学学报(社会科学版)，2007(02)：43-48.

⑥ 陈怡安. 线上游戏的魅力：以重度玩家为例[M]. 高雄：复文出版社，2003.

⑦ 杨效宏，陈京京. 错位的角色肯定：网络游戏中的青年女性身份认同——一次个案的观察与分析[J]. 兰州学刊，2009(10)：146-150.

在互动与认同的关系方面,朱丹红等人做了相应探索。朱丹红等人认为网络游戏中的社会互动和认同都是多维度的概念,并将游戏中的社会互动分为聊天交友、帮助与交换、合作与竞争三个维度,将认同划分为以升级、成功、竞争等为核心的成就认同及以社会互动、团队合作等为核心的社会认同两个维度。他们进一步分析了社会互动对网络游戏玩家的认同的影响,发现网络游戏极大地拓展了玩家的认同空间,社会互动和认同的不同维度之间相互发生影响,网络游戏中的社会互动有助于玩家掌握和遵守游戏的规则和意义,玩家借助规则完成角色任务,实现社会认同的塑造。① 吴自强将网络游戏中的互动分为玩家与游戏的互动和玩家之间的互动两个层面,指出游戏能让玩家发现未曾表露的自我,游戏带来的成就感与满足感有助于玩家获得自我认同,玩家之间的互动使他们能够不断调试自己的社会角色,有更多机会获得他人对自己的认同,进而增强自我意识,明晰自我认知。②

**2.集体认同**

集体认同描述了个体与所在集体及其成员的关系。网络游戏中的集体认同是指玩家加入公会、战队等团体组织,参与团体活动,并在与团体成员互动中获得的认可与归属感。研究者们对集体认同的探讨可以分为公会关系、认同程度和群体意识三个部分。

大部分玩家都会加入至少一种游戏组织。德米特里·威廉姆斯等人发现,60%的玩家都会加入公会组织,他们将现实生活关系带入公会,公会成员之间彼此熟悉、相互帮助,使玩家获得归属感,更有玩家将寻求陪伴作为参与公会行动的主要目的,在分享知识、组织及参与活动中实现集体认同。③ 钟智锦的问卷调查也显示,大多数玩家(超过77%)在网络游戏中曾经加入有组织、稳定的公会或临时性的团队,并参加公会和团队组织的集体打副本、做任务等活动,这些社群活动给玩家带来了具有实质性意义的社交和集体生活,多数玩家对公会具有明显的归属感。④

根据玩家在游戏组织中的位置和互动需求的不同,玩家所建构的集体认同

---

① 朱丹红,等.网络游戏中的社会互动与认同[J].兰州大学学报(社会科学版),2013(05):63-68.

② 吴自强.网络游戏互动对玩家自我认同的影响[D].兰州:兰州大学,2013.

③ Dmitri Williams, et al. The Social Life of Guilds in World of Warcraft Games and Culture[J]. *Game and Culture*, 2006, 01(04): 338-361.

④ 钟智锦.网络游戏玩家的基本特征及游戏中的社会化行为[J].现代传播,2011(01):111-115.

呈现出一定差异。有的研究者利用社会网络分析软件将公会成员分为核心成员、半外围成员和外围成员3种,发现核心成员之间联系紧密,半外围成员之间联系较为松散,外围玩家则互不联系。① 他们对聊天记录进行文本分析,归纳出公会成员之间的7种互动内容:团队管理、合作、寻求帮助、给予帮助、示好、以虚拟世界为核心的聊天、涉及现实生活的聊天,发现玩家根据自己的需求在团队互动中构建集体认同,成员类别不同,玩家在公会中互动的内容不同,所做出的贡献和得到的归属感也不同。还有研究者从组队偏好入手分析玩家的集体认同,发现玩家在选择集体中的互动对象时有明显的需求倾向,他们更喜欢和与自己年龄相仿、技能级别相似、同属一个游戏团队及以前合作过的玩家组队完成任务,因为这样更容易实现相似性和归属感。② 金俊贤则指出,心理学上的互依自我指标与集体认同高度相关,能够随情境改变自身行为以适应集体、调节自己情绪维持集体和谐的玩家,其集体认同度较高,团队遵从意愿和遵从行为也随之增加。③

部分研究者还对玩家的群体意识进行了探索。陈俞霖认为:"对认同感的追寻是青少年在准备进入成人世界时特有的、关键的发展任务,而这必须经过一连串肯定、否定、探索、寻求的历程。他们经过探索、寻求的历程,最后终于有所认同。"④他侧重于研究同侪群体对青少年集体认同发展的影响,发现网络游戏中的角色扮演是青少年经由同侪群体作用进行社会化的重要渠道之一。他指出,通过与同侪之间"看"和"被看"的互动,青少年在网络游戏中进行的角色扮演反映出自我所看到的、所期望的、所投射于外界的态度与价值观,透过与游戏中想象的他人互动,青少年得以形塑出各种不同的自我,表现出线上多重自我认同的可能性。

王薇则从话语的角度切入,深入分析青少年网络游戏玩家的群体身份认同,发现玩家群体被从国家、家长到媒体的主流社会污名化,玩家的身份并不是自我

---

① Chee Siang Ang, Panayiotis Zaphiris. Social Roles of Players in MMORPG Guilds[J]. *Information, Communication & Society*, 2010, 13(04): 592-614.

② Mengxiao Zhu, et al. Motivations for Self-assembling into Project Teams[J]. *Social Networks*, 2013, 35(02): 251-264.

③ Junghyun Kim. "I Want to Be Different from Others in Cyberspace": The Role of Visual Similarity in Virtual Group Identity[J]. *Computers in Human Behavior*, 2009(25): 88-95.

④ 陈俞霖. 网路同侪对N世代青少年的意义:认同感的追寻[M]. 嘉义:南华大学社会所,2003:173.

分类形成的，而是由主流群体通过话语建构的，代表着自上而下的强制权力。[①]无论玩家社会地位的高低，网络游戏玩家已经被建构为一个被主流意识形态驱逐的边缘群体。她以描述《魔兽世界》停服事件的动画片《网瘾战争》为例，指出青少年玩家的日常话语趋于温和，只有在权利被严重剥夺时，才会显现出较为激烈的反抗姿态，捍卫自己的群体身份，但即使反抗，玩家也会将自己设置为被动应战的弱势群体，并将矛头避开主流媒体，从而塑造本群体的正义形象，赢得外群体的同情与承认。

总的看来，已有文献深刻体现了认同来源于互动这一观点，分析了玩家之间互动的各种具体形式和内容，但对个体尤其青少年玩家在互动中产生的认同感受分析并不透彻。此外，社会认同和集体认同是自我认同的不同面，其建构方式也有所不同，现有研究对二者的区分并不明显。因此，本研究试图从认同发生的机制入手，在符号互动论的视角下探讨青少年玩家社会认同和集体认同的建构过程。

## 三、自我认同的结构、影响研究

网络游戏的虚拟性和互动性为玩家提供了探索自我的新的空间，除了具体的建构行为，从总体上对玩家自我认同的结构及其影响展开分析也吸引了研究者的注意。

### 1. 玩家自我认同的结构

根据乔治・赫伯特・米德的观点，自我认同从本质上讲是一种社会结构。对这种结构的分析有助于研究者更清晰地把握认同的建构过程。

亚历克斯・梅瑞迪斯在其博士论文中采用多种实证研究方法讨论了MMORPG（大型多人在线角色扮演类游戏）玩家自我认同建构的动机及过程，并构建了一个可被用于解释玩家在游戏中展现自我的原因的五因素模型。[②] 这五个因素包括现实自我的再现、呈现自我的另一面、社会交往、游戏审美、情绪，梅瑞迪斯试图以此说明，自我认同既是一个结构，也是一个过程。胡林涵进一步

---

① 王薇.“被划分”的群体：青少年网游玩家的社会身份认同[J].中国网络传播研究，2013(07)：03-23.

② A. D. Meredith. The Presentation of Self in Massively Multiplayer Online Games[D]. Nottingham: Nottingham Trent University，2014.

分析了青少年玩家自我认同的行为结构，她通过对访谈资料进行类属归类，将玩家认同行为的结构分为个体层面的认同和社会层面的认同两类。其中，个体层面认同包括个性认同、职业认同、探索认同和成长认同四个维度，社会层面认同包括权力认同、团队认同、群体认同、社交认同四个维度。她发现，认同行为是个多维度的概念，其结构特性表明认同行为的多元化倾向，揭示了认同行为的实现是个体建构和社会塑造互动的过程与产物，是一个渐进式的过程。① 徐静结合了情感互动与认同建构，从情感实践的角度将自我认同分为角色认同、个人认同、群体认同和社会认同四个方面，分析青少年玩家的认同建构。他发现，青少年玩家借助角色扮演获得身体的解放、体验自由感和神圣感，通过目标任务的实现及个人情绪的调整感受到自豪感和成就感。此外，积极参与集体行动并保持与集体内成员的良好互动能帮助青少年玩家实现归属感、胜任感和整合感，游戏过程中所获得的荣誉感和浪漫情感则促进了青少年社会认同目标的达成。②

**2. 玩家自我认同的影响**

菲丝·贝拉克塔尔等人指出，互联网具有减轻生活压力、增加归属感的作用，线上聊天能够帮助青少年发展新的、成熟的人际关系，从中找寻新的认同。③ 作为一种互联网文化，网络游戏的开放性与多元性同样引起研究者反思玩家自我认同建构带来的影响。

一方面，大部分研究者对此持乐观态度，从自我实现、人际交往、文化意义和赋权等方面对玩家自我认同给予了充分肯定。

约斯·德·穆尔从哲学的视角观察网络游戏，认为网络游戏具有嬉戏的维度，玩家有很大自由来决定自己的行为，因此游戏必然是多线性的，将导致不同类型的自我建构。④ 网络游戏形成了一个包含无数行动可能性的游戏空间，在这个空间里，玩家与游戏所揭示的各种可能性的空间相认同，并且反思性地挪用和吸收各种游戏规则，创造出新的自我认同。黄少华认为："游戏具有的流动、不确定、没有终结、匿名、即时和互动特性，让青少年能够充分感受网络游戏的挑战

---

① 胡林涵. 青少年玩家在 MMORPG 中的认同行为结构[D]. 兰州：兰州大学，2015.

② 徐静. 认同·权力·资本：青少年网络游戏中的情感研究[D]. 杭州：浙江大学，2015.

③ Faith Bayraktar, Zübeyit Gün. Incidence and Correlates of Internet Usage Among Adolescents in North Cyprus[J]. *Cyberpsychology, Behavior and Social Networking*, 2007, 20(02): 191-197.

④ 约斯·德·穆尔. 从叙事的到超媒体的同一性：在游戏机时代解读狄尔泰和利科[J]. 学术月刊，2006(05): 29-36.

性和刺激性，并且让他们获得了一个安全多元的自我展示、自我实现和情感释放空间，让他们平时受到压抑的情感、无法实现的愿望，能够借助游戏充分地释放出来。"他经过探索性因子分析，将青少年网络游戏行为分为交往与自我实现、暴力与逃避行为两类，发现青少年在网络游戏中的主要行为取向，是通过游戏进行社会交往，探寻和塑造自我的不同面。① 罗少康及 S. M. 格鲁瑟等人则发现，网络游戏有助于改善青少年在现实生活中因为人际关系而产生的焦虑，有助于调适压力，使青少年从游戏行为和游戏互动中认识自我，实现自我认同。② 林雅容将自我认同界定为"个体认清自己在不同社会脉络下的特定角色，知道自己的需求、了解自己的理想，并追寻既定目标，以此呈现自我价值与重要性"③，她以台中地区某大学社会工作系学生为研究对象，从虚拟与现实的自我展现、虚拟与现实的对价关系及玩家对他者观点的解读三个方面讨论青少年玩家自我认同的形塑。她指出，虚拟世界和现实生活存在对价关系，青少年能够借助从游戏虚拟世界中获得的满足来弥补现实生活中的不足，在自我压抑和迎合期待二者之间取得自我认同的平衡。

玩家自我认同建构的文化意义也被研究者们日益关注。刘泓较早从文化的视角反思网络游戏中的认同问题。他提出网络游戏已经成为人们身份认同的一种情境或者是一种社会建构的观点，指出现代人在网络游戏中更像是在进行身份认同的多重探索和实验。④ 鲍丽娟和黄佩从角色化身的角度切入，指出角色扮演类网络游戏为参与者提供了三重身份——本人、玩家、化身，认为角色扮演类网络游戏使玩家暂且搁置现实肉身，从各自化身上找到合理反映自我的符号或代码，并通过对符号或代码的解读与诠释，以化身的方式完成整个自我认同的过程。⑤ 朱丽丽与何珂则将《魔兽世界》玩家视为一个迷群，借助贴吧参与式观

---

① 黄少华.青少年网络游戏行为研究[J].淮阴师范学院学报(哲社版)，2008(01)：115-122.

② Lo Shao-Kang，et al. Physical Interpersonal Relationships and Social Anxiety among Online Game Players[J]. *Cyberpsychology，Behavior，and Social Networking*，2005，08(01)：15-20；S. M. Grüsser，et al. Excessive Computer Game Playing：Evidence for Addiction and Aggression? [J]. *Cyberpsychology，Behavior，and Social Networking*，2007，10(02)：290-292.

③ 林雅容.自我认同形塑之初探：青少年、角色扮演与线上游戏[J].资讯社会研究，2009(16)：197-229.

④ 刘泓.虚拟游戏的身份认同：网络游戏的文化体验之反思[J].福建论坛(人文社会科学版)，2003(03)：38-42.

⑤ 鲍丽娟，黄佩.自我认同与化身的文化分析：基于网络角色扮演游戏[J].北京邮电大学学报(社会科学版)，2012(01)：16-20.

察和对玩家的深度访谈,从迷文化角度研究玩家的认同行为。他们发现,游戏迷与其他粉丝迷群一样,会将网络游戏代入现实生活,比如使用游戏音乐、消费周边产品、进行二次创作等,甚至会将房间和私人物品改造为《魔兽世界》模式。① 对于网络游戏迷而言,网络游戏是一种愉快的期待,因为他们可以将在现实生活中难以实现的欲望和冲动投射到游戏之中,网络游戏还能够带给玩家一种心理上的补偿,弥补其现实生活中的种种缺失。

部分研究者特别强调了自我认同建构对于玩家的赋权意义。D. 迪特里希指出,处于现代科技资讯时代的个体能够借助网络匿名性重新形构一个新的个体,包括网络游戏在内的虚拟世界可以"容许"人们发展对抗霸权的文化空间。② D. 哈拉威和 D. 尼文则认为,网络虚拟空间可以帮助女性挣脱基于历史经验的性别限制,摆脱性别刻板印象的影响,实现性别平等。③ 艾斯特·斯图尔特亦从人们对待性别转换行为的态度中看到网络游戏文化的演变,性别转换行为从刚开始的被指责和被隐藏,到现在大家的普遍接受和大方承认,反映了游戏文化的自由性和包容度,表明人们将网络游戏视为自我认同的场所,对认同建构的态度越来越开放。④

另一方面,研究者们亦提出需要以批判的眼光看待网络游戏中的自我认同建构。

多名研究者表达了对玩家出现同一性危机的担忧。张轶楠认为,游戏世界中成就的虚幻的、理想的"我"并不能与现实社会直接接轨,理想我和现实我始终处于一种不一致的矛盾状态之中,加剧了主观我与客观我之间的矛盾,使青少年的自我同一性长期处于一种扩散状态,青少年由此很难形成正确的自我概念,很

---

① 朱丽丽,何珂. 网络游戏迷的投射、补偿与社会动员:以《魔兽世界》迷为例[J]. 中国网络传播研究,2013(07):39-59.

② D. Dietrich. (Re)-fashioning the Techno-erotic Woman:Gender and Sexuality in the Cyberculture Matrix[M]//S. Jones. *Virtual Culture, Identity&Communication in Cybersociety*. London: Sage Press, 1998:168-184.

③ D. Haraway. A Cyborg Manifesto Science, Technology and Socialist-feminism in the Late Twenty Century[M]//D. Bell, B. M. Kennedy. *The Cybercultures Reader*. London: Routledge, 2000: 291-324; D. Niven, J. Zilber. Do Woman and Man in Congress Cultivate Different Images? Evidence from Congressional Web Sites[J]. *Political Communication*, 2001(18):395-405.

④ Esther Stuwart. Real Boys Carry Girly Epics: Normalising Gender Bending in Online Games[J]. *Eludamos Journal for Computer Game Culture*, 2008, 02(01):27-40.

难建立起自我同一性。① 巢乃鹏和马晓菲的研究指出了虚拟与现实之间的认同割裂。他们通过量化研究发现，青少年网络游戏玩家的线上自我认同与线下自我认同之间呈现出一种分裂关系，玩家通过游戏角色互动所构建的线上自我认同并不能转化为对线下自我认同的显著延伸和有效修正。② 其研究结论表明，青少年玩家的角色扮演行为虽然有助于其线上自我认同水平的提升，但对于发展真实世界的自我认同并无太大意义。

步平平和曹殿联在肯定网络游戏有助于青少年在角色扮演中克服角色紧张、进行角色定位、促进角色社会化、增强自我意识与合作精神的同时，指出网络游戏也容易导致青少年角色认知不清，混淆现实角色和游戏角色，产生角色冲突，引发自我同一性危机。③ 严梦音发现，青少年玩家角色扮演中的自我同一存在两种情况：虚拟我使现实我更同一，即青少年在不一样的环境中得到一个稳定且同一的认同，实现主体一致性认同；虚拟我使现实我更混乱，即游戏中的成功与现实中的失败相矛盾，导致自我同一性的断裂。④

此外，台湾研究者尤其注意对认同建构之文化意义的反思。林宇玲在审视游戏带给玩家的快感与控制时，借用斯拉沃热·齐泽克的话指出，“随着权威的式微和象征认同的失去，我们并没有摆脱意识形态的控制，反而被各式各样的快感形式和设计所炮轰”⑤。她认为，游戏中的快感就是资本主义用以控制玩家的工具，当玩家开始追逐游戏带给他们的快感时，也就开始受到游戏意识形态的控制，放弃了对自我认同的建构。张玉佩和吕育玮对网络游戏中的性别呈现进行反思，指出网络游戏使原本多元化的女性特质呈现集中、片面、单一的倾向，游戏衍生的“公婆”制度强化了男强女弱的互动关系，无法促成女性突破二元对立的认同模式。⑥

---

① 张铁楠.网络游戏对青少年人格心理发展的影响[J].现代传播，2003(05)：91-95.

② 巢乃鹏，马晓菲.自我的分裂：角色扮演网络游戏青少年玩家的自我认同研究[J].新闻大学，2016(02)：107-114.

③ 步平平.网络游戏对青少年的心理发展影响初探[J].中国青年研究，2004(05)：118-125；曹殿联.社会角色理论对青少年网络游戏行为的解读[J].河南师范大学学报(哲学社会科学版)，2007(06)：207-209.

④ 严梦音.虚拟与现实：网络游戏中青少年的自我认同[D].桂林：广西师范大学，2017.

⑤ 林宇玲.超越召唤：线上游戏的快感——从 Žižek 的观点解析线上游戏的意识形态运作[J].资讯社会研究，2010(18)：245-274.

⑥ 张玉佩，吕育玮.网路促进女性解放的可能？从线上游戏开启的反思[J].中华传播学刊，2006(09)：113-150.

总的来看，研究者们对自我认同结构的探讨略显分散，对认同影响的讨论比较充分，但忽略了玩家自身在认同建构过程中的反思。结合前面两个部分的文献梳理可以发现，当前涉及青少年玩家自我认同建构的研究总体不多，且绝大部分以角色扮演类游戏玩家为分析对象，缺少对目前更为流行的竞技类网络游戏玩家的探讨，缺乏对青少年阶段自我认同发展的历时性比较。因此，本研究采用符号互动论的理论视角，试图探寻青少年玩家个人认同、社会认同和集体认同的建构路径，分析在建构过程中的玩家反思。

## 第三节　研究框架与概念界定

社会建构论著名研究者肯尼斯·J. 格根这样描述自我认同的多面向特征，“随着社会不断趋向饱和，我们也变成杂凑(pastiches)，即相互模仿的拼凑。我们在记忆中携带着他人的存在模式……自我变得越来越充斥着他人的性格。我们不是一个人，也不是几个人，而是像沃尔特·惠特曼所说的，‘兼容并包’。诚然，我们彼此呈现出单一身份/认同的样貌，衣装之下统合一体。然而，随着社会饱和，我们每个人都开始吸纳大量潜在可能，从蓝调歌手、吉卜赛人、贵族到犯人。种种自我暂且蛰伏，一旦条件适宜，就可能生机勃勃”①。现实生活中虽然存在多种潜在可能，但囿于性别、家庭、种族、教育等结构性因素对青少年自身发展的限制，以及随之引起的身份地位和财富学识方面的差异，青少年真正能够实现的潜能并不一定能像格根描绘的那样“生机勃勃”。相较于现实世界，网络游戏为青少年提供了一个更大、更自由的表现空间。有研究者通过对浙江、湖南和甘肃三省进行问卷调查分析发现，青少年在网络游戏中的行为，更倾向在游戏过程中实现社会互动和自我提升。② 借由网络的隔离功能，玩家可以隐匿部分或者全部真实世界的身份，在虚拟空间创建属于自己的游戏角色，并通过此角色与其他玩家进行多种形式的互动，重新塑造一个或多个自我。网络游戏已经成为青少年塑造自我、建构自我认同的一种重要方式和途径。

---

① Kennth J. Gergen. *The Saturated Self*: *Dilemmas of Identity in Contemporary Life*[M]. New York: Basic Books, 1991: 71.

② 黄少华. 网络游戏意识对网络游戏行为的影响：以青少年网民为例[J]. 新闻与传播研究, 2009(02): 59-68.

## 一、研究框架

作为一个多维、复杂,且涉及多个学科领域的概念,自我认同所指涉的范围是讨论其建构过程时首先需要明确的内容。许多研究者都对自我认同的内容进行了研究,共形成五个自我认同维度,即个人认同、社会认同、集体认同、关系认同和形象认同。其中,J. M. 乔克等人对自我认同内容的探索历时 20 多年,其研究结果对其他研究者影响较大。他们认为,自我认同的个人属性和社会属性是平衡与冲突的关系,从这二者中可以划分出四个自我认同维度:个人、社会、集体和关系。个人认同以私我(private self)的自我属性为基础,反映了个体内在的心理倾向和自我意识,是个人价值观、自我认知和心理状态的体现,具有独特性和连续性。社会认同则以公我(public self)的自我属性为基础,是个体在与外界环境互动中形塑的认同,包括个人名誉、印象和受欢迎程度等,社会认同反映了个体的社会角色和自我的社会意识。① 集体认同从社会认同中发展而来,反映了个人与重要他人或团体的关系,是作为各种团体组织成员的个人从组织或集体成员那里获得的认可、期待及规范。关系认同则反映了身处亲密关系中的个体对自己的认知。② 在他们的研究基础之上,陈坤虎等研究者提出了形象认同的维度,强调个体对个人外貌、身材和衣着打扮的关注。③

就笔者的研究对象而言,青少年玩家在虚拟游戏世界建构自我认同时,他们的物理身体并不在场,其形象认同主要表现在玩家对游戏角色的喜好和选择上,而这种喜好和选择反映的是玩家对现实自我的认知和对理想自我的期待,以及在此基础上形成的个人价值观,这部分内容其实包含在玩家个人认同之中。另外,J. M. 乔克的关系认同、社会认同和集体认同之间在概念界定和内容划分上模糊不清,存在许多重叠。作为人类社会关系的一种,亲密关系产生的基础仍然是个体与周围环境中其他个体的互动,也必然存在于个体的社会生活中,只是

---

① J. M. Cheek, S. R. Briggs. Self-consciousness and Aspects of Identity[J]. *Journal of Research in Personality*, 1982, 16(04): 401-408.

② J. M. Cheek, et al. Relational Identity Orientation: A Fourth Scale for the AIQ[J]. Society for Personality and Social Psychology Annual Meeting, 2002.

③ 陈坤虎,等. 不同阶段青少年之自我认同内容及危机探索之发展差异[J]. 中华心理学刊, 2005(03): 261.

“互动的多方必须相互了解、依赖、关心、信任、承担责任和积极奉献”①。青少年玩家通过游戏过程中的结伴打怪、组队杀敌，主动与其他玩家结成“情侣”“夫妻”“师徒”等亲密关系，这种关系背后体现的是玩家在虚拟世界的社会角色，反映了玩家受欢迎的程度，其实质仍然是社会认同。因此，笔者将形象认同纳入个人认同，将关系认同纳入社会认同来考察，从个人认同、社会认同和集体认同三个维度对青少年玩家的自我认同建构进行分析。

乔治·米德的符号互动理论为笔者的研究提供了具体的分析视角。符号互动论一词最早由社会学家罗伯特·布鲁默提出，是布鲁默对其老师米德学术思想的总结与提升。在符号互动论的奠基者米德看来，儿童的自我发展是从有意味的姿态符号的互动开始的。他认为自我的产生需要经过玩耍(play)和游戏(game)两个阶段。玩耍阶段是儿童进行自我想象的最初阶段，个体在这一阶段模仿和扮演周围的其他个体，并在此过程中对社会角色进行初步领会；游戏阶段的情况则大不相同，“如果我们把玩和一场有组织的游戏的情境对照一下，我们就会注意到下列本质不同，即正在玩一场游戏的儿童必须准备承担该游戏所涉及的任何一个角色的态度，而且这些不同角色之间必须具有明确的关系”②。在游戏阶段，个体开始理解处在有组织的活动中的他人的角色，为了能参与游戏，他必须理解并具有参与这一活动的其他个体所具有的态度，并根据这些态度调整自己的行为。

游戏阶段是个体自我充分发展的时期，这一阶段又可进一步被划分为两个一般性的阶段：在第一个阶段，个体的自我完全是由和他一起参与各种具体社会活动的其他个体针对他本人，以及他本人针对对方所持的特定态度而构成的；在第二个阶段，个体的自我不仅由这些特定的个体态度组合构成，也由“一般化的他人”(the generalizedother)，或者说由他所从属的、作为一个整体而存在的社会群体的各种社会态度组织构成。③ 也就是说，个体从想象化的角色扮演中获得部分自我认同，再通过与他人互动不断调整自己的行为，从而具有所在群体的一般行为模式，并在这个过程中经由被他人和群体接纳而发展出完整的自我认同。

---

① Rowland S. Miller. *Intimate Relationship*[M]. New York：McGraw-Hill Education，2012：02.

② 乔治·赫伯特·米德.心灵、自我和社会[M].南京：译林出版社，2012：151.

③ 乔治·赫伯特·米德.心灵、自我和社会[M].南京：译林出版社，2012：175.

按照米德的观点，儿童首先和自己的内心对话，按照自己的理解和想象进行角色扮演，并在扮演中逐渐增加个体对自身的认识。之后，儿童在玩耍中意识到他人的存在，开始注意他人的态度和看法，并在互动中根据他人对自己的态度形成更明确的自我认同。随着游戏复杂程度的增加，儿童会加入不同的群体，并在群体活动中得到作为“一般化的他人”的群体成员的共同态度，个体行为会因为这些共同态度而做出相应改变，个体自我认同也在群体中得到进一步完善与实现。

青少年玩家的网络游戏行为体现出类似于儿童自我发展情形的特点。独自玩耍时，儿童在想象中模仿周围其他人，进行角色扮演；玩家则创造一个融合自身特点和个人想象的理想角色，代替自己在游戏世界里纵横驰骋。儿童在和他人一起玩耍时开始留意其他人的态度，并从中慢慢了解自己；玩家则在和其他玩家展开各种形式的互动过程中接收他人对自己的态度和评价，感受到自己的受欢迎程度，因而对个人能力和性格有更清晰的认识。儿童加入游戏组织时需要了解作为整体的游戏组织的态度，据此发展出自己的行动并获得自己在组织中的角色；玩家也会加入公会、战队或其他形式的共同体，并在团队行动中意识到个人价值，形成更完善的自我认同。

因此，根据米德对儿童自我发展过程的阐述，笔者从符号互动理论的视角切入，建构出本研究的分析框架。青少年玩家的游戏行为也即运用游戏角色及其他有意味的符号与他人互动的过程，包括了从自我想象的角色扮演到以角色为载体的玩家互动，再到成为公会或团队甚至更大层面上的共同体成员的不同方面。在创造游戏替身时，青少年玩家将自身的现实特点和理想追求以符号的形式投射到角色身上，通过移动鼠标、敲击键盘，指挥角色完成各项任务，建构个人认同，实现自己在游戏空间的另一种成长。为了更充分地享受游戏带来的乐趣，青少年玩家借助角色符号与其他玩家展开各种形式的互动：一方面，玩家在竞争角斗、聊天交友和建立社会关系的过程中建构社会认同；另一方面，玩家在共同体的日常活动中彼此配合、相互帮助，从中感受其他成员对自己的态度，并根据这些态度调整个人行为，建构集体认同。

具体而言，本研究主要包括以下 6 章。

第一章介绍本研究的研究背景和研究问题，阐述研究的价值及意义，梳理相关文献，分析研究框架，界定本研究的主要概念，并对研究对象和方法进行简要讨论。

第二章从玩家与游戏角色展开的自我互动层面研究青少年玩家个人认同的建构。本部分描述青少年如何在角色选择中投射现实自我与理想自我，探讨玩家在与角色互动中体现出来的性别意识，分析玩家进行角色扮演的快感和游戏中出现的角色依附情况。

第三章从玩家互动层面研究青少年玩家社会认同的建构。本部分讨论玩家在与其他玩家聊天交友、互相竞争，以及发展亲密关系时对自我认知的构建，分析玩家从竞争中获得的成就感和满足感，探讨玩家对待亲密关系的态度，以及在建构亲密关系中形成的自我意识。

第四章从玩家与团队互动的层面研究青少年玩家集体认同的建构。本部分讨论玩家如何从“一般化的他人”那里建构自我，分别阐述作为核心成员的玩家和作为普通成员的玩家如何从与团队的互动中体验权力和归属感，实现个人价值、获得能力上的提升，并得到团队成员的认可、尊重及情感支撑。

第五章从总体上探讨青少年玩家对自我认同的反思，分析他们对网络游戏的认知和控制，揭示他们随着年龄增长和学识增加而出现的自我认同变化，并探索自我认同建构对青少年玩家未来生活规划的影响。

第六章是结语，简要总结并提升全文的主要研究发现，并对研究不足和后续研究方向做出陈述。

## 二、概念界定

社会科学，“是对研究范围内同一类现象和过程的概括性表达”①。在展开研究之前，有必要先对本研究涉及的重要概念予以梳理和分析，对概念使用的边界范围予以明确界定，为研究展开奠定坚实基础。

**1. 自我、认同与自我认同**

1600 多年前，古罗马哲人奥古斯丁追问道：“我的天主，我究竟是什么？我的本性究竟是怎么样的？”②实际上，从苏格拉底和亚里士多德开始，千百年来，人们对于自我的探索一直没有停止，人们从哲学、心理学、社会学等不同学科对自我的概念进行了多种阐释。“自我”一词在西方存在两种概念：self 和 ego。

---

① 戴维·波普诺. 社会学[M]. 北京：中国人民大学出版社，2000：35.

② 奥古斯丁. 忏悔录[M]. 北京：商务印书馆，1963：201.

Self 由威廉·詹姆斯最早提出，指认识、行动着的主体，主要受后天和社会环境影响，是由生物性、社会性以及自我意识诸因素结合的有机统一体。Ego 由弗洛伊德最早提出，在他的本我(id)、自我(ego)和超我(superego)人格构成中，自我是现实化了的本能，从本我中分化而来，是保证个体适应环境、健康成长及取得个人自我意识同一的根源。① 两种概念中，前者(self)更偏重自我与社会的关联。詹姆斯的自我概念揭示出自我是在个体与环境及社会的互动中产生的，他将自我区分为三类：(1)物质自我，包括人类存在和认同的物质客体，包括地点、实在的物体和人；(2)社会自我，即由于同他人交往而形成的个体的自我感觉，即我们如何被他人看待和承认；(3)精神自我，个体的一般认知风格和认知能力，比如能力、态度、兴趣、情绪等。② 他的分类为后世的研究者们带来很大启发。查尔斯·库利提出"镜中自我"(the looking-glass self)概念，将周围的人比作镜子，认为在个体与他人的交往中，个体会根据他人表现出来的态度和看法来认识自己，强调自我来自个体与他人的符号交往。③ 米德进一步将自我区分为主我(the I)和宾我(the me)：主我是正在进行社会互动的主体，是有机体对其他人的态度做出的反应；而宾我则是一个人自己采取的一组有组织的其他人的态度，是社会个体从他人的态度和视角出发观察和评价的自我。④ 主我和宾我之间不断对话，个体也在这个过程中不断吸收其他人的态度，调整自己的行为。正是从个体与其他人互动交往的角度，伊恩·伯基特提出社会性自我的概念，强调人们要想成为具备自身独有特性/身份/认同的个体自我，首先必须参与和他人共在的、由历史和文化塑造而成的世界，通过协同活动和共享观念创造自我。⑤ 从自我的概念发展可以看出，自我从来就不是单独存在的，而是一个持续性的发展过程，是个体在与他人互动中逐渐建构起来的、关于"我"的种种认识。

"认同"的英文 identity 源自拉丁文 identitas 一词，identitas 起源于 idem 的概念，idem 即"同一"(the same)，表示相同、一致的。认同的概念与"自我"(self)密切关联，认同最初作为一个心理学概念，偏重对自我心理活动层面的研究，指

① 郭金山，车文博. 自我同一性与相关概念的辨析[J]. 心理科学，2004(05)：1266.

② William James. *The Principles of Psychology*[M]. New York：Henry Holt，1890：292-299.

③ 查尔斯·库利. 人类本性与社会秩序[M]. 北京：华夏出版社，1999.

④ G. H. Mead. *Mind，Self and Society*[M]. Chicago：The University of Chicago Press，2015：173-175.

⑤ 伊恩·伯基特. 社会性自我与社会面面观[M]. 北京：北京大学出版社，2012：02-05.

个体在社会生活中区别于他人的自我意识①。威廉·詹姆士用"性格"一词表达他内在的认同感受,他充满激情地宣告:"在精神的或伦理的态度上可以看清一个人的性格,在这种态度中,他有时会最深刻、最强烈地感到活力和充满生机。在这个时刻,仿佛有一个声音在内心呼唤'这就是真正的我'!"②弗洛伊德早期将认同作为一种临床现象或病理性防御机制对待,后期开始关注认同与心理发育、人格形成的关系,并将认同定义为"努力模仿被视作模范的人来塑造一个人自己的自我"③。随着社会科学的发展,认同的概念被社会学、传播学、人类学广泛采纳,开始被用于分析个人与群体、群体与群体的归属关系,作为标示特殊性和一致性的一种方式。认同可以被分为个人认同和社会认同两种。社会学家汉斯·摩尔认为:从个人层次而言,认同是一个人在混沌环境中所占据的稳固方位,个人能够据之对外在环境做出积极的防御;从社会层次而言,认同是基本的及普遍拥有的信仰、模范及价值之总和,它能抵抗外在事物对本身环境与成员的威胁,并且维系自身。④ R.詹金斯从社会认同的角度提出,认同指的是一个主体如何在时间或者空间上确认自己的存在,是个人或群体与其他的个人或群体区分彼此社会关系的方式。⑤ 波兰传播学研究者米罗斯瓦夫·菲利西亚克将一般性理解的认同描述为"拥有连贯的肉体和精神特质,能够将我们自己与他人区别开来"。他从威廉·詹姆斯那里得到启示,认为认同是在与他人的对比中产生的,是我们将外在刺激物判定为与自己相似或不同的过程中产生的。⑥ 曼纽尔·卡斯特尔把认同当作行动者自身的意义来源,认为认同是人们通过个体化过程建构起来的。⑦ 而在安东尼·吉登斯看来,认同是一个社会定位过程:"一种社会定位需要在某个社会关系网中指定一个人的确切'身份'。不管怎样,这一身份成了某种'类别',伴有一系列特定的规范约束……它同时蕴含一系列特

① 黄少华.网络空间的族群认同:以中穆 BBS 虚拟社区的族群认同实践为例[D].兰州:兰州大学,2008.

② 亨利·詹姆士.威廉·詹姆士信件[M].波士顿:大西洋月刊出版社,1920:199.

③ 车文博.弗洛伊德文集 6:自我与本我[M].长春:长春出版社,2004:78.

④ Hans J. Mol. *Identity and the Sacred*[M]. New York:Free Press,1977.

⑤ R. Jenkins. *Social Identity*[M]. London&New York:Routledge,1996:96.

⑥ Miroslaw Filiciak. Hyperidentities: Post-modern Identity Patterns in Massively Multiplayer Online Role-playing Games[M]//Mark J. P. Wolf,Bernard Perron. *The Video Game Theory Reader*. New York:Routledge,2003:93.

⑦ 曼纽尔·卡斯特尔.认同的力量[M].北京:社会科学文献出版社,2006:05.

定的(无论其范围多么宽泛)特权与责任,被赋予该身份的行动者(或该位置的‘在任者’)会充分利用或执行这些东西:它们构成了与此位置相连的角色规定)。”①

自我和认同都强调个体是在与他人和社会的互动中发展出自我意识,建立起个体及个体所在群体与其他个体或群体区分的界限。二者联合所得到的“自我认同”(self-identity)概念在不同学科中有不同的表达形式。国内学术界对于self-identity的翻译存在以下几种译法:自我同一性②、自我认同③、自我统合④等。其中,心理学界普遍称之为自我同一性,哲学界、社会学界和传播学界一般采用自我认同的说法。不管是用哪种译法,self-identity都是指个体的内在自我、自我与他人、自我与环境之间存在的一种整合与平衡,是个体将“过去的我”与“现在的我”、“现实的我”与“理想的我”之间进行的一种整合与统一。⑤ 本研究以青少年网络游戏玩家为研究对象,故采用社会学和传播学的用语,统一称其为“自我认同”。

埃里克森被认为是“自我认同之父”。埃里克森的自我认同是在弗洛伊德的“ego”概念基础上提出的,“(自我认同)这种一致感和连续性必须归因于自我(ego)的工作,因为没有任何其他内部机构能完成这种贯穿于儿童期的有意义的认同作用的选择性任务,完成对于在同一感中达到顶点的自我意象逐渐整合的任务。正是由于这个原因,我才首先称认同为自我认同。”⑥1980年,埃里克森对其自我认同概念进行了四个方面的总结,即个体同一性的意识感、个人性格连续性的无意识追求、自我综合活动的标准、团体的理想和内在一致性的保持,并根据这四个方面所涉及的自我与情境的程度将自我认同归纳为三个层

① 安东尼·吉登斯.社会的构成:结构化理论大纲[M].北京:三联书店,1998:162-162.

② 埃里克·H.埃里克森.同一性:青少年与危机[M].北京:中央编译出版社,2017;黄希庭.人格心理学[M].杭州:浙江教育出版社,2010.

③ 黄少华.网络空间的社会行为:青少年网络行为研究[M].北京:人民出版社,2008;林雅容.自我认同形塑之初探:青少年、角色扮演与线上游戏[J].资讯社会研究,2009(16):197-229;黄厚铭.网路上探索自我认同的游戏[J].教育与社会研究,2002(03):65-105;刘芳.“制造青春”:当代流行文化与青少年的自我认同[M].北京:中国社会科学出版社,2015;巢乃鹏,马晓菲.自我的分裂:角色扮演网络游戏青少年玩家的自我认同研究[J].新闻大学,2016(02):107-114.

④ 张春兴.青年的认同与迷失[M].北京:世界图书出版公司,1993;张春兴.教育心理学[M].杭州:浙江教育出版社,1998.

⑤ 贺倩如.云南特有少数民族青少年自我认同研究[D].上海:复旦大学,2014.

⑥ E. H. Erikson. *Identity, Youth, and Crisis*[M]. New York: Norton, 1968: 209.

面:自我认同(ego identity)、个人认同(personal identity)和社会认同(social identity)。① 埃里克森的自我认同概念多维且复杂,詹姆斯·马西亚则从埃里克森提出的认同危机的形成入手,首次从实证研究的角度对自我认同的状态给予了清晰的界定。他从危机(crisis)与承诺(commitment)两个变量出发将个体的自我认同状态分为四种:自我认同获得(identity achievement)、自我认同扩散(identity diffusion)、自我认同延缓(identity moratorium)和自我认同早闭(identity foreclosure)。② 其中,处于自我认同获得状态的个体经历了个人成长的危机阶段,经过积极探索做出自己的职业选择,并重新评估过去的信仰和价值观,对自己所选择的理想信念与价值观进行实际的投入与承诺。自我认同扩散的个体不一定经历危机阶段,他们最大的特点是缺乏承诺,对一切表现得漫不经心,既没有对职业方面的选择进行过主动探索,也对信仰和价值观念不感兴趣。自我认同延缓的个体正处于危机之中,他们虽然还没有对确定的目标做出实际的投入,不过已经努力在做出承诺。与之相反,自我认同早闭是指个体没有主动去体验对各种选择的探索,但却因为服从于他人(父母或重要人)的意愿与建议,做出了过早的投入。

马西亚对于自我认同状态的描述侧重于认同发展的状态划分,在他之后的研究者们采用量化分析方法对自我认同的内容进行了测量。J. M. 乔克和 S. R. 布里格斯将自我认同划分为个人认同、社会认同和集体认同三个方面:个人认同反映个体内在的心理特征与自我意识,包括个人的价值观、自我认知、心理状态等;社会认同是个体与外界环境在互动中逐渐形成的认同,反映个人的社会角色与自我的社会意识,包括个人的名誉、印象、受欢迎度等;集体认同反映个人与重要他人或环境——例如家庭、学校、社区、宗教团体等——的关系,是在如今这样一个文化取向的社会中的自我意识与集体自尊。③ 随后,J. M. 乔克还发现了认同内容的一项新维度——关系认同,并使用关系认同来考察个体如何看待自己的亲密关系。在他们的研究基础之上,陈坤虎等提出了形象

① E. H. Erikson. *Identity and the Life Cycle: A Reissue*[M]. New York: Norton, 1980: 109-110.

② James E. Marcia. Development and Validation of Ego-identity Status[J]. *Journal of Personality and Social Psychology*, 1966, 03(05): 551-558.

③ J. M. Cheek, S. R. Briggs. Self-consciousness and Aspects of Identity[J]. *Journal of Research in Personality*, 1982, 16(04): 401-408.

认同的维度，强调青少年对个人外貌、身材和衣着打扮的关注。① 教育心理学专家张春兴则从个体社会化角度将自我认同分为价值认同、工作/职业认同和角色认同。②

除了对自我认同状态和内容的测量，自我认同本身的概念也在不断发展着。米德从社会形成的角度，认为个体首先经由与他人的有意味的姿态沟通来获得彼此的态度并调整自己的行为，再借着"一般化的他人"的态度使群体的态度或观点进入个体行为。当每个个体都能从"一般化的他人"的角度看待自己并控制自己的行为时，人类社会便具有了组织结构，个体也因此实现自我认同。③ 吉登斯将自我认同的讨论从微观的个人层面上升到宏观的社会层面，他从现代性和全球化的概念入手解读自我认同，认为自我认同并不是个体所拥有的特质，或一种特质的组合。它是个人依据其个人经历所形成的，作为反思性理解的自我。在吉登斯看来，现代社会的不确定性在现代性出现之后急速增加，当个体成长面临更多选择时，自我被"探索和建构"的路径也日益呈现出多样化的面貌。④

现实社会和网络世界都是人们探索自我认同的场域。本书研究的是虚拟自我认同，即青少年玩家在网络游戏中的自我认同建构，因此，综合前述自我认同概念发展及其内容测量的结果，结合青少年网络游戏玩家的研究对象，本研究将自我认同操作化界定为：青少年玩家在网络游戏中发展自我、实现自我价值、寻找自我方向的过程。具体包括三个维度：通过创建和经营游戏角色而建构的个人认同、在相互竞争并组建各种亲密关系中建构的社会认同、在管理和参与游戏共同体行动中建构的集体认同。

**2. 互动、网络互动与符号互动**

互动即"to act upon one another"，意味着两个及两个以上的人或事物之间的相互作用、相互影响和交互。作为人文社会科学一个重要的概念，互动被广泛用于分析人际之间、人与群体之间的交流沟通，并被视为社会构成的基本方式。

大部分社会学家都认为，社会结构最终是由个体行为及其互动所构成和维

---

① 陈坤虎，等. 不同阶段青少年之自我认同内容及危机探索之发展差异[J]. 中华心理学刊，2005(03)：261.

② 张春兴. 青年的认同与迷失[M]. 北京：世界图书出版公司，1993：26-29.

③ 乔治·赫伯特·米德. 心灵、自我和社会[M]. 南京：译林出版社，2012.

④ 安东尼·吉登斯. 现代性与自我认同：晚期现代中的自我与社会[M]. 北京：三联书店，1998：58.

持的。一方面，社会是由无数互动着的个体构成；另一方面，个体的社会化离不开与他人的互动，个体只有在互动中才能发展出完整的自我。马克思曾指出，“社会——不管其形式如何——究竟是什么呢，是人们交互活动的产物”①，他将社会看作是一个交往互动的过程，从这个意义上说，社会行动就是社会中人们之间的交往互动。德国社会学家格奥尔格·齐美尔从关系的角度入手，把社会交往当作一场“陌生人之间的互动游戏”，认为“社会是通过人们的互动而产生的，各种人际互动形式是构成宏观社会结构的基本材料”。② 以建构宏大社会理论著称的塔尔科特·帕森斯将互动扩展到作为个体的人与作为社会结构的系统之间的关系上，来思考人的行动与社会规范秩序之间的联系。而社会心理学家米德则从微观层面入手，更详细地分析了社会从互动着的个体中产生的过程。他认为：只有当个体将一般化的他人所代表的整个共同体的态度纳入自己的行为时，个体才能发展为一个完整的自我；而只有当每一个参与社会互动的个体都能够运用一般化的他人的态度相应地指导自己行为的时候，有组织的人类社会才可能形成。

在传播学领域，关于互动的讨论主要集中在信息的发送、接收和反馈过程，可以追溯至诺伯特·维纳奠基的控制论。作为传播学的基础模型之一，控制论模型与克劳德·香农和W.维弗提出的信息论模型相比最大的不同在于前者强调反馈。信息接收者回应发送者的态度及意见并由此引起新一轮的信息传递，已发展成为诸多互动观念的重要组成部分。沿着这一路径派生出一系列对于互动的描述。罗宾·威廉姆斯等强调互动的主体特性，指出互动是传播参与者在传播过程中能够控制其相互的话语及其角色转换。乔纳森·斯特尔通过一种多维度建构的观点，给予互动一个更加具有工具意味的描述：在真实时间，参与者能够修改媒介环境的形式及内容的程度。J. F. 简森则将互动视为对一种媒介能在多大程度上允许用户影响传播中介的内容及形式的潜在能力的测量标准。③总体看来，这些界定都将互动看作是一连串的信息交换过程，是传播者进行交往沟通的基本行为。

随着互联网技术的发展，人们的信息传递方式发生了极大变化，交往互动也

---

① 中共中央马克思恩格斯列宁斯大林著作编译局. 马克思恩格斯选集(第四卷)[M]. 北京：人民出版社，1995：532.

② 郑杭生. 社会学概论新修(精编本)[M]. 北京：中国人民大学出版社，2015：122.

③ S. Kiousis. Interactivity：A concept explication[J]. *New Media & Society*，2002，04(03)：355-383.

随之进入全新的网络互动时代。搜索和传递信息、交换意见、聊天交友、购物转账,人们通过互联网可以完成传统人际交往中的几乎所有互动行为。“互联网对交往所造成的深刻变化,不仅体现在网络交往打破了时间、地域、社会分层等现实因素对交往的限制,而且更体现在网络创造了一个全新的交往空间,形塑了一种全新的人际交往模式。在网络空间,人们可以隐匿自己在现实世界里的部分甚至全部身份,重新选择和塑造自己的身份认同。”①可以说,网络互动已经成为现代社会人际交往的重要方式。

网络互动是以计算机媒体为中介的互动。从互动介质来看,网络互动是依靠互联网技术,以手机、电脑等终端设备为依托而进行的互动;从互动类型来看,网络互动涉及人与人、人与网络等多种互动形式。对于网络互动的界定,社会学、传播学、信息科学等学科分别从各自学科特点出发提出了不同看法,20余年来并未形成统一意见。S. J. 麦克米伦在梳理研究者们对网络互动给出的界定时,将当前的概念总结为三类:特征说(强调互动传播的特征)、过程说(注重互动行为本身)、知觉说(使用者是否感觉到传播环境的互动性)。在此基础上,他提出以电脑为媒介的三种网络互动类型:人与电脑的互动、人与内容的互动、人与人的互动(见表1-2)。

**表1-2 网络互动的三种类型②**

| | 人与人的互动 | 人与电脑的互动 | 人与内容的互动 |
|---|---|---|---|
| 特征说 | • 即时信息<br>• 电子邮件 | • 导航工具,如菜单<br>• 搜索工具 | • 能促进内容个性化的工具<br>• 独特的内容形式 |
| 过程说 | • 参与即时互动聊天<br>• 收发电子邮件 | • 网页导航<br>• 使用搜索引擎 | • 创造个性化的个人主页<br>• 在各种媒介里搜索新闻 |

① 黄少华.网络空间的社会行为:青少年网络行为研究[M].北京:人民出版社,2008:127.

② Sally J. McMillan. The Researchers and the Concept[J]. *Journal of Interactive Advertising*, 2005,05(02):01-04.

续表

| | 人与人的互动 | 人与电脑的互动 | 人与内容的互动 |
|---|---|---|---|
| 知觉说 | • 相信即时信息和电子邮件能够促进沟通<br>• 受个人兴趣或沟通主题卷入度影响 | • 寻找一个易于控制和参与的网站<br>• 受对讨论主题的兴趣、卷入度，以及个人技术经验的影响 | • 相信定制的深度内容具有互动性<br>• 受浏览内容的时间许可的影响 |

其中，人与电脑的互动是其他两种互动类型的基础。人们使用鼠标、键盘或触摸屏幕向计算机发出指令，计算机执行指令后在屏幕上显示相关结果，满足使用者的需求，促成人与内容和人与人之间的互动。

人与内容的互动强调的是人与计算机所呈现的信息的互动。最早探讨以电脑为媒介进行互动的研究者 S. 拉斐利认为，互动性并非一种媒介特性，而是一种关于过程的建构，表示一系列讯息的相互关联程度。① S. 拉斐利和别人一起绘制了单向传播、双向传播和互动传播的图示以描述信息互动的样态，尤其指出后一条信息总会对之前的信息做出某种呈现。正是在这种前后累积叠加的信息互动中，人们实现了与网络内容的互动。

以电脑为媒介进行的人与人之间的互动是人际互动的新模式。“互联网的迅速崛起和普及，改变和重塑着人类的生活方式，从而导致在社会层面上的结构变革与转型，这种变革与转型在微观层面上就体现为互联网对人际互动模式的改变。”②在网络空间里，人们经由网络中介进行人际沟通和互动，跨越了时间和地域的限制，挣脱了现实生活中结构性因素的束缚。互联网的匿名性使人们不再顾忌性别、外貌、职业、收入等现实交往中的衡量和评判条件，得以实现平等互动。在研究者看来，网络的特殊性使基于互联网的人际互动有了更多自我再现的特质，因为“人际互动双方并不像在现实社会交往中那样必须面对面地亲身参与沟通，而能够以一种‘身体不在场’的方式展开互动”③。

① S. Rafaeli. Interactivity: From New Media to Communication[M]//R. P. Hawkins, et al. *Advancing Communication Science: Merging Mass and Interpersonal Process*. California: Sage, 1988: 110-134.

② 黄少华，翟本瑞. 网络社会学：学科定位与议题[M]. 北京：中国社会科学出版社，2006: 03-35.

③ 黄少华. 网络空间的社会行为：青少年网络行为研究[M]. 北京：人民出版社，2008: 127.

作为网络互动的一种,网络游戏中的互动沿袭了网络互动的划分方式。马库斯·弗里德尔从游戏设计的角度出发,将网络游戏互动分为三种类型:玩家与计算机互动、玩家与游戏互动、玩家与玩家互动。① 其中,玩家与计算机互动指的是玩家通过对键盘和鼠标的操作,与游戏程序控制的人工智能之间的对话,玩家发出的指令经过人工智能的运行变成屏幕上游戏角色的行动。玩家与游戏之间的互动是文本使用者与文本内容之间的信息交换过程,指的是玩家按照游戏设计师的意图展开游戏行为,在游戏许可的范围内完成游戏任务、推进游戏进程。玩家之间的互动是网络游戏中最为重要的互动类型,主要指的是玩家与其他玩家操纵游戏角色完成的互动,以及玩家在游戏中进行的信息交换。

无论是人与人的互动、人与内容的互动还是人与电脑的互动,网络互动之所以能在身体不在场的情况下发生是因为人类对符号的运用。

德国哲学家恩斯特·卡西尔认为,"人不再生活在一个单纯的物理宇宙之中,而是生活在一个符号宇宙之中"②。他指出,人不仅是理性的动物,更是符号的动物,人们所进行的各种活动过程实际上都是人与其他事物进行符号互动的过程。符号是人们进行信息传递和思想交流的基本载体。美国哲学家查尔斯·皮尔斯秉持"三元"③的、认知的符号观,认为符号由三个部分构成:代表者(representamen)、对象(object)和解释项(interpretant),任何具有这样三个部分的东西都可以被称为符号。有研究者从建构论的观点出发,将符号系统进一步延伸至文字、图像、动作、乐音、物品、日常生活中的礼仪、仪式或表演,以及被赋予所指意义的一个事件等意义表达的一切领域。④ 符号是在互动中涌现的,符号的意义也在互动中才得以建构的。按照符号互动论的观点,符号的意义与互动之间存在这样的关系:首先,人们对事物做出的行动是根据事物对他们来说所具有的意义而进行的;其次,这些事物的意义是从一个人与他的同伴之间的社会互动中所产生的;再次,这个人在与其他人或事物的持续互动中,通过对这些事物进行解释而调整或修正事物的意义。⑤ 因此,我们可以这

---

① 马库斯·弗里德尔.在线游戏互动性理论[M].北京:清华大学出版社,2006:40.

② 恩特尔·卡西尔.人论[M].上海:上海译文出版社,1986:33.

③ 李巧兰.皮尔斯与索绪尔符号观比较[J].福建师范大学学报(哲学社会科学版),2004(01):06.

④ 李岩.媒介批评:立场、范畴、命题、方式[M].杭州:浙江大学出版社,2005:11-12.

⑤ Herbert Blumer. *Symbolic Interactionism: Perspective and Method* [M]. New Jersey: Prentice-Hall Inc.,1969:02.

样看待符号互动:人们创造并使用各种承载意义的符号进行互动,并在彼此互动中出于交流与沟通的目的而延伸、拓展、转换符号所表达的意义。

从网络游戏的构成元素来看,网络游戏是一个开放的符号系统:游戏世界的故事背景和剧情由文字、画面、声音等各种视听符号构建而成;游戏中的角色人物和 NPC(non-player character,指游戏程序设定的、不受玩家控制的游戏角色),以及它们所使用的服装、道具与货币等均是虚拟符号的指代;玩家之间的交流互动通过文字、声音、虚拟表情等符号完成,玩家的能力如级别、点数、伤害力、血量,以及玩家之间的关系都通过符号得以显示。因此,综合以上定义和分析,结合本研究的研究对象,笔者将本研究中使用的互动操作化概念界定为游戏虚拟世界里的符号互动,即青少年玩家使用文字、图片、声音、动作、服饰、虚拟表情等各种类型的符号,推动角色成长,并借助游戏角色与其他玩家展开合作与竞争,以及信息交流、资源交换和情感沟通等行为。

**3. 网络游戏及 MMORPG、MOBA、FPS**

如果从第一款网络游戏①出现算起,网络游戏发展至今已有 50 多年历史,但研究者们对于网络游戏的概念界定和分类一直未能达成一致。在国外研究游戏的文献中,online game 和 vedio game 是被普遍使用的两个词。其中,online game 在大陆和台湾产生了网络游戏和线上游戏两种不同的表达,强调游戏行为是在互联网下发生的。Vedio game 在大陆被译为电子游戏或视频游戏,在台湾则被译为电玩,它和 digital game(数位游戏)一样,强调游戏行为的电子化情境和人机交互。纳尼亚 · C. 沃思和安吉拉 · S. 布克在研究电子游戏玩家行为时指出,电子游戏是一种能够在多种平台——从专门设计的游戏机到便携手持游戏设备,从电脑到智能手机——上运行的游戏。② 柯舜智对电玩的解释更清楚地说明了电子游戏的概念范畴涵盖了网络游戏:"电玩"这个概念是包含了公共领域随处可见的大型游戏机台、家庭中的电视游乐器、拥有线上线下/真实虚拟等复杂属性的电脑游戏,以及游移可携的掌上型游戏等数种电子游戏的集合名

---

① 第一款真正意义上的网络游戏可以被追溯到 1969 年,瑞克 · 布罗米为 PLATO(Programmed Logic for Automatic Teaching Operations)系统编写的一款名为《太空大战》(*Space War*)的游戏,该游戏支持两人远程连线。

② Narnia C. Worth, Angela S. Book. Dimensions of Video Game Behavior and Their Relationships with Personality[J]. *Computers in Human Behavior*, 2015(50): 133.

词。[①] 出于概念一致性的需要,并且考虑到近年来青少年网民数量和在线游戏行为的大幅增加,本研究聚焦互联网情境下使用个人电脑、平板电脑和手机等各种终端设备的游戏行为,将其作为分析青少年玩家在虚拟世界建构自我认同的对象,并将其统称为网络游戏。

对于网络游戏概念的具体界定,不同学界和机构的侧重点有所不同。传播学研究者和社会学研究者倾向强调网络游戏的社会互动。根据黄少华的观点,网络游戏是指"以 TCP/IP 协议为基础,以网络空间为依托,既可以一人进行也可以多人同时参与的在线游戏,它使游戏从单一的休闲娱乐活动扩展为包括聊天、角色扮演、虚拟会议、虚拟社区等多种功能的综合性社会行为,人们能够在其中从事探险、交往、竞争、互动、建构认同等社会行为"[②]。吴玲玲认为网络游戏既可以指一种游戏的方式,也可以指专业的媒介组织生产的游戏产品,强调在媒介生态互动的视域下观察网络游戏作为一种传播媒介所具有的社会性。[③] 网络游戏产业的监管部门和研究机构出于行业监管和数据统计的目的,偏向于从技术层面出发界定网络游戏。例如,CNG 中新游戏研究给出的定义是:网络游戏又称"在线游戏",简称"网游",通常以个人电脑、平板电脑、智能手机等载体为游戏平台,以游戏运营商服务器为处理器,以互联网为数据传输媒介,通过广域网网络传输方式(Internet、移动互联网、广电网等),实现多个用户同时参与的游戏,以通过对于游戏中人物角色或者场景的操作实现娱乐、交流为目的的游戏方式,具有可持续性的个体性多人在线游戏。[④] 网络游戏开发者则结合游戏的技术和社交特性,从技术促进社交互动的角度来理解网络游戏。例如,杰西卡·穆里根和布里奇特·帕特罗夫斯基认为,网络游戏指的是在网络服务器及使用者端个人电脑共同完成的游戏架构中,玩家基于自身的需求与其他玩家持续的互动从而形成虚拟社区,借由产生的虚拟社区,玩家创造出一种互相信赖与彼此了解的气氛。[⑤]

---

① 柯舜智.传播研究转向:了解电玩游戏[J].新闻学研究,2010(102):365.

② 黄少华.网络游戏意识对网络游戏行为的影响:以青少年网民为例[J].新闻与传播研究,2009(02):59-69.

③ 吴玲玲.网络游戏生态系统研究[M].福州:福建人民出版社,2016:13.

④ 中国音像与数字出版协会游戏出版工作委员会,CNG 中新游戏研究.2015 年中国游戏产业报告(摘要版)[R/OL].(2017-09-13)[2021-03-08].http://cdn.cgigc.com.cn/report/2015/report_2015_12-1.pdf.

⑤ Jessica Mulligan,Bridgette Patrovsky.网络游戏开发[M].北京:机械工业出版社,2004:338.

相关技术和网络游戏产业的迅猛发展使网络游戏的分类也出现多种划分方式。玛丽-劳勒·莱恩按照人与媒介互动方式及输入策略的不同,将网络游戏分为外部探索型、内部探索型、外部本体型、内部本体型 4 种类型。① 廖佩珊、郑景仁从游戏内容入手,将网络游戏分为角色扮演、动作射击、模拟战略、益智游戏 4 类。② 有的研究者对网络游戏进行了更为详细的划分,一共分为角色扮演游戏、策略游戏(strategy game)、益智游戏(puzzle game)、冒险游戏(adventure game)、模拟游戏(simulation game)、战争游戏(war game)、动作游戏(action game)、运动游戏(sport games)、竞赛游戏(racing game)、教学游戏(teaching game)10 种。③ 中国互联网络信息中心按照中国游戏市场特点,参考网络游戏产品的"使用方式"以及"产品形式",将网络游戏划分为大型多人在线游戏(MMOG)和多人在线游戏(MOG)两个大类,以及大型多人在线角色扮演游戏、在线休闲游戏(online casual game)和浏览器游戏(browser game)3 个小类。④

不同类别的游戏具有不同特点,对玩家在游戏中发现和探索自我,重塑一个区别于现实中自我的另一个"我"也会产生不同影响。本研究统一使用网络游戏的称谓,但在具体分析时会结合不同类型网络游戏的特点,因而有必要对青少年玩家经常参与的网络游戏类型做进一步说明。笔者参与了一项国家社科基金课题的问卷发放和数据录入工作。该课题在西安、武汉和宁波 3 个城市发放 1790 份问卷,了解中学生和大学生的网络游戏行为,问卷内容之一是要求青少年玩家按照在游戏上花费的时间,从高到低列举他们玩过的花时间最多的 3 款网络游戏。根据问卷调查的结果,青少年玩家花费时间最多的网络游戏依次是《英雄联盟》《王者荣耀》和《穿越火线》。在笔者的访谈中,以《魔兽世界》《梦幻西游》《仙剑奇侠传》系列为代表的 MMORPG,以《英雄联盟》《王者荣耀》为代表的 MOBA 游戏,以《穿越火线》《守望先锋》为代表的 FPS 游戏是青少年最经常玩的

---

① Marie-Laure Ryan. Beyond Myth and Metaphor: The Case of Narrative in Digital Media[J]. *Game Studies*, 2001, 01(07).

② 廖佩珊,郑景仁. 大台北地区中学生线上游戏涉入研究[J]. 智慧科技与应用统计学报,2004(02):73-101.

③ 杨敏杰. 线上游戏之消费者行为研究:态度、主观规范、知觉行为控制、行为意图与沉迷行为之应用[D]. 台中:台湾中兴大学,2006.

④ 中国互联网络信息中心. 2010 年度中国网络游戏用户调研报告[R/OL]. (2017-08-11)[2021-03-09]. http://www.cnnic.cn/hlwfzyj/hlwxzbg/201106/P020120709345283675163.pdf.

网络游戏类型,半数以上访谈对象都玩过其中至少两种类型的游戏。因此,综合量化分析和深度访谈的结果,本研究主要分析青少年玩家在 MMORPG、MOBA 和 FPS 三类网络游戏中的自我认同建构。

MMORPG 是 massively multiplayer online role-playing game 的缩写,即大型多人在线角色扮演游戏。MMORPG 是 RPG 的延伸。与传统角色扮演类游戏相比,能够同时容纳更多在线玩家,互动性更强,但其本质特征仍然根植于传统角色扮演类游戏。角色扮演类游戏源自桌上游戏《地下城与龙》,该游戏以掷骰子的方式在纸上进行,玩家扮演一名幻想中的角色,和其他玩家一起,在仲裁者——游戏主持者或地下城主——的指导之下通力合作,演绎出游戏情节。在这些游戏中,角色扮演者们创造出一种不断积累技能值和经验值的"升级"(levels up)模式。由《地下城与龙》衍生而来的 MUD 游戏使角色扮演类游戏在 20 世纪 70 年代末至 20 世纪 80 年代初风靡美国。MUD 即 multi-user domains 或 multi-user dungeons,是一种通过文字参与的角色扮演游戏,参与者在连线后可以通过文字向电脑发出各种指令,创造出一个新的生活空间,在其中参与各种活动并与其他玩家聊天互动。随后的角色扮演类游戏开始追求玩家的声音和视觉体验,所营造的虚拟环境越来越逼真,角色形象也出现了越来越多的变化。有的研究者对角色扮演类游戏提供了一个简单的界定,即玩家拥有一个随时间变化的人物,这个人物被指定了一系列物理的和其他方面的属性,这些属性随着时间而变化,也作为玩家行为的结果而变化。玩角色扮演类游戏的艺术在于掌握角色和任何给定的游戏情境之间的复杂关系。① 角色扮演类网络游戏的剧情往往是开放式的,需要多名玩家同时参与,在游戏进程中共同决定游戏故事的发展。在角色扮演方面,玩家不受任何伦理、性别、身份等因素的限制。他们可以以现实中的自我为参照,也可以与之有天壤之别,对于游戏玩家而言,扮演好自己在游戏中的角色以及生活在虚拟网络游戏空间已经成为玩家日常生活的重要部分。②

MOBA 的全称是 multiplayer online battle arena,中文译为多人在线战术竞技游戏/多人在线战斗擂台游戏,是即时战略游戏(RTS)下面的一个子类别。与

① Zach Waggoner. *My Avatar, My Self: Identity in Video Role-playing Games* [M]. North Carolina: McFarland&Company, 2009: 13.

② 雪莉·特克. 虚拟化身:网路世代的身份认同[M]. 台北:远流出版事业股份有限公司, 1998: 251.

MMORPG 不同的是，MOBA 游戏强调小群体的团队配合，相互之间具有很大相似性。[①] 在 MOBA 游戏中，玩家一般分为两队进行战斗，通常每个玩家只能控制其中一队中的一名角色，双方以打垮对方队伍的阵地建筑为胜利条件。每队的玩家人数为 5 人，有的 MOBA 游戏也提供其他人数的游戏模式，如《英雄联盟》和《王者荣耀》都提供 1V1、3V3、5V5 三种对战模式，《王者荣耀》还推出了“五军之战”模式，一局可以容纳 25 人，存活到最后一组的队伍获胜。玩家自行组队或由系统随机配对形成战队后，每个玩家按意愿选择各自操作的英雄，共同确定战术和行进路线，然后开始对战。一般一局游戏持续十几分钟到一个小时。MOBA 游戏考验的是玩家的操作能力和战术思维，也考验团队合作能力，在青少年中颇受欢迎。根据艾瑞咨询的调查，2012 年我国 MOBA 游戏用户的 52.5%分布在 19～24 岁的年龄段。[②] 笔者的研究也反映出，随着近两年《王者荣耀》异军突起，MOBA 游戏因其团队作战的乐趣和丰富的社交性，在青少年玩家中日益流行。目前最受欢迎的 MOBA 游戏包括美国拳头游戏(Riot Games)推出的《英雄联盟》、腾讯推出的《王者荣耀》和美国暴雪公司推出的 DOTA 等。

FPS 指 first person shooters，即第一人称射击游戏或第一视角射击游戏，它是 ACT(action game，动作游戏)下射击类游戏的一个分支。这类游戏采用第一人称的玩家主观视角以区别于之前游戏普遍采用的第三视角，“屏幕代表着玩家眼睛的投射”[③]，玩家看不到自己的身体全貌，只能看到拿着武器的手，给玩家带来身临其境的体验感和视觉冲击，增强了游戏的主动性和真实感。随着游戏设计的不断改进，FPS 游戏增加了更加丰富的剧情、精美的画面和生动的音效，迅速发展为颇受玩家喜爱的独立游戏类型。相较于角色扮演类游戏和 MOBA 游戏，第一人称射击游戏对玩家手眼协调和反应时间的要求最高[④]，因

---

① Alexandra Buchan，Jacqui Taylor. A Qualitative Exploration of Factors Affecting Group Cohesion and Team Play in Multiplayer Online Battle Arenas(MOBAs)[J]. *The Computer Games Journal*，2016(05)：67.

② 艾瑞咨询. 中国 MOBA 游戏用户行为研究报告简版(2012—2013 年)[R/OL]. (2017-09-13)[2021-03-08]. http://www.iresearch.com.cn/report/1973.html.

③ 张玉佩. 线上游戏与媒体文化[J]. 新闻学研究，2011(108)：05.

④ Kathrin M. Gerling，et al. Measuring the Impact of Game Controllers on Player Experience in FPS Games[J]. 15th International Academic Mindtrek Conference：Envisioning Future Media Environments，2011.

此受到不少青少年玩家尤其是青少年男性玩家的青睐。笔者的访谈对象玩得最多的 FPS 游戏是美国暴雪公司出品的《守望先锋》和韩国 Smile Gate 开发的《穿越火线》。

需要说明的是,上述 3 种青少年玩家最经常参与的网络游戏类型中,RPG 一直以来都是中外研究者们关注的焦点。在 RPG 中,玩家可以进入各种不同的虚拟时空,根据自己的需求选择喜爱的角色,借由角色的身份探索丰富多彩的游戏世界,展开各种现实中不可能进行的行为,并按照自己的意愿与其他玩家充分互动,最大限度地展现自我。这类游戏因而成为广大玩家喜爱的游戏类型之一。黄少华对浙江、湖南和甘肃 3 省城市青少年展开的调查表明,59.1%的青少年玩家热衷 RPG。① 钟智锦 2011 年的研究也显示,接受调查的玩家绝大部分是 MMORPG 玩家。② 但由于 RPG 往往耗费时间较多,玩家必须通过做任务或挂机来提升游戏级别,这对于学业任务繁重的青少年玩家而言是一个障碍,加上 MOBA 和 FPS 两类电子竞技游戏玩家的增多,RPG 玩家数量较之前有所减少。这一点从前面提到的问卷调查和访谈结果都得到印证。并且,MOBA 游戏和 FPS 游戏中,玩家仍然需要选择一个角色进入游戏参与竞技,玩家的自我互动和玩家之间的互动仍然可以对玩家自我认同的形成产生影响。因此,本研究在分析青少年玩家在网络游戏中如何建构自我认同时,并不仅限于 RPG,笔者在使用"角色扮演"一词时,也不仅限于 RPG 中的角色扮演,而是泛指在网络游戏中玩家借助游戏角色形象所展开的行为。

## 第四节　研究对象与研究方法

### 一、研究对象

本研究的中心议题是青少年玩家如何在网络游戏中建构并实现自我认同。之所以将研究对象限定在青少年这个范围是基于以下两点考虑。首先,青少年

① 黄少华.青少年网络游戏行为研究[J].淮阴师范学院学报(哲社版),2008(01):115-122.

② 钟智锦.网络游戏玩家的基本特征及游戏中的社会化行为[J].现代传播,2011(01):112.

是中国网民和游戏玩家的主体，在近几年特别流行的电子竞技类游戏中，青少年更是成为游戏主力。根据艾瑞咨询的分析，2020 年中国电竞用户规模达到 5 亿，电竞市场整体规模超过 1450 亿元。从用户画像上看，电竞用户整体呈现年轻化特征。其中，18 岁及以下用户占比 7.3%，19～24 岁用户占比 54.1%。[①]也就是说，大部分电子竞技类游戏玩家是青少年。其次，笔者研究的是玩家在网络游戏中的自我认同建构，自我认同贯穿了人的一生，但是青少年时期的自我认同发展任务尤其艰巨，因为“寻求并形成自我认同是青少年成长过程中最为紧迫的任务”[②]。

对于青少年年龄界限的划定，社会各界有着不同标准。教育学界一般按年级来划分，把初中阶段划为少年期(十一二岁至十四五岁)，把高中阶段划为青年初期(十四五岁至十七八岁)，把大学阶段划为青年中晚期(十七八岁至二十二三岁)；人口学界以人在青春期生理发育的正态曲线分布为基础，将 15～25 岁确定为青少年期；心理学界根据生理和心理的发展特点，一般认为青少年期是指从青春发育期开始直至大学毕业这一发展阶段，大约十一二岁至二十一二岁；中国互联网络信息中心将青少年网民界定为 6～24 周岁的上网人口，其中 12～24 岁的网民占比 88.5%(据 2015 年的统计数据)；英国风险委员会的报告对于儿童和青少年的划分标准则是：2～10 岁为儿童，11～15 岁为少年儿童，10～25 岁为青少年。[③] 研究者们在研究青少年网络游戏玩家时，对研究对象的年龄限定也不一致。陈俞霖在探讨网络同侪对青少年社会化的影响时，将研究对象锁定为 13～18 岁的青少年[④]；林雅容在研究青少年角色扮演类游戏玩家的自我认同时，将 18～22 岁、进入晚期青春期的大学生作为访谈对象[⑤]；黄少华、孙秀丽、巢乃鹏对青少年网络游戏行为的研究均采用 13～24 岁的年龄划分方式。针对自我认同的核心议题，本研究根据黄少华的划分标准，结合我国教育体制，将研究对象界定为 13～24 岁之间的中学生和大学生网络游戏玩家，覆盖初中、高中和大

---

① 艾瑞咨询. 2021 年中国电竞行业研究报告[R/OL]. (2021-03-01)[2021-05-08]. http://report.iresearch.cn/report_pdf.aspx? id=3770.

② 徐静. 认同・权力・资本：青少年网络游戏中的情感研究[D]. 杭州：浙江大学，2015.

③ N. Madge, J. Barker. *Risk and Childhood*[M]. London: The Royal Society for the Encouragement of Arts, Manufactures and Commerce, 2007.

④ 陈俞霖. 网路同侪型塑及对青少年社会化影响之探讨[J]. 资讯社会研究，2002(03)：153.

⑤ 林雅容. 自我认同形塑之初探：青少年、角色扮演与线上游戏[J]. 资讯社会研究，2009(16)：197-229.

学 3 个青少年成长、成熟的主要阶段，探讨他们在这个自我认同发展的关键时期如何在游戏中探索自我。

## 二、研究方法

社会科学的研究方法分为量化研究和质性研究两类。量化研究聚焦变量之间因果关系的测量与分析，奉行价值中立原则，通过定量资料的收集，对一些现象和状况进行描述，或者探讨不同变量之间的相互关系，具有系统性和客观性的优点。质性研究强调现实的社会建构本质，注重影响调查的情境性约束。量的研究依靠对事物可以量化的部分及其相关关系进行测量、计算和分析，以达到对事物"本质"的一定把握。而质的研究是通过研究者和被研究者之间的互动对事物进行深入、细致、长期的体验，然后对事物的"质"得到一个比较全面的解释性理解。① 本研究讨论的是青少年网络游戏玩家如何在游戏虚拟世界里建构自我认同，自我认同在互动中产生，玩家通过与游戏角色和其他玩家的互动，以及和团队成员的互动来实现另一个"我"。为了了解这一意义建构的复杂过程，研究者和被研究者之间的充分互动非常必要，采用深度访谈的质性研究方法可以让笔者深入访谈对象内心，对青少年网络游戏玩家在游戏中投射和重塑自我有更深刻的理解。

深度访谈(in-depth interview)是质性研究的一种主要方法，它通过与被调查者深入地交谈来了解某一社会群体的生活经历和生活方式，探讨特定社会现象的形成过程，并提出解决社会问题的思路和方法。② 其优势在于通过深入细致的访谈和互动获得丰富生动的定性资料，并通过研究者主观的、洞察性的分析从中归纳概括出概念与范畴。作为社会科学质性研究的一种主要方法，学界所指的深度访谈主要是指半结构式的访谈(semi-structured interview)。③ 这是因为，按照汤姆·文格拉夫的看法，深度访谈的特征之一就是半结构式的、开放的访谈问题。文格拉夫认为，深度访谈具有两个最重要的特征。第一，访谈的问题是事先部分准备好的，即访谈是半结构式的，访谈内容在访谈过程中随着双方谈

① 陈向明. 质的研究方法与社会科学研究[M]. 北京：教育科学出版社，2000：10.

② 孙晓娥. 深度访谈研究方法的施政论析[J]. 西安交通大学学报(社会科学版)，2012(03)：101.

③ 杨善华，孙飞宇. 作为意义探究的深度访谈[J]. 社会学研究，2005(05)：53.

话的推进而不断改进。最终呈现的访谈结果是研究者和访谈对象共同建构产生的。第二,深度访谈需要"深入事实内部",意即访谈要具有一定深度,能够穿透现象到达事物背后的本质或意义。① 赫伯特・鲁宾等人指出,深度访谈的优点在于它不仅赋予采访者,也给予受访者一定的自由度来共同探讨研究的中心问题。② 半结构式的深度访谈要求研究者在访谈开始之前,根据研究问题和目的设计访谈大纲。在访谈过程中,研究者可以根据访谈对象的具体情况随时调整谈话内容、删减或增加访谈问题,同时,访谈对象也有可能改变谈话走向,为研究者带去未曾预料的丰富内容。即使是访谈对象避而不答或含混其词,也能帮助研究者了解到更多情况。双方在这样的互动中探求现象背后的真相,逐渐接近事实,共同建构出新的意义。

在具体的访谈方法上,本研究在深度访谈中采用的是希拉里・阿科瑟和彼得・奈特提出的"渐进式聚焦法"(progressive focusing)③,即从简单轻松且访谈对象感兴趣的话题入手,在取得对方信任后逐渐靠近核心问题。安德里亚・方塔纳和詹姆斯・弗里指出,"研究者开始时必须用一些一般性的问题来'打破坚冰',然后逐渐转到更具体的问题,同时,还要尽量不露痕迹地问一些问题以检验被访者所谈内容的真实性"④。遵循这个原则,笔者在访谈时首先从青少年玩家玩游戏的经历谈起,在拉近与对方的心理距离之后慢慢切入自我建构的研究主题,中间也夹杂对访谈对象现实生活的了解。研究者尽量创造轻松自然的交流氛围,便于访谈对象敞开心扉、畅所欲言,使双方的意义建构深入并且丰富。笔者设定的基本的访谈问题包括:第一,玩家简单的游戏史,比如如何开始接触游戏、游戏时间和动机、最喜欢或最常玩的游戏等;第二,玩家对游戏角色的选择、扮演、依附情况;第三,玩家与其他玩家互动、参加公会团队的具体行为和感受;第四,玩家在游戏中的花费与收益、衍生品消费;第五,玩家从游戏中感受到的成就感、表现出的价值观,游戏对玩家的影响和改变;第六,玩家现实生活中的

---

① Tom Wengraf. *Qualitative Research Interviewing: Biographic Narrative and Semi-structured Methods*[M]. California:Sage Pub Inc. ,2001:06.

② Herbert J. Rubin, Irene S. Rubin. *Qualitative Interviewing: The Art of Hearing Data*[M]. California:Sage Pub Inc. ,1995:45.

③ Hilary Arksey, Peter Knight. *Interviewing for Social Scientist*[M]. London:Sage Publications, 1999.

④ 安德里亚・方塔纳,詹姆斯・弗里. 访谈:从结构式问题到引导式话题[M]//诺曼・邓津,伊冯娜・林肯. 定性研究:经验资料收集与分析的方法. 重庆:重庆大学出版社,2007:699.

状况，包括线下社交状况及玩家的个人规划。

## 三、资料收集

本研究的访谈对象是从初中到大学的青少年网络游戏玩家。从 2017 年 3 月开始，一直到 2017 年 12 月，笔者陆陆续续访谈了多名青少年网络游戏玩家，年龄从 13 岁到 24 岁不等，覆盖初一到大四各个年级段。研究遵循“理论抽样”的原则，采用“滚雪球”和方便抽样相结合的方式获得访谈样本。“滚雪球”的抽样方式是一种通过圈内人寻找到更多访谈对象的有效方法，笔者通过一定渠道找到一位符合访谈要求的知情人士，再由这个知情人士介绍下一个知情人士，一环套一环，使“样本像一个雪球一样越滚越大，直到收集到的信息达到了饱和为止”。[①] 方便抽样则是指由于受到实际情况的限制，抽样只能根据研究者的方便进行，没有更多样本选择的自由。[②] 大学生玩家样本比较容易获取，笔者首先从以前的学生入手，招募到第一批大学生玩家样本，再通过同学关系寻找到更多不同地域、不同学校的大学生玩家作为访谈对象。初中生和高中生玩家样本的征集相对比较困难，一方面是因为笔者直接认识的中学生或中学生父母非常少，另一方面是因为中学生学业任务重、自由时间少，因此，为访谈牵线搭桥的父母和教师对中学生网络游戏行为普遍抱有一种敏感甚至是排斥的态度，对访谈支持度不高。正是由于访谈对象的特殊性，本研究使用了“滚雪球”抽样和方便抽样相结合的综合式抽样方式，笔者广泛动用同学、朋友、家人等人际关系网络，寻找合适的青少年玩家接受深度访谈。

自我是某种不断发展的东西，是在社会经验过程和社会活动过程中出现的，即使是虚拟世界里通过游戏行为建构的自我，也需要时间的积累才能在互动中获得其他人的认同。因此，本研究将访谈对象限定为具有一定游戏经历和经验的青少年玩家，所选择访谈对象须满足玩网络游戏时间在一年以上，并且每周玩游戏时间超过 10 小时的条件。最终，笔者一共征集到 47 名青少年网络游戏玩家接受访谈：男性玩家 30 人，女性玩家 17 人。其中，大学生玩家 21 人（男 13 人，女 8 人），高中生玩家 17 人（男 12 人，女 5 人），初中生玩家 9 人（男 5 人，女 4

① 陈向明. 质的研究方法与社会科学研究[M]. 北京：教育科学出版社，2000：109.

② 陈向明. 质的研究方法与社会科学研究[M]. 北京：教育科学出版社，2000：111.

人)。由于玩家在游戏里的自我认同建构会受到现实生活中所在学校、个人能力以及性格表现等多种因素的影响,笔者在征集访谈对象时尽量在学校层次、学生成绩和性格方面保持一定差异。大学生玩家样本既包括重点大学学生,也包括普通大学学生和专科生,接受访谈的中学生则来自重点高中、普通高中和职业高中,玩家样本的分布力求能够反映大部分青少年网络游戏玩家在游戏中建构自我认同的基本情况。

本研究采取的深度访谈方式包括面对面访谈和网络访谈两种。为了更深入地了解青少年网络游戏玩家如何在游戏中建构自我认同,笔者希望尽量采用面对面深度访谈的方式收集质性研究材料,以便较为全面地反映研究问题。但由于地域的限制,仍有部分青少年网络游戏玩家通过网络的方式接受访谈。

面对面访谈的时间基本控制在 45 分钟到 2 小时之间,绝大部分采用一对一的方式进行,但出于对访谈对象和访谈介绍人的便利性考虑,笔者组织了两次集体访谈。与个别访谈相比,集体访谈为参与者提供了一个相互交流的机会,有利于彼此思想的激发和碰撞,能够对所讨论的话题进行更深入的挖掘。[①] 对于访谈者来说,集体访谈还便于访谈者观察参与者在集体互动中的行为表现,可以为访谈者带来更多信息。本研究的集体访谈全部发生在对中学生进行的访谈中。中学生尤其高中生学业紧张,访谈时间有限,集体访谈能够在有限的时间内得到更多访谈内容,并且便于介绍人(中学教师)安排访谈对象和时间,减少访谈给介绍人和访谈对象带来的影响。在征得访谈对象同意后,面对面访谈过程全部用录音笔录音,并被输入电脑整理为文字档案。除了访谈内容,访谈对象的神态、肢体语言,笔者的感受,以及笔者对认识的访谈对象的印象,一并被记录下来。

网络访谈采用即时通信工具微信和 QQ 进行,全部以一对一方式完成。由于延迟回复的缘故,网络访谈普遍比面对面访谈的时间更长,至少达到 1.5～2 小时,有的甚至持续两天。笔者在访谈结束后立即将聊天记录整理为文字保存下来。访谈对象在网络聊天中会使用表情符号和不规范的标点符号。网络聊天虽然突破了面对面聊天的时空限制,但也同时过滤掉大量“现场信息”,即面对面

① 陈向明.质的研究方法与社会科学研究[M].北京:教育科学出版社,2000:173.

人际交流中出现的能够提供角色、情感、语态等重要补充信息的非语言表达内容。① 因此，访谈对象使用的这些表情符号和标点符号也被保留下来，作为对访谈内容的进一步补充。在研究进行的过程中，根据研究需要，笔者对部分受访者进行了多次访谈以补充访谈结果。后续访谈基本上通过网络进行，个别被访者接受了二次面对面访谈。

表 1-3 是 47 名受访对象的相关资料。

**表 1-3　访谈对象基本资料**

| 序号 | 性别 | 年龄 | 所在年级 | 学校所在地 | 学校类别 | 网络游戏时间 | 访谈方式 | 主要玩的游戏 |
|---|---|---|---|---|---|---|---|---|
| M1 | 男 | 19 | 大一 | 杭州 | 大学专科 | 11 年 | 面访/微信 | 《梦幻西游》《魔兽世界》和《仙剑奇侠传》系列 |
| M2 | 男 | 19 | 大一 | 杭州 | 大学专科 | 7 年 | 微信 | 《梦幻西游》《地下城与勇士》《英雄联盟》《炉石传说》 |
| M3 | 男 | 21 | 大三 | 宁波 | 普通本科 | 6 年 | 面访 | 《魔兽世界》 |
| M4 | 男 | 20 | 大二 | 宁波 | 普通本科 | 11 年 | 面访 | 《诛仙》手游 |
| M5 | 男 | 21 | 大三 | 宁波 | 普通本科 | 11 年 | 面访 | 《魔兽世界》 |
| M6 | 男 | 21 | 大三 | 宁波 | 普通本科 | 8 年 | 面访 | 《守望先锋》《穿越火线》《王者荣耀》 |

① 洛雷塔・A. 马兰德罗，拉里・巴克. 非语言交流[M]. 北京：北京语言大学出版社，1991.

**续表**

| 序号 | 性别 | 年龄 | 所在年级 | 学校所在地 | 学校类别 | 网络游戏时间 | 访谈方式 | 主要玩的游戏 |
|---|---|---|---|---|---|---|---|---|
| M7 | 男 | 21 | 大二 | 宁波 | 普通本科 | 7年 | 面访 | 《英雄联盟》《王者荣耀》《剑侠情缘网络版3》 |
| M8 | 男 | 20 | 大一 | 杭州 | 大学专科 | 10年 | 面访 | 《梦幻西游》《魔兽争霸》《英雄联盟》和DOTA |
| M9 | 男 | 19 | 大一 | 杭州 | 大学专科 | 3年 | 面访 | 《QQ飞车》《守望先锋》《王者荣耀》 |
| M10 | 男 | 17 | 高二 | 宁波 | 职业高中 | 12年 | QQ | 《英雄联盟》《梦幻西游》 |
| M11 | 男 | 18 | 高三 | 台州 | 重点中学 | 13年 | 微信 | 《英雄联盟》《地下城与勇士》和DOTA系列 |
| M12 | 男 | 22 | 大三 | 杭州 | 重点本科 | 10年 | 面访 | 《神武》《英雄联盟》 |
| M13 | 男 | 22 | 大三 | 杭州 | 重点本科 | 12年 | 面访/微信 | DOTA系列和《梦幻西游》 |
| M14 | 男 | 18 | 高三 | 台州 | 普通中学 | 7年 | 微信 | DOTA系列和《英雄联盟》 |
| M15 | 男 | 16 | 高一 | 金华 | 普通高中 | 8年 | 面访 | 《英雄联盟》 |
| M16 | 男 | 17 | 高一 | 金华 | 普通高中 | 8年 | 面访 | 《英雄联盟》《弹弹堂》 |

**续表**

| 序号 | 性别 | 年龄 | 所在年级 | 学校所在地 | 学校类别 | 网络游戏时间 | 访谈方式 | 主要玩的游戏 |
|---|---|---|---|---|---|---|---|---|
| M17 | 男 | 16 | 高一 | 金华 | 普通高中 | 8年 | 面访 | 《穿越火线》《英雄联盟》 |
| M18 | 男 | 17 | 高一 | 金华 | 普通高中 | 9年 | 面访 | 《弹弹堂》《QQ飞车》和DOTA系列 |
| M19 | 男 | 13 | 初一 | 杭州 | 普通高中 | 4年 | 面访 | 《狂野飙车》《星际争霸》 |
| M20 | 男 | 16 | 高二 | 金华 | 普通高中 | 6年 | 面访 | 《英雄联盟》 |
| M21 | 男 | 16 | 高一 | 金华 | 重点高中 | 5年 | 面访 | 《王者荣耀》 |
| M22 | 男 | 16 | 高二 | 宁波 | 普通高中 | 3年 | 面访/微信 | 《英雄联盟》《王者荣耀》《剑侠情缘网络版3》 |
| M23 | 男 | 19 | 高三 | 宁波 | 职业高中 | 8年 | QQ | 《王者荣耀》 |
| M24 | 男 | 21 | 大三 | 绵阳 | 普通本科 | 11年 | 微信 | 《王者荣耀》 |
| M25 | 男 | 21 | 大三 | 绵阳 | 普通本科 | 10年 | 微信 | 《地下城与勇士》《穿越火线》《QQ飞车》 |
| M26 | 男 | 15 | 初二 | 宁波 | 普通高中 | 2年 | 面访 | 《王者荣耀》 |
| M27 | 男 | 17 | 高三 | 衢州 | 重点高中 | 10年 | 面访 | FPS类游戏 |

**续表**

| 序号 | 性别 | 年龄 | 所在年级 | 学校所在地 | 学校类别 | 网络游戏时间 | 访谈方式 | 主要玩的游戏 |
|---|---|---|---|---|---|---|---|---|
| M28 | 男 | 16 | 初三 | 宁波 | 民工子弟学校 | 2 年 | 面访 | 《王者荣耀》《荒野行动》 |
| M29 | 男 | 15 | 初三 | 宁波 | 民工子弟学校 | 4 年 | 面访 | 《刀剑领域》《王者荣耀》和吃鸡游戏① |
| M30 | 男 | 15 | 初三 | 宁波 | 民工子弟学校 | 3 年 | 面访 | 《王者荣耀》和吃鸡游戏 |
| F1 | 女 | 21 | 大三 | 宁波 | 普通本科 | 14 年 | 微信/面访 | 《梦幻西游》《英雄联盟》《王者荣耀》 |
| F2 | 女 | 21 | 大三 | 杭州 | 普通本科 | 9 年 | 微信 | 《仙剑奇侠传》《英雄联盟》 |
| F3 | 女 | 21 | 大三 | 杭州 | 重点本科 | 10 年 | 面访/微信 | 《摩尔庄园》《瘟疫公司》《饥荒》 |
| F4 | 女 | 17 | 高三 | 台州 | 重点高中 | 10 年 | 微信 | 《摩尔庄园》《倩女幽魂》 |
| F5 | 女 | 16 | 高一 | 金华 | 普通高中 | 7 年 | 面访 | 休闲类小游戏 |
| F6 | 女 | 18 | 高三 | 台州 | 重点高中 | 9 年 | 微信 | 《传奇世界》《王者荣耀》 |
| F7 | 女 | 19 | 大一 | 杭州 | 大学专科 | 5 年 | 微信 | 《天涯明月刀》 |

① 吃鸡游戏指生存射击类游戏，如《绝对求生》《荒野行动》《和平精英》等。

**续表**

| 序号 | 性别 | 年龄 | 所在年级 | 学校所在地 | 学校类别 | 网络游戏时间 | 访谈方式 | 主要玩的游戏 |
|---|---|---|---|---|---|---|---|---|
| F8 | 女 | 24 | 大四 | 宁波 | 普通本科 | 12 年 | 微信 | 《梦幻西游》《英雄联盟》 |
| F9 | 女 | 18 | 高二 | 宁波 | 职业高中 | 9 年 | 面谈 | 《剑灵》 |
| F10 | 女 | 17 | 高二 | 汕头 | 普通高中 | 9 年 | QQ | 《梦幻西游》《QQ 飞车》《剑灵》 |
| F11 | 女 | 20 | 大三 | 绵阳 | 普通本科 | 1 年 | 微信 | 《王者荣耀》 |
| F12 | 女 | 20 | 大三 | 绵阳 | 普通本科 | 1 年 | 微信 | 《王者荣耀》 |
| F13 | 女 | 20 | 大三 | 海口 | 普通本科 | 2 年 | 微信 | 《聚爆》《球球大作战》《王者荣耀》 |
| F14 | 女 | 15 | 初二 | 宁波 | 普通高中 | 3 年 | 面访 | 《王者荣耀》《穿越火线》《侠盗猎车手》《地下城与勇士》 |
| F15 | 女 | 14 | 初二 | 宁波 | 普通高中 | 7 年 | 面访 | 《王者荣耀》《英雄联盟》《守望先锋》《剑侠情缘网络版 3》《天涯明月刀》《求生之路》和 IB 类游戏①、吃鸡类游戏 |

① IB 类游戏是流行于日本的解迷恐怖游戏。

**续表**

| 序号 | 性别 | 年龄 | 所在年级 | 学校所在地 | 学校类别 | 网络游戏时间 | 访谈方式 | 主要玩的游戏 |
|---|---|---|---|---|---|---|---|---|
| F16 | 女 | 14 | 初三 | 宁波 | 民工子弟学校 | 2年 | 面访 | 《王者荣耀》《节奏大师》 |
| F17 | 女 | 15 | 初三 | 宁波 | 民工子弟学校 | 1年 | 面访 | 《王者荣耀》 |

## 四、研究伦理

在著名的塔斯基吉梅毒实验丑闻之后，美国政府出台了《贝尔蒙报告》，将尊重、受益、公平视为社会调查的三个基本的研究伦理原则。① 有的研究者具体阐明了网络研究在伦理及法律上应考量的三项原则：自主性——任何研究不得减损被研究者的人身自主性；利益考量——要尽量增加被研究对象的利益，并将其可能受到的伤害减到最小；正义——研究的负担及利益应公平地分配到不同个体或团体上。② 中华传播学会则将制定传播研究伦理守则的宗旨设定为“确保研究的设计及执行尊重研究参与者之自主权、维护其隐私权并保障其身心福祉，以达学术自由与研究伦理并重的目的”③，更明确阐述了传播研究中要注意的具体的伦理原则。具体说来，尊重被研究者、知情同意、参与自由、不伤害并且保护被研究者的利益、互惠/回馈都是社会科学包括传播研究中要注意的研究伦理。

本研究恪守通行的研究伦理原则。在招募访谈对象时，笔者首先对拟招募对象阐明所研究课题的大致议题，告知主要的访谈内容，并对访谈内容的使用和受访者隐私保护做出承诺。访谈对象的招募在自愿基础上进行。正式进行访谈时，笔者在面对面访谈开始之前首先会征求访谈对象的意见，在获得许可后才对

---

① 黄盈盈，潘绥铭. 中国社会调查中的研究伦理：方法论层次的反思[J]. 中国社会科学，2009(02)：149-150.

② 翟本瑞. 逃到网中：网路认同形成的心理机制研究[J]. 第四届资讯科技与社会转型研讨会，2001.

③ 中华传播学会. 中华传播学会传播研究伦理守则[EB/OL]. (2017-09-19)[2021-03-09]. http://ccs.nccu.edu.tw/news_content.php? N_ID=892.

访谈过程进行全程录音。笔者向访谈对象承诺匿名访谈，即研究成果中不会出现姓名、学校等任何将导致访谈对象隐私泄露的内容，且该录音只用于本课题研究。展开微信访谈和QQ访谈时，笔者在访谈开始之前会以文字形式做出关于匿名访谈和访谈用途的说明。虽然笔者希望尽可能地进行面对面访谈，但在建议访谈方式时仍充分尊重访谈对象的意愿。玩家M10曾再三确认不需要本人出镜、访谈录音不会被放到互联网上之后才答应接受面对面访谈，但随后仍借故推脱。出于对访谈对象自主权和隐私顾虑的尊重，笔者最后通过QQ对其进行了访谈。研究过程中，所有访谈对象的隐私都受到保护，并且笔者根据具体情况给予了访谈对象不同形式的报酬。此外，根据《中华传播学会传播研究伦理守则》，当研究对象未满18岁时，研究者必须取得其父母或其他监护人的同意，才能对其进行访谈。本研究的研究对象包括尚未成年的初中生和高中生。由于初高中生访谈对象主要是通过中学老师介绍，故只有对其中4位中学生的访谈取得了他们父母的同意，其余针对中学生访谈对象的访谈得到了其所在班级老师的同意。

# 第二章　角色扮演中的个人认同建构

作为自我认同的基本内容之一，个人认同指的是个体在认识和了解自己的过程中所表现出的心理特征和自我意识。个人认同涉及的内容不仅包括个体对自我在外形、性格、能力等方面的认知，对自我情绪和自我感受的理解，也包括个体对自己的理想、价值观、人生观的探索。这些关于“我是谁”的直接探讨，能够帮助个体对自我形象、性别角色做出清晰的定位，有助于个体在自身内部发展的过程中更好地体会“连续性”的感受。①

在米德关于自我发展的论述中，儿童首先在独自玩耍中进行自我想象并开始逐渐了解自己。幼儿日常的玩耍内容之一就是扮演父母、医生等存在于他们周围的成人，模仿成人的行为举止和讲话口吻与自己的玩偶对话，初步领会这些成人角色的社会职能与行为规范。在这一模仿扮演的过程中，幼儿开始从这些含混不清的角色中慢慢发展出自己的人格特征，逐步形成个人认同。根据米德的观点，自我认同产生于个体的意义互动，而意义则来源于有意味的姿态或有意味的符号。② 对于独自玩耍的儿童而言，这种有意识的或者有意味的姿态和符号表现为儿童对玩偶实施的打针、喂养、教导等模拟行为，以及儿童以玩偶为假想对象进行的喃喃自语等。当一个个体向其他个体(包括玩偶这样的假想个体)发出有意味的姿态或符号，也就赋予了这种姿态或符号以自己的态度和意义，个体的个人认同建构由此开始。

在面对面的互动中，个体是意义传递的主体，个体用以传递意义的姿态符号主要包括语言、动作、声音、面部表情、服饰、妆容等。进入到网络空间，由于身体

---

① 贺倩如. 云南特有少数民族青少年自我认同研究[D]. 上海：复旦大学，2014.

② 乔治・赫伯特・米德. 心灵、自我和社会[M]. 南京：译林出版社，2012.

的不在场,个体以一种数字化和电子化的形式存在,传递意义的主体变成了昵称代号,承载意义的姿态符号脱离了身体和感官,以文字、图片,以及标点、表情等符号形式出现。而与传统的互联网应用以及早期的电脑游戏不同的是,网络游戏的出现使玩家重新又拥有了身体,有了喃喃自语的对象。网络游戏不仅允许玩家拥有昵称化名,更为玩家提供若干有着各种形象、身份和技能的游戏角色,玩家可以任意选择其中一个角色作为自己在游戏中的化身,通过化身将自己希望传递的态度和意义表达出来,并借助化身进行和游戏内容及其他玩家之间的互动。游戏设计师克里斯·克劳福德将游戏角色描述为由人类玩家控制的虚拟结构,是玩家在游戏中和其他角色互动的方式。① 因此,笔者对网络游戏中青少年玩家个人认同建构的研究从玩家的角色扮演出发,结合网络游戏的特点和访谈资料,从角色形象选择、角色性别建构和角色扮演三个方面来分析玩家如何与游戏角色进行自我对话,将自身投射到角色上,在角色扮演中构建个人认同。

需要说明的是,本部分所使用的角色扮演并非单纯指角色扮演类游戏中的角色扮演,而是泛指青少年玩家操纵角色所进行的一切游戏行为。根据玩家投入时间的多少,这些行为可以分为两个主要部分:游戏初期玩家对角色的选择和创建,以及之后玩家对角色的操纵和经营。笔者分别从玩家角色扮演的这两个部分分析其个人认同的建构。

## 第一节　角色形象选择

社会学和社会心理学中所谓的"角色",是指处于一定社会地位的个体,依据社会的客观期望,借助自己的主观能力适应社会环境、遵循社会规范所表现出来的行为模式。② 在现实社会中,针对某个个体的生命来说,社会总是先在性存在的,个体总是出生在一个先有的社会中③,从出生时即置身于一个结构并被限定了性别、种族、国籍、家庭等角色扮演的先期条件,在角色选择上受到普遍认可的

① Zach Waggoner. *My Avatar, My Self: Identity in Video Role-playing Games* [M]. North Carolina: McFarland&Company, 2009: 08.

② 周晓虹. 现代社会心理学:多维视野里的社会行为研究[M]. 上海:上海人民出版社,1997:361.

③ 李慧敏. 社会转型时期的自我认同与教育:以吉登斯自我认同理论为视角[M]. 北京:高等教育出版社,2005:42-43.

社会规范约束，无法脱离个体自己的社会身份和等级地位。然而在网络游戏的世界中，惯用且固定的分类系统被打破，结构性的个人标签不复存在，玩家可以从游戏设定的范围内搭配出符合个人需要的各种角色。

J. 奥布莱恩指出，人们若要进行有意义的互动，必须要能标示存在的情境、呈现自己的位置……无论人们再有创造力、想象力，缺乏共享的分类基模，沟通即无法进行。[①] 对于网络游戏玩家而言，游戏角色就是奥布莱恩所说的共享的分类基模，每款游戏都为玩家设置了若干不同类别的角色供玩家自由搭配，角色类别即意味着玩家在游戏虚拟世界中的定位。例如，《魔兽世界》提供联盟和部落两个对立的阵营；13 个种族，包括人类、兽人、侏儒、矮人、德莱尼人、牛头人、熊猫人、狼人、血精灵、地精、暗夜精灵、亡灵、巨魔，每个种族都有男女性别之分；12 个职业，包括战士、牧师、法师、术士、猎人、萨满、圣骑士、武僧、德鲁伊、潜行者、死亡骑士、恶魔猎手，其中每个职业又具备坦克[②]、输出和治疗 3 种天赋。《王者荣耀》设置了坦克、战士、刺客、法师、射手和辅助 6 种职业，目前一共推出 72 个男女英雄，英雄人物之间有生存能力、攻击伤害、技能效果和上手难度的区别。无论是 MMORPG，还是 MOBA 游戏或 FPS 游戏，每一款网络游戏都会要求玩家至少选择一个角色作为自己的化身进入游戏空间，一些玩家还会同时拥有多个不同的角色化身，在游戏设计的范畴之内根据玩家的自我认知和想象，结合角色类别搭配出心仪的游戏角色。

在网络空间，网民面对的是一个以想象为基础的另类生存空间，这一空间作为网民扮演角色的背景和舞台，使他们在现实社会生活中的地位、职业、年龄、性别、种族、相貌等因素，可以被暂时隐匿。[③] 针对网络匿名性所具有的这种淡化现实痕迹的功能，人们在研究网络空间，尤其是社交网站的自我呈现时提出了两种假设：一种是现实生活延伸假设，认为人们使用社交网站是想表达自己的真实个性，因此社交网站上的个人形象是现实生活中真实个性的延伸，反映了使用者在现实情境下的形象、行为和思想；另一种与之相反的假设是使用者在社交网站账户上创造并传递理想自我的形象，根据这种理想化的虚拟认同假设，用户在社交网站上呈现出的是一种理想化的个性而非个人的真实人格。人们从社交账户

① J. O'Brien. Writing in the Body: Gender (Re)production in Online Interaction[M]//M. A. Smith, P. Kollock. *Communities in Cyberspace*. New York: Routledge, 2000: 76-106.

② 坦克是指吸引敌方火力。

③ 黄少华，陈文江. 重塑自我的游戏：网络空间的人际交往[M]. 兰州：兰州大学出版社，2002：131.

上得到的人格印象反映了账户拥有者对于理想自我的想象。① 那么,青少年玩家在进入游戏世界时是如何在各种角色分类中做出搭配,完成角色选择的决定的?现实生活中的哪些因素又对这个决定产生了影响?他们的角色选择是现实生活的延伸还是理想自我的创造呢?这是本部分想要讨论的主要问题。

## 一、现实自我的符号化安放

哈佛心理学家威廉·詹姆斯认为自我是一个综合体,包括物质自我、社会自我和精神自我三个层面,其中物质自我指的是真实的物体、人或地点,可以被进一步区分为躯体自我和躯体外自我。② 尽管詹姆斯的分类方法没有被之后的研究者广泛采纳,但将他提出的物质自我的概念用于说明游戏玩家与游戏角色之间的关系却很适合。在《现代性与自我认同:晚期现代中的自我与社会》一书中,吉登斯指出,"身体(body)不仅仅是我们'拥有'的物理实体,它也是一个行动系统、一种实践模式,并且在日常生活的互动中,身体的实际嵌入,是维持连贯的自我认同感的基本途径"③。网络空间中身体的不在场造成衣着、神态、肢体语言的普遍缺席,物质自我失去根基,信息传递的深度和丰富性在一定意义上受到弱化。早期的网络游戏 MUD 中,玩家用昵称代替自身,单纯的文字符号难以带给玩家真实自我的感受,无法产生自我对话。而后期发展起来的网络游戏中,游戏角色的出现重新赋予玩家身体,虽然这个身体是虚拟的,但和现实身体一样有着具象化的外貌、身材、发型和服饰,能够完成游戏需要的各种动作。游戏角色作为新的交互被动性客体(interpassive objects),成为齐泽克所谓的"替代性的自我"(a surrogate self)④,以符号化的身体的形式让玩家在虚拟世界中找到了躯体外自我的新的依托。

玩家通过角色和昵称探索游戏世界、完成游戏任务,并在此过程中与其他玩家交流互动、发展自我认同。因此,玩家在创造虚拟世界中的躯体外自我时往往会将个人的某些特征投注到角色身上。扎克·瓦格纳在观察不同类型玩家的角

---

① Mitja D. Back, et al. Facebook Profiles Reflect Actual Personality, Not Self-idealization[J]. *Psychological Science*, 2010, 21(03): 372-374.

② William James. *The Principles of Psychology*[M]. New York: Henry Holt, 1890: 292-299.

③ 安东尼·吉登斯. 现代性与自我认同:晚期现代中的自我与社会[M]. 北京:三联书店, 1998: 111.

④ Slavoj Žižek. *The Plague of Fantasies*[M]. London: Verso Books, 1997: 109.

色设置行为时发现,无论是硬核玩家(hardcore player)、休闲型玩家(casual player),还是菜鸟玩家(non-player),都在角色的基础设置上投射了大量现实自我的影子。玩家 Tom 按照自己的性别、种族和外形来设置他在游戏《上古卷轴 4:湮没》中的角色形象,非常仔细地调整角色的面部器官以使角色看上去和自己最大限度地相似,甚至连角色的名字也和现实中他的名字一模一样。① 女性玩家 Bianca 是在美国的第二代波斯移民,当她在为游戏《辐射 3》设置角色形象时,不仅因为"我是女性,我希望做我自己的性别,我想要更多地呈现我自己"而选择女性角色,并且按照波斯语的意思为角色取名 Joojee,意即喜爱。②

在笔者的研究中,青少年玩家同样会在角色形象选择以及昵称设置中融入现实自我的某些特征,将自己的性别、性格和兴趣爱好嵌入角色符号中。

"职业是天香,'奶妈'③角色,因为比较喜欢打辅助。感觉自己太弱了老被人打死,'奶妈'毕竟还可以自保(捂嘴笑的表情)。女孩子嘛,基本就是玩这个职业了。我选的角色性格跟自己差不多的样子,做事方式也差不多,考虑再三挺细致的。"(玩家 F7)

"玩《传奇世界》的时候扮演法师,因为可能女生不愿意冲到前面跟别人肉搏,一般都是选择远程攻击的。我选择的角色法师偏多,其次是道士,战士较少,都是女性的。"(玩家 F6)

笔者发现,青少年玩家在刚开始玩游戏时一般都按照自己的性别来选择游戏角色,并且在职业选择上会潜意识地代入性别特征,这在女性玩家身上体现尤为明显。玩家 F7 和 F6 以及其他绝大部分女性受访对象都偏向于玩法师、女巫这样的辅助类角色,比较偏好远程进攻,不喜欢近身肉搏。这符合研究者们得出的女性玩家对暴力游戏的喜好程度远低于男性的研究结果,这也与女性认为自身比较柔弱的传统认知有关。

网络游戏里游戏角色的形象大致可以分为人类、类人类和非人类三个大类。类人类和非人类通常不具备正常人类的外貌,游戏中人类角色的外貌则高于大部分人所能达到的外貌水平。因此,青少年玩家很少会依据个人外貌来选择游

---

① Zach Waggoner. *My Avatar, My Self: Identity in Video Role-playing Games* [M]. North Carolina: McFarland&Company, 2009: 107.

② Zach Waggoner. *My Avatar, My Self: Identity in Video Role-playing Games* [M]. North Carolina: McFarland&Company, 2009: 142.

③ "奶妈"指帮助队友恢复血量的角色。

戏角色,而更多是在性别之外将个人性格投射到角色身上。

“一般会选女性。因为那些角色的衣服都特别地暴露,我会选保守一些的,比较倾向选择一些比较帅气的女性的角色,倾向比较洒脱、豪爽的角色。一般性的话,我是不太喜欢那种可爱、温柔、娇媚的角色。我个人比较倾向中性的,对,比较中性的角色。然后选角色时另外一点就是个人性格的一个投射吧,我个人比较豪爽,那我想选择的角色也比较豪爽一些,我应该不会选择和我性格相反的角色。”(玩家 F3)

现实中的玩家 F3 虽然讲话声音不是很大,但做事比较干净利落。在笔者认识她的四年里,她几乎一直保持清爽的短发,穿着打扮上不是很女性化,夏天也很少穿裙装。性格上的中性化在她的游戏角色选择上体现得非常明显:不喜欢温柔、娇媚、性感这样女性特征鲜明的形象,愿意选择性格豪爽、具有英武气质,偏中性一点的角色。

玩家 F9 是一所职业高中的高二学生,笔者见到她的那天,她穿着校服,短发,讲话声音不大,语速很快但表达简洁有力,有着超乎年龄的成熟和稳重。

“我在《剑灵》里扮演的是灵族,矮,但很可爱,很 Q。现在这种游戏你知道它的风格本身比较偏向性感化,但是作为当时还没成年的女性玩家来说,我对这种审美不是很接受,当然现在能够接受了。当时我是初中生,所以就选了更加倾向自己审美的可爱型角色。角色的性格上在种族这方面其实是有点预设的,所以也会考虑性格这一块,会选跟自己比较相像的角色,因为毕竟玩网络游戏就是求一个代入感。”(玩家 F9)

F9 不止一次提到网络游戏的代入感。代入感意味着玩家感同身受,似乎自己就是游戏里的角色,亲身在虚拟世界里纵横驰骋。玩家越是将现实生活中的个人特征代入游戏角色中,在角色身上看到自己的影子,代入感和随之而来的个人认同也会越强。玩家 M6 甚至将自己的性格特点代入游戏角色使用的武器里:“在 FPS 游戏里面,其实我觉得我的性格也可以代入里面的这种武器。因为其实在 FPS 游戏里面,我举个例子,比如像《穿越火线》或《反恐精英:全球攻势》这种游戏的卖点就是不同的武器怎样发出不同的效果,其实当我拿着不同的枪的时候,发现我在里面的个人感觉,不同武器所代表的性格其实是不一样的。比如说:你拿冲锋枪,那就可能需要‘突突突’,可能要冲在很前面,节奏打得快一点;你拿把狙击枪可能就要‘猥琐’一点,躲在枪的后面,可能过来一个你开个镜瞄个头。我发现,其实我个人性格在这个游戏里面也有很好的

体现。"(玩家 M6)

与游戏角色形象紧密相连的是角色昵称。对于部分青少年玩家而言,昵称也是非常重要的一个关于自我的符号指代。正如约翰·卡尔霍恩所说:"没有名字、没有语言、没有文化,我们就不知道有人。自我与他人、我们与他们之间的区别,就是在名字、语言和文化当中形成的……自我认识——不管如何觉得自我是发现出来的,终归是一种建构的结果——永远不会和他人按照独特的方式所做出的判断完全相脱离。"[①]作为玩家行走游戏世界的代号,昵称和现实世界里的名字一样,具有指代一个个具体玩家的能指功能,是青少年玩家用于识别彼此的身份符号。

由于网络空间匿名性和身体不在场特征所带来的自由,大部分青少年玩家在取游戏昵称时都采取一种随意的姿态,"随便取的""没什么特殊意义",但也有部分玩家为昵称赋予了与现实自我相关的特别含义。笔者在访谈青少年网络游戏玩家时发现,五位受访玩家都认为游戏角色的昵称非常重要,既需要让自己看了感到满意,更要能体现出自己对待游戏的态度。[②] 在本研究的访谈中,部分青少年网络游戏玩家会将自己的个人信息或爱好反映到昵称中。比较常见的是使用真实姓名中的一两个字,以此将虚拟自我与现实自我联系起来,实现躯体自我和躯体外自我对话的同一性。例如,玩家 M12 将名字中的"栋"字用在游戏昵称中,玩家 F8 的昵称中有自己真名中的"婷"字,玩家 F1 则按照自己名字的发音为角色取了英文名。

玩家 M19 是初一学生,面访那天他穿着一套红色的 T 恤和短裤,他的昵称和他的穿着一样表达了明显的个人爱好。

"我每个游戏的昵称都一样,'不再失落焰火',好记。我的昵称分两段,前一段是我看贝尔·格里尔斯的《荒野求生》一书,其中四个字让我印象特别深刻,这几个字是贯穿全文的,是线索,我就将其用作我名字的前半部分。后面两个字是'焰火',我喜欢红色,又喜欢火。我 QQ 的签名是 never be lost。"(玩家 M19)

选择角色和取昵称是玩家进入游戏世界的第一步。绝大部分青少年玩家在这个过程中都会将姓名、性别、性格、处事方式等现实自我的部分特征投注到自己在游戏世界的替身和化名上,通过符号的形式将现实自我代入游戏世界,赋予

---

① Craig Calhoun. *Social Theory and the Politics of Identity*[M]. Oxford:Blackwell,1994:09-10.

② 严梦音.虚拟与现实:网络游戏中青少年的自我认同[D].桂林:广西师范大学,2017.

角色符号以个人意义,并以此实现现实自我与虚拟自我的勾连,为后续在符号化互动中建构自我认同做好准备。

## 二、理想化的自我想象

游戏角色(avatar)和代理(agent)不同,角色来源于梵文 avatara 一词,意思是"体面"(decent),在印度教里指化身,神的肉体呈现。① 不同于代理实施的行为由计算机电脑控制,角色的行动是玩家意志的主动呈现,玩家可以按照角色分类选择自己希望扮演的游戏人物,并在游戏允许范围内对人物形象进行调整。这就赋予了玩家极大的自由,使玩家有机会弥补现实生活中自身形象和能力的不足,跨越现实因素的限制,穿越时空,选择扮演比现实自我更为完美、更加理想的另一个"我",释放现实中未被发现或被迫隐藏的多重自我。青少年玩家对游戏角色的理想化想象主要体现在他们对角色外在形象的追求,以及对角色性格和能力的挑选上。

在网络游戏中,玩家可以根据自己的喜好和想象选择符合个人审美需求的游戏人物,一些游戏甚至允许玩家对人物形象进行调整,以满足不同玩家的审美要求。这就为青少年玩家实现形象认同提供了渠道。陈坤虎、雷庚玲、吴英璋在 J. M. 乔克等人提出的认同面向基础上,通过量化研究提出青少年自我认同中新的认同内容——形象认同,即青少年对个人的身高、身材及穿着等形象问题的认识。② 个人的外表吸引力是青少年自我评价与自尊发展中重要的影响因素之一,虽然讨论"美貌与否"的问题似乎显得表面和肤浅,但陈坤虎等人的研究证明青少年普遍比较重视自己的身材和长相,对自己的穿衣打扮在他人眼中的印象也很在意。这一结论在笔者研究游戏玩家对角色外在形象的理想化追求中也得到了证实。

首先,青少年玩家普遍倾向于在角色外形的选择上,挑选自己认为最理想、最美的形象。

---

① Zach Waggoner. *My Avatar, My Self: Identity in Video Role-playing Games* [M]. North Carolina: McFarland & Company, 2009: 08.

② 陈坤虎,等. 不同阶段青少年之自我认同内容及危机探索之发展差异[J]. 中华心理学刊, 2005(03): 261.

“《梦幻西游》里我有好多个号呢，基本好看的角色都玩过——飞燕女、玄彩娥、舞天姬都有。男号也玩过几个角色。选角的标准就是好看。一般女孩子玩游戏不管什么都是看脸的，哈哈。”（玩家 F8）

“《梦幻西游》里面玩得最多的角色应该是骨精灵吧，因为我觉得骨精灵的角色设定很棒，长得好看，所以喜欢。玩其他角色都是出于好奇，但喜欢玩什么角色还是由长相决定的，（骨精灵）就是因为外形喜欢。剧情大家都是一样的。”（玩家 F10）

“最早开始玩《梦幻西游》的时候选了一个虎头怪，觉得它特别可爱，块头挺大，反正就觉得它很魁梧很帅。它是一个老虎的形象，其他很多都是一个人类的形象，它比较特别，就觉得它比较帅，也感觉比较厉害。在角色塑造方面，大多数时候就是一眼看过去顺不顺眼，看过去这个形象行不行，或者说有那种很具体的头发、衣服、鞋子这种的，不停地换不停地换，就是看这种感觉。这个顺眼，就先定这个头发，再定衣服。我觉得这个大众的审美还是比较一致的，你觉得这个帅那个帅，游戏一般也不会推出太丑的。”（玩家 M12）

绝大部分女性玩家与 F8 和 F10 一样，将“好看与否”作为选择游戏角色的主要标准。男性玩家虽然在选择时会考虑角色的门派、能力等其他因素，但角色外形依然是重要的选择指标，例如玩家 M12 喜欢虎头怪的魁梧和帅。即使是当前更为流行的注重竞技的 MOBA 类网络游戏如《王者荣耀》，角色的外表也对青少年玩家尤其女性玩家的选择产生很大影响。

“就《王者荣耀》而言，姐姐你看，一般女生多会选择图一图二这些长得好看的。（见图 2-1，图 2-2）像图三的项羽这种大汉我一般就选得比较少（见图 2-3）。像这些美丽的小姐姐我一般玩得比较多。”（玩家 F6）

图 2-1　角色诸葛亮

图 2-2　角色貂蝉

图 2-3　角色项羽

其次，除了从系统提供的角色中挑选最满意的形象外，玩家还会自己动手尽可能地调整角色外形直到使自己完全满意。以《天涯明月刀》为例，玩家进入游戏选择门派和性别后即可从“定制细节”进入捏脸界面：先选择一张基础脸型，然后从位移、旋转、缩放三个维度对角色五官的细节进行调整；除去各个具体部位之外，游戏系统还提供眼睛整体、鼻子整体和嘴巴整体的调整选项；之后，玩家还可以通过“修容”“发型”选项进一步改变角色外观，甚至连眼影、眼线、文身、皮肤质感等现实生活中的妆容及修饰效果都可以操作。选择角色和调整角色外形这一过程赋予青少年玩家极大的乐趣和自由，让他们得以实现“理想自我”的呈现。

玩家 F7 在现实中是个非常普通有点内向的女孩子，用班主任老师的话来说是“长相一般、性格沉闷、成绩中等，在班里都不合群”，她“中午有时甚至不去吃饭，就趴在教室桌子上，感觉有段时间还去割了双眼皮”。或许因为现实中的自己太过于普通，F7 在游戏《天涯明月刀》中扮演天香职业的“奶妈”角色时，对于角色形象非常在意（见图 2-4）。

“当然了！捏人物造型都要一看再看，不满意重新来的。眉型、下巴高低都可以改变，（理想中的女性形象是）小家碧玉型的，看起来很温婉的古代女子那种。游戏里外形是自己理想中的，偏苗条，我自己有一点胖。”（玩家 F7）

玩家 F15 正在就读初二，平时课程学习比较紧张，只能晚上回到家完成作业后再玩游戏。即使游戏时间如此有限，她也要将角色形象调整到自己心中最好的样子，“调整一个数据有时要花十几分钟”。

同样，玩家 F9 和 F10 对于游戏人物的面部审美也有着精益求精的要求。

“有捏脸，说是让角色更符合自己的审美、更合适，系统自带的脸部和淘宝/贴吧等地能找到的数据大多有比例上的问题，所以通常会自己来弄。”（玩家 F9）

“《剑灵》角色可以自己捏，所以就按自己的喜好捏了很久，因为我很看重角色的外形呀，(最后效果)很满意，因为《剑灵》外形可塑性很高。《剑灵》的号曾经是个男号，因为喜欢，捏成了在我看来好看的男性外形，看着自己角色的时候心情很好。”(玩家 F10)

此外，购买服装或皮肤也是青少年玩家装扮游戏角色，让躯体外自我更加理想化的方式之一。一些女性玩家不仅精心挑选并调整角色外形，而且会用现金或游戏中积攒的金币购买漂亮的限量版服饰。相对于女性玩家对角色外形近乎苛刻的要求，大部分男性青少年玩家不愿意花费太多时间在外形细节上，没有女性玩家那样热衷于调整角色形象，访谈对象中只有 M22 明确表示因为“希望帅点”而为角色捏脸，但男性玩家买皮肤打扮角色的并不在少数。

“买装备不可能买，买皮肤吧。现在我觉得那些抽奖送皮肤的也特别多，一般不花钱买那种特别贵的皮肤，一般在打折的时候买，或者它抽奖的时候买，你可以花 9 块钱或者 20 块钱买到 200 多块的皮肤。皮肤有特效啊，看起来很帅，很顺眼，在战斗上没有什么帮助。我有总共 10 个皮肤，很好看。”(玩家 M20)

玩家 M20 是高中生，平时零花钱并不多，但他会把零花钱省下来买皮肤。玩家 M22 平时会接代练的工作，除了买鞋，也会用赚到的钱买些游戏里比较好看的皮肤。玩家 M8、M9、M18、F6、F8、F15 等都买过皮肤。可见，形象认同是青少年玩家无论男女都非常看中的个人认同内容，追求形象上的理想化会带给玩家一种心理上的满足感。正如玩家 M8 所说：“玩游戏会有炫富心理，我就是要比别人好看。我玩游戏是比较公平的，但是我会买一些非常好看但对打游戏没什么用的东西，比如说皮肤吧，只是看上去好看。你会忍不住去买，只是心理上有加成。”不过，这种形象认同随着年龄的增长和个体与外界交往的日渐加深，以及其他认同内容的逐渐增加会呈逐次递减的趋势。在陈坤虎等人的研究中，台湾初中生和高中生比大学生更重视形象认同，而初中生的重视程度又比高中生更高。[①] 笔者的研究也表明，中学生比大学生更愿意在选择和调整角色形象上花费时间与金钱，女性玩家中捏脸的大部分是中学生，男性玩家中唯一一个为角色捏脸的则是高中生 M22(见图 2-5)。

① 陈坤虎，等. 不同阶段青少年之自我认同内容及危机探索之发展差异[J]. 中华心理学刊，2005(03)：262.

图 2-4　玩家 F7 捏的“奶妈”造型

图 2-5　玩家 M22 在《剑侠情缘网络版 3》中的造型

形象是一个综合性的概念。弗洛伊德曾这样形容理想化的自我形象:“它是幼稚的自我从中享受自足的原始自恋的后续……当一个男人不能被自我自身所满足时,仍然可能在从自我分化出来的自我理想中找到满足。”①青少年玩家在选择与其对话的游戏角色时,对这种“理想自我”的向往和呈现,不仅体现在对角色身材、外貌和装扮的精益求精,还体现在对角色性格和行事风格的追求上。玩家希望在角色身上弥补自己性格中的某种缺陷,或者实现心目中的某种想象。

“喜欢的角色可能与现实的自己相反。现实里性子比较慢,对这点有点不满,但无力改变(此处是流泪的 QQ 表情)。不过对某些重要的事还不能慢吞吞的,就像考试临近才开始努力,这是不行的。”(玩家 M14)玩家 M14 接受访谈时刚刚结束高考,考得不是很好,在谈到自己如何选择角色时他谈到对于自己做事拖沓的不满以及无法改变的无力感。或许正是因为这样,他才喜欢选择行动迅速做事麻利的游戏角色,在虚拟世界建构另一个理想中的自我。

玩家 M12 是重点大学大三学生,斯文稳重,接受面访时思路清晰,讲话比较有条理。与他表现出来的沉稳性格不同,他在游戏中偏好勇猛类型的英雄,希望在虚拟世界展现内心被压抑的欲望,实现做“英雄”的梦想。“角色可能跟自己心中期望的角色比较符合。比如看小说看电影看电视的时候,有那种杀进千军万马里面一往无前的那种感觉,所以如果可以选择性格,我会选那种勇猛的,不会选冷静和胆小的,即使这样的角色技术好也不会选,就是会选勇猛的那种。武器我就偏向剑一类的,就跟平时生活中看到的电视剧小说一样,就崇拜这样的人才会这样去选,就是按我心中英雄的形象去选。我选的角色可能跟我心中英雄的形象相契合,不会跟我自己有什么联系。”(玩家 M12)

---

① 西格蒙德·弗洛伊德. 弗洛伊德谈自我意识[M]. 北京:中国商业出版社,2010:201.

M. 莫雷蒂和 E. T. 希金斯认为,“理想自我”是你或他人希望如何看你的表现。[①] 吉登斯认为,“理想自我”就是“我想成为的自我”,它是自我认同的核心部分,因为它塑造了使自我认同的叙事得以展开的理想抱负的表达渠道。青少年网络游戏玩家的自我认同处于持续建构之中,他们在考虑游戏替身时会在角色的选择与塑造中投射关于自身形象、性格以及行为的理想化想象,将受现实条件限制不能实现的自我通过角色予以呈现,从而在另一个空间里进行与理想自我的对话与交流,完成对自我的多重塑造。

## 三、现实自我与理想自我的双重投射

“投射”是一种心理分析术语,指的是将自己的态度、感情或猜想归因到别人身上,在这种心理操作的作用下,主体将在其他人或物那里看到自己曾经不了解或排斥的特质、感情和愿望。[②] D. S. 霍尔姆斯将投射分为四个类别[③]:一是相似性投射,即一个人没有意识到自己的特质,而不自觉地将自己的特质投射到对象物上;二是归因投射,即一个人在意识到自己特质的基础上,将自己的特质投射到对象物上;三是互补投射,是把自己意识到的互补特质向外进行投射;四是潘格罗斯-卡桑德拉[④]投射,这种投射是投射者没有意识到自己具有一种相反的特质,而进行的不自觉的投射。这四种投射在概念上虽然彼此区分,但在实际发生时却很难被完全分割开来。前面笔者已经提到,青少年网络游戏玩家会寻找与自己有种种相似之处的角色作为替身,更希望游戏角色是符合个人审美需求的理想形象,能够弥补自身在性格和能力方面的不足,甚至会通过系统调整角色的外貌特征以臻完美。实际上,在游戏角色的选择上,现实自我和理想自我的双重投射基本上同时存在,青少年玩家既希望在角色身上看到自己的影子,也希望借助角色让自己的形象和性格能力更加完美。

---

① M. Moretti, E. T. Higgins. Relating Self-discrepancy to Self-esteem: The Contribution of Discrepancy beyond Actual Self-ratings[J]. *Journal of Experimental Social Psychology*, 1990(26): 108-123.

② 岳彩镇,等. 投射自我研究述评[J]. 西南大学学报,2008(06):16-21.

③ 杨韶钢. 精神追求:神秘的荣格[M]. 哈尔滨:黑龙江人民出版社,2002:75.

④ 潘格罗斯是伏尔泰小说中的人物,他不承认自己所处的环境险恶,而坚持认为他看到了世界中所有可能最美好之处;卡桑德拉是古希腊的预言家,他预言到会有灾难发生,但是没有人相信他。

“我刚开始玩这个游戏的时候，曾经问他们什么职业比较厉害，他们向我推荐了很多职业，然后我就在各种网站上浏览。因为我不太想当领导者，我喜欢默默地在后面打输出的那种职业，想去找什么职业是输出比较高的，然后就看到有法师这个职业，觉得他可以掌控各种不同的元素，觉得运用各种法术非常厉害，在现实生活中人也做不到这些东西嘛，然后就差不多主要是以这个角色为主。”(玩家 M5)

玩家 M5 在现实中属于比较会倾听，有自己独立意见，但不擅长积极主动表达的学生。他在《魔兽世界》中的角色是法师，法师不是领导者但却拥有强大的杀伤力，M5 外形普通，个性不张扬，在人群中不算显眼，他的个性让他不愿意出头当领导者和管理者，因此在游戏中只想默默在后面打输出。但 M5 是所在普通本科一本专业的学生，属于整个学校的佼佼者群体，从内心里还是希望能有突出的个人表现，法师这个职业正好可以满足他的愿望，既在性格上与自己相似，又在能力上符合自己的期待。归因投射和互补投射在他的角色选择中同时发生作用，让他在与想象中的自我对话时更清晰地认识自我。

“《仙剑奇侠传》系列里喜欢操作的主人公一般是男二或者女二，性格沉稳的、理智的，不是很傻的那种，是有自己思考的那种，一般背后的责任很大。角色跟我自己不像，但是是我所欣赏的人物。我不喜欢男一，大多数原因是觉得男一有点傻乎乎的，虽然心中有大义。也会操作女性角色，因为我喜欢这样的人，比如《仙剑奇侠传 6》的洛昭言，很豪爽，不做作。角色跟我本人应该是有一点点像的，当然在我看来比我完美多了，现实生活中，我也很欣赏这样的人，主要欣赏角色的性格。”(玩家 F2)

“我不太了解一个游戏的时候都是看外形选角色的。外形那肯定比我要完美，相似之处我也说不来，但有一点，就是这个人物都是远远地攻击，她攻击的方式和我对人的方式挺像的。我平时对人也是，不太熟的就比较客气，有一点距离。”(玩家 F4)

玩家 F2 在访谈中给笔者留下的印象是，她是非常理性的一个玩家，对于自己跟角色在性格方面的差异，她用“不能，我清楚自己做不到”的回答很明白地表示自己不能成为角色那样的人，角色只是“我所欣赏的人物”。但她的角色选择过程也并非没有投射任何现实自我，用访谈介绍人的话说，“她人很开朗，也很好玩”，她的性格跟所操作的游戏角色的性格还是有一定相似之处的，比如她喜欢豪爽、不做作的洛昭言。

与玩家F2及M5不同,玩家F4因为觉得人物画风很好看而在《倩女幽魂》里玩一个射手角色,她选择呈现理想中的自己,选择外形比本人完美的角色形象,对角色性格没有过多考虑,但实际上角色的行动方式与她本人在现实生活中为人处世的态度颇有类似之处。F4的角色选择体现出的是相似性投射和互补投射的共同结果,她通过谈论角色对自我也有了更多认识。

与前述几位玩家主要从角色性格上呈现现实自我有所不同的是,玩家M11最喜欢《英雄联盟》中的薇恩是因为角色使用的武器符合自己从小的喜好。

"最喜欢薇恩,因为很'秀'吧,然后一开始玩的也是这个,就比较有感情。因为我比较喜欢远程的,一开始玩游戏总是比较怕死嘛,然后就喜欢远程的,薇恩用的是弩,我从小对这个武器有莫名的好感,而且我那时候也看过一些视频,是精彩镜头,然后看到她就是可以一个人打败很多个。可能我这个人有点个人英雄主义,然后就喜欢薇恩一点。现实里当不了英雄,能在游戏里当当也好,有点这样的感觉吧。我从初中到高中都玩薇恩,当时号称我们学校'第一薇恩',哈哈哈哈哈哈。薇恩和我应该都比较正义吧,哈哈哈。她比我完美的地方挺多的,她能力比较突出,我就比较碌碌无为。"(玩家M11)

和M12相同,玩家M11也有一个现实中无法实现的英雄情结。M11在现实中是普通的高中生,但是他所选择的游戏角色暗夜杀手薇恩却拥有整个游戏最强大的杀伤力。从上面的谈话内容可以看出,玩家M11从个人爱好出发选择扮演英雄薇恩,并在对理想自我的追求中通过自己的操作得到全校"第一薇恩"的称号,实现现实中不能企及的"英雄主义"。这一过程可以用E. T.希金斯对"现实自我"(actual self)、"理想自我" (ideal self)和"应该自我"(ought to self)的区分来解释。"现实自我"是指个体自己或他人认为个体实际具备的特性之表征。"理想自我" 是指个体自己或他人希望个体理想上应具备的特性之表征。"应该自我"是指个体自己或他人认为个体有义务或责任应该具备的特性之表征。[①] 玩家M11在现实中有"喜欢弩""比较正义"等个人特征,希望自己能够"有点个人英雄主义",现实自我和理想自我的结合造就了对英雄薇恩的选择。他从初中到高中一直练这个角色,从而让自己在虚拟世界表现出该英雄应有的以一敌众的能力,"理想自我"通过"现实自我"的努力达到"应该自我"的程

① E. T. Higgins. Self-discrepancy: A Theory Relating Self and Affect[J]. *Psychological Review*, 1987,94(03):319-340.

度,使玩家M11实现了个人认同,在虚拟世界建构出一个比现实中的自己更优秀的"我"。

## 第二节 角色性别呈现

人类学家马塞尔·莫斯指出,"人"(persona)的观念,在古罗马文化里,最初是指人们在公共仪式上戴的面具,并且面具的使用并不仅限于古罗马,面具在各个部落社会中,被普遍用来在仪式上标示不同的角色或地位。[①] 在网络游戏中,游戏角色就是玩家进入游戏领域时所使用的面具,玩家用它来掩盖自己的性别、年龄、外貌、身份等真实信息,并将新的能指意义赋予角色符号,通过角色的形象和行为来重新构建一个全新的个体。这个全新的个体不仅在形象上能够完全颠覆玩家的现实自我,如长相普通的可以摇身一变成为天生丽质的,个头矮小的可以瞬间变得高大伟岸,还赋予玩家充分的性别建构自由,允许玩家改变自己的性别属性,在游戏中成为对立性别或没有明显性别属性的角色。

性别是人类与生俱来的重要特征之一。它既是一种生物属性,又是一种可以通过主观建构呈现的社会属性。我们通常把前者称为生物性别(sex),把后者称为社会性别(gender)。长期以来,传统心理学将社会性别看作是内在的、持久稳固的、与个人的社会历史政治情境分离的特质,认为性别差异是男性和女性的内在本质。社会建构论者从女性主义心理学角度出发,对此观点提出批判性质疑,认为社会性别是社会建构的产物,社会性别不是由生理性别而是由个体的社会地位所塑造的。[②] 在现实生活中,人们对于女性和男性的界定依靠的是与文化相关的社会印象。人们倾向以固化的穿着、行为和交往模式来规范自己的行为,以促使他人对自己产生正确的性别认知。正如朱迪斯·巴特勒所认为的那样,生理性别并不先于社会性别而存在,性别认同的意识是通过重复的表演,或对人们所在的文化中社会性别的规则和习俗的不断引用而生产和再生产出来的[③]。因此,相较于身高、外貌、肤色等其他身体形象特征,性别享有更大的建构

① Marcel Mauss. A Category of the Human Mind[M]//M. Carrithers, et al. *The Category of the Person: Anthropology, Philosophy, History*. Cambridge: Cambridge University Press, 1985: 01-25.

② 郭爱妹. 社会性别:从本质论到社会建构论[J]. 南京师大学报(社会科学版), 2003(01): 87-88.

③ 李银河. 西方性学名著提要[M]. 南昌:江西人民出版社, 2002: 526.

性意义和建构空间。

在虚拟的网络游戏世界中，青少年玩家对游戏角色的性别选择享有充分自由，游戏空间本身也是一个认识男女性别差异的新的场域。这就为正处于生物属性上第二性征出现和社会属性上性别观念形成关键的青少年时期，提供了性别建构的又一个实验室。因而，笔者将其从角色形象选择中分离出来，从性别转换和性别意识的凸显两方面进行专门讨论。

## 一、性别转换

李英明在审视人们在网络空间的行为时指出，人以匿名的方式行走，固然可能会造成欺骗或导致别人的幻想，但从另一个角度来看，这可能也显示出，当可以越过身体、时空等有形的限制时，人是可以呈现多元生命发展的，并不一定局限在透过固定时空规定的特定人群所加诸人身体和人格的规定来过生活。① 在现实世界中，青少年尤其是男性青少年如果想要体验另外一种性别，以跨性别的装扮、样貌或是姿态呈现，例如身穿异性风格的服装，改变妆容、声音、仪态，甚至成为变性人等，即使没有受到来自父母、师长或朋辈的激烈反对甚至规训和惩罚，至少会遭遇陌生人的异样眼光，被冠以“娘炮”“伪娘”等带有贬义的称谓。然而在游戏提供的虚拟世界里，借助角色符号的遮蔽，玩家可以实现自己对性别的幻想和追求，自由选择游戏角色的性别，进行性别转换获得全新的性别体验。

性别转换(gender switching/gender swapping/gender crosing/gender bending)也被称为跨性别，即在网络或线上游戏世界中，跨越原有性别角色，将自己性别角色部分或全部进行反转，这一转换过程可以从女到男，也可以从男到女。② 在笔者的访谈中，玩家把这种游戏中的性别转换通俗地称为“男生玩女号”“女生玩男号”。角色扮演中的性别转换是一个相当普遍的现象。M. D. 格里菲斯曾连续对角色扮演类游戏中的性别转换展开研究，发现这一现象在玩家中相对普遍：2003 年只有 15.5％的受访玩家承认进行过性别转换，2004 年这一比例迅速上升到 60％，2008 年的研究中也有 57％的玩家扮演过异性角色。虽然每次研究的受访对象及其所玩的网络游戏有所不同，但基本上可以表明性别转换在网络

① 李英明. 网路社会学[M]. 新北：扬智文化事业股份有限公司，2000：63.

② 李紫茵，王嵩音. 线上游戏性别转换行为分析[J]. 传播与社会学刊，2011(18)：49.

游戏玩家中的受欢迎程度。

玩家在角色扮演时进行性别转换的原因有很多。约翰·苏勒将男性扮演女性游戏角色的原因归纳为以下6种:第一,摆脱既有的性别刻板印象,释放自身较为女性的一面;第二,享受被注目的感觉;第三,更好地了解女性;第四,获得帮助或免费装备等实际利益;第五,寻求虚拟性爱;第六,性别意识不清晰时的举动。而女性扮演男性角色的目的主要出于:第一,了解其他女性如何与男性互动;第二,成为一个英雄人物;第三,更有领导性;第四,体验现实中不能拥有的权力。① J.奥布莱恩和M.D.格里菲斯等研究者对此也进行了各自的阐释,发现挣脱生理性别的枷锁、创造一个真正属于自己的性别角色、避免性骚扰等都可能成为男女玩家转换性别的动机。

笔者的研究发现,至少一半以上的青少年网络游戏玩家在游戏中进行过性别转换,并且绝大部分青少年玩家对于游戏里的性别转换都持赞同或认可的态度。他们转换的主要原因包括想要全方位地体验游戏、对角色形象的要求,以及出于角色扮演效果的实际考虑几个方面。这一结果与苏勒等人的研究发现有较大差异,但与李紫茵、王嵩音的研究结果部分一致。李紫茵和王嵩音调查了800名有性别转换经验的玩家,问卷结果显示,异性外貌、探索尝鲜、人际互动是男女玩家选择进行性别转换的主要原因,其中异性角色的外貌对性别转换行为影响力最大,其次是探索尝鲜。② 在笔者的研究中,受异性角色形象吸引和探索尝鲜依然是导致青少年玩家性别转换的最主要原因。

“而且我觉得很有趣的是,其实我个人在游戏当中有些时候甚至会尝试下男性的角色,因为我觉得男性的角色看上去更加帅气一些,更加有力一些,游戏中有很多这种角色的互换。我个人比较倾向比较中性的,对,比较中性的角色。”(玩家F3)

“我在《弹弹堂》是一个女的,男的衣服太丑了,而且它男女是没有区别的,只是角色形象而已。”(玩家M18)

“我《QQ飞车》里的角色就是女孩子,看着舒服啊,为什么我玩游戏我还要看着个男的在那里蹦,肯定是打扮得自己看着舒服就好。早期我玩的是男性角

① J. Suler. Do Boys Just Wanna Have Fun? Gender-switching in Cyberspace[EB/OL]. (2017-11-17)[2021-03-09]. http://www.rider.edu/users/suler/psycyber/genderswap.html.

② 李紫茵,王嵩音.线上游戏性别转换行为分析[J].传播与社会学刊,2011(18):60-61.

色,后来突然发现我为什么要用个男性角色,看着又不舒服,是不是?后来就换了个女性角色。这也不是我想当女的,一个女的站在那里总比一个男的站在那里好看,是不是?这就像一个男的用各种美女当壁纸而不是用一个帅哥当壁纸同一个道理。"(玩家 M9)

"大都是女性,可能会创建多个号,有的时候会有一个号选男性,主要是想多方位体验一下这个游戏。"(玩家 F6)

"就是觉得一直玩一个性别的角色也挺无聊的,对不对?就会换个性别去玩一下。其实也没有什么特别的目的,就是觉得挺好玩的,就去换一个。"(玩家 M5)

马克·波斯特在谈到电子书写对人的冲击时指出,互联网引入了对身份进行游戏的种种新可能,消除了性别线索,使交流非性别化(degendered)。人们在互联网上使用假名或代称,隐藏自己的性别、种族等真实属性,强化的是游戏的、想象的多重自我,而不是自律理性的稳定个体。[①] 网络游戏无疑比电子书写更增强了这种强化,青少年玩家将个体的真实欲望和想法隐藏在角色符号背后,通过为虚拟角色赋予新的名字和形象,生产出一个新的性别空间,并在其间借助角色行动实现自己对异性的想象与渴望。玩家们在现实生活中无法体验另外一个性别,在网络游戏中则可以尽情探索身为异性的心理状态以及随之而来发生的交往关系的改变。

当然,与角色选择时一样,在这个探索过程中,形象认同仍然是青少年玩家非常关注的一个方面。美国社会学大师塔尔科特·帕森斯在研究美国中产阶级青少年时发现,无论男孩还是女孩,都对自己的外在形象格外关注,男孩尤其注重展现自己作为"酷哥"(swell guy)的健美形体,女孩尤其关注自己能否被称为"美眉"(glamor girl)。[②] 在网络游戏的性别转换行为中,异性角色的外貌和穿着同样吸引着青少年玩家。席勒曾说:"在力的可怕王国与法则的神圣王国之间,审美的创造冲动不知不觉地建立起第三个王国,即游戏和假象的王国,在这个王国里,审美的创造冲动给人卸去了一切关系的枷锁,使人摆脱了一切称为强制的东西,不管这些强制是物质的,还是道德的。"[③]如果说青少年在现实生活中要表

① 马克·波斯特.第二媒介时代[M].南京:南京大学出版社,2000:99-100.

② T. Parsons. Age and Sex in the Social Structure of the United States[M]//T. Parsons. *Essays in Sociological Theory*. New York:Free Press,1954:91.

③ 弗里德里希·席勒.审美教育书简[M].北京:北京大学出版社,1985:151.

现出对异性装扮的喜爱还有诸多顾虑的话，网络的虚拟性和网络游戏中符号的多元化，则帮助他们挣脱从身体到心理的一切束缚，顺从审美冲动，创造出符合自己审美需求的角色形象。帅气、衣服好看、舒服、顺眼这些都成为青少年网络游戏玩家选择异性角色的理由。部分青少年玩家还会考虑游戏角色的职业或装备与哪种性别搭配更好看。比如玩家 F5 在扮演刺客时往往选择男性，“因为男的刺客特别帅气”。又比如玩家 M29 平时喜欢扮演女角是因为“女性角色时装比较多一点、好看点，但也要看是什么角色，如果是拿弓箭，就女角比较好看，拿刀还是男的好看点”。

希望体验身为异性的感受和受到异性角色外形的吸引，这是青少年玩家在网络游戏中进行性别转换的两个最主要的原因。除此之外，笔者的研究还发现几个比较特别的跨性别扮演理由。

首先是出于个人人际交往习惯的考虑。玩家 F9 在谈到为何会进行跨性别角色扮演时，这样解释自己的动机：

“还有个视角的问题，女性角色一般偏矮，男性角色一般偏高，有的游戏会把这点做得比较夸大。如果你一直是在比较高或比较矮的视角看问题的话，看到的世界也一直都是不一样的。比如说我一直都是很高个子的，我一直都是这样看别人的，突然让我仰着头看别人，我还真不太习惯。”(玩家 F9)

余健伦等人在研究游戏虚拟环境中的非语言沟通时，对互动玩家的性别结构、互动地点、距离远近、交流次数、对视次数等进行方差分析，发现虚拟世界的互动同样遵守现实社会中的互动规则和习惯，比如相对于两个女性角色或男女角色，两个男性角色之间站得更远、对视更少。[①] 玩家 F9 的例子呼应了余健伦等人的研究结果。F9 是职业高中二年级学生，按照同性别同龄人的标准来看，她的个头略偏高，加上平时基本上是与女性同学朋友交往，养成了她低头看别人的习惯。网络游戏中女性角色的仰视视线让她很不习惯，这成为她选择男性角色的原因。

其次是对理想异性的想象。与 F9 从自身交往习惯出发选择男性角色不同，玩家 F3 是因为自己对另一半的期望而扮演男性角色。

---

① Nick Yee, et al. The Unbearable Likeness of Being Digital: The Persistence of Nonverbal Social Norms in Online Virtual Environments[J]. *Cyberpsychology, Behavior, and Social Networking*, 2007, 10(01): 115-121.

“这个可能是与个人的兴趣有关系吧，可能个人向往这种性格，或是个人理想当中另一个人的形象。就比如说我可能想找一个更加白衣飘飘、仙风道骨那种男性角色，就跟我现实当中比较喜欢那种安静、比较淡漠的男性也有关系，我觉得这之间可能是有一个对应关系。这在男性方面显得更明显，有些很喜欢萝莉，就扮演那种可爱的角色；喜欢御姐，就扮演那种娇媚一些的、妩媚一些的女性角色。”(玩家 F3)

前面笔者已经分析了，青少年网络游戏玩家在选择角色时会将理想自我投射于角色身上，将自己无法实现或暂时不能达到的要求以符号的形式在角色身上予以呈现，例如在角色外形、职业或性格上弥补自己现实中的不足。这种对梦想的期冀同样反映在玩家的跨性别扮演中。研究者们将网民在网络上的角色扮演大致归结为潜能发挥型、理想实现型和梦想实现型三种类型，网民借由角色扮演可以获得更多人际交流的平等感、更充分地体验自由感，并从“虚幻的身份”中产生一种成就感。[①] 按照这种分类方式，玩家 F3 属于梦想实现型角色扮演玩家。F3 在现实中还没有男朋友，她把自己对未来另一半的要求投射于符号化的游戏角色，将“安静”“淡漠”的人格魅力等同于游戏角色的“白衣飘飘”和“仙风道骨”，游戏屏幕上白色、飘逸的服饰承载了她对于男性安静温和性格的想象。通过性别转换扮演自己心仪的男性形象，并伴随对这一角色符号的自由支配，玩家 F3 感受到一种真切的拥有感，从“虚幻的身份”中获得满足，仿佛身边确实存在着这样一位随时可以与自己对话沟通的男性伴侣。

此外，范国光等人在研究《魔兽世界》玩家的角色扮演时发现，大部分玩家是先选择想要投入的职业，再以种族特长去搭配职业，最后根据种族外形来选择角色的性别。[②] 这说明，玩家在角色性别的选择上并非单纯地凭一己之好，而是要综合考虑多种因素。青少年网络游戏玩家在进行性别转换时也出现了类似的基于实际利益的多种考虑。

“当初选择这个角色主要是因为她在游戏里花费比较少，她的成长比较经济，所以一开始就选择她。并且比较方便，那种很大众的游戏，不会被当作主力，就跑龙套的那种感觉。女性角色比男性角色更经济，花的钱更少。玩这种游戏的男性

① 陈文江，黄少华. 互联网与社会学[M]. 兰州：兰州大学出版社，2001：160-167.

② 范国光，等. 虚与实性别化身研究：以《魔兽世界》探讨为基础[J]. 文化创意产业研究学报，2012(04)：371-382.

占大多数,大多数男性都会选以跟自己性别相同的帅气的形象出现,所以男性角色的花费就比较大。女性角色的装备需求比较小,所以就比较便宜。"(玩家 M12)

玩家 M12 是笔者的研究中比较特别的一位。他在游戏《神武》里扮演的是一个女性角色,但是他进行性别转换的原因不是出于对异性角色的好奇,或者出于审美目的,而是因为女性角色花费比较少,玩起来比较经济,并且不需要承担太多责任。这与他追求休闲的游戏动机和现实中比较冷静客观的性格特点相吻合,是个人认同在虚拟世界的一种延续。

需要指出的是,随着青少年玩家网络游戏类型偏好的变化,玩家在角色扮演中进行性别转换的动机也在发生改变。在 MMORPG 中,角色成长是一个漫长的过程,需要玩家投入较多的时间和精力甚至金钱,才能使角色等级与装备得到提升,也才能让玩家享受到更多的游戏玩法。因此,青少年玩家在选择角色性别时会相对比较慎重。而 MOBA 游戏和 FPS 游戏都属于即时战略类网络游戏,重要的是角色的攻击能力,而不是角色成长和游戏剧情,这就使得玩家在性别转换时比较随意,他们进行跨性别扮演的频率也更高。

"游戏有设定问题,女的比较瘦一点,男的比较肥一点,女的不容易被打中,所以还是要选女性角色,我都是用女性角色玩,为了更好的游戏体验。外观方面毕竟它是游戏,我不会太考虑。"(玩家 M27)

玩家 M27 基本上都玩第一人称射击游戏,他为了提高游戏的成功率而选择身形苗条、不容易被打中的女性角色,至于角色的性别和形象则不在他的考虑范围以内。和 M27 一样因为游戏角色的特性符合自己角色扮演的需求而选择性别转换的玩家不在少数,玩家 M11、M28、F14、F17 等都表示跨性别扮演时没有过多意识到角色性别,而只是出于角色能力和操作方面的考虑。玩家 M28 在《王者荣耀》里经常扮演孙尚香,因为"孙尚香的机动性很强,打团战的时候爆发力很强,所以我就选她了"。玩家 F14 表示"我玩角色性别无所谓的,哪个强就玩哪个。经常玩的是法师、露娜、赵云、猴子,他们都是手感比较适合我的角色,强"。玩家 F17 也表示:"我们都是哪个上手就用那个,哪个人物厉害就用哪个,没什么性别意识,也不是说我是个女的就不能用男的。"

值得注意的还有另外两个问题。

第一,基于不当利益获取和性骚扰的性别转换动机在青少年网络游戏玩家中并不多见。许多研究者曾经认为,男性进行性别转换是为了凭借女性角色在游戏中获取利益,比如得到其他玩家的帮助、获赠免费装备,甚至骗取男性玩家的账号财物等。Z. 侯赛因和 M. D. 格里菲斯的访谈对象也坦言，如果他扮演女性角色，并且知道该怎样和男性玩家交流，他就会得到男性玩家赠送的虚拟物品。[①] 但在笔者的访谈中，青少年网络游戏玩家都表示不会因为利益而扮演女性角色，身边也基本上没有这样的例子，仅玩家 F8 表示认识一个这样的玩家。本研究的这一发现，或许颠覆了一般人对于青少年男性玩家进行性别转换动机的刻板观点，也让公众得以重新反思男性玩家长久以来背负的这一污名。至于李紫茵等人提出的，女性玩家为避免性骚扰而进行跨性别扮演，本书的女性访谈对象中没有人提及，因此无法与之相呼应。

第二，由于角色符号的形象化，部分青少年玩家在性别转换后会出现认同障碍，不知道如何对待所扮演的角色。

玩家 F9 就表示："玩过男号，是借的朋友的账号玩的，但是后来心情就有点复杂，就没有再玩了。会有一点认同障碍吧，我玩的是代入感，玩女号久了之后玩男号就会有一点认同障碍，就会有种不知道怎么看这个号的感觉。声音是一种很重要的感觉，男号和女号声音会有差别，人物的声音，还有背景音乐之类，男号和女号有时候会不一样。"（玩家 F9）

玩家 M13 提到，自己的发小也出现过这种心理障碍："他就跟我说，女号装备好便宜啊，我想玩个女号，但是我看到女的觉得好别扭啊。" 认同障碍的出现主要是因为网络游戏比其他虚拟空间拥有更为丰富和逼真的符号系统，不仅出现人物形象、服装道具、语言文字等视觉符号，还有角色声音、音乐等听觉符号，立体多维的符号世界带给青少年最直观的性别感受，使他们在扮演异性角色时可能会产生不适之感。

## 二、性别意识的凸显

心理学家认为，儿童在一岁半左右开始知道自己的性别属性，到六七岁时就逐渐明白这种性别属性的不可逆转，开始在行为和价值观方面进行性别分化，男孩和女孩按照自己的性别玩不同的游戏，并且选择同性别的玩伴。林宇玲在研究台湾小学生的游戏实践时发现，六年级的男生和女生在玩电子游戏时已经表

---

① Z. Hussain, M. D. Griffiths. Gender Swapping and Socializing in Cyberspace: An Exploratory Study[J]. *Cyberpsychology, behavior, and Social Networking*, 2008(11): 50.

现出强烈的性别意识。受既有性别认知的影响,男女生不仅选择不同类型的电子游戏,男生偏好具有宰制、征服性的游戏,女生则偏向具有合作或社交性的游戏,而且即便玩同一款游戏,男女生注意的点也不一样,男生偏重动作,女生留意角色造型、聊天方式或一些游戏细节。无论男生还是女生,都尽力在玩游戏的行为中体现出自己的性别,即使是处于男性团体边缘位置的男生,也不愿与"女性特质"有任何牵连,一再通过玩战略性游戏、学习电脑知识等行为建构其男性特质。① 在笔者的研究中,即使有昵称和角色形象等符号的遮蔽,青少年玩家在网络游戏中的具体行为同样能够反映出明显的性别特征和性别意识。

"游戏里应该可以识别出玩家是男是女,可以通过他的操作和沟通的语言进行辨别。一般男孩子打游戏就很强硬、刚,女孩子可能就躲躲闪闪。打字,男的一般死了很多次后会爆粗口,女生一般不太会。"(玩家 M28)

"我觉得总体来说男生的行为可能偏向暴力,女生可能就偏向娱乐一点。比如据我了解,以前班里男生玩 DOTA 和《穿越火线》这些比较多,而女生就玩《模拟城市》这些。"(玩家 F2)

"男女生在行为很多方面都有差异,男生玩游戏时更大胆更激进,女生一般比较谨慎,而且游戏中爆粗口的也多是男生。不过有时候也和个人的竞技水平和修养有关。"(玩家 F1)

I. 布罗弗曼等人指出,女性在气质、情绪和能力上表现出亲切、有礼貌、含蓄害羞、缺乏竞争力和领导能力等人格特质和刻板印象,男性的相应表现则是粗鲁、自负、攻击性强、独立、自力更生等。② 苏珊·赫林在分析网络讨论区里男性和女性的语言使用时发现,在面对一个具有争议性的话题时,男性喜欢用决断性、支配性的口吻表达意见,女性则多用询问式的。③ 由此可见,现实社会中评判性别的标准被沿用到虚拟空间,人们依然按照传统社会的性别认知来建构自己的网络行为。在 M28、F2 和 F1 看来,男生女生现实中的性别差异在网络游戏中仍然有着比较明显的体现:男生直接果断,习惯采用硬碰硬的手段解决问题,

---

① 林宇玲. 偏远地区学童的电玩实践与性别建构:以台北县乌来地区某小学六年级学童为例[J]. 新闻学研究,2007,90(01):43-99.

② I. Broverman. Sex Roles Stereotypes: A Current Appraisal[J]. *Journal of Social Issues*, 1972 (28):59-78.

③ Susan Herring. Gender Differences in Computer-mediated Communication: Bringing Familiar Baggage to the New Frontier[M]//Victor J. Vitanza. *Cyber Reader*. Massachusetts: Allyn&Bacon, Inc., 1996:143-154.

一旦解决不了就爆粗口发泄;女生则不愿意直接搏斗,遇到情况容易躲闪回避。青少年玩家在游戏类型选择和具体游戏行为上的差异显示,他们在虚拟世界建构个人认同时依然延续了现实社会中基于性别的个人行为规范。

青少年玩家游戏行为中性别特征和性别意识的另一个体现在于游戏消费行为的性别化。在谈及是否会花钱装扮自己扮演的游戏角色时,玩家 M12 很干脆地表示:"如果我是女性,并且我玩的也是女号,我就会装扮它,但我是男性。"和 M12 的观念一样,玩家 F8 在《梦幻西游》里既玩女号也玩男号,她会充钱为女号的角色人物买好看的锦衣,但却不会花钱装扮男号。

"男号没有,就是最原始的人物形象,如果每个号都要买锦衣,可是消费不起的。买锦衣的话就是,衣服 100 块钱,加上脚印、光环什么的一套也要 150～200 块。这么贵,当然是给女号买啦。"(玩家 F8)

在 M12 和 F8 的性别意识中,他们觉得只有女性需要装扮自己,男性则不需要,或者说需求远小于女性。这与现实社会中女性对身体消费比男性更加关注相一致。在性别本质主义的理论预设中,男女两性身体表现出不同的物化路径:女性的价值在于美丽的身体及隐含其后的性器官,其精神世界毫无价值;男性的价值则具有精神属性,事业成功是男性价值的最大体现。[①] 虽然,性别本质主义作为一种被建构出的社会话语处于不断变化之中,在当下被流行文化和时尚符号所包围的消费社会,男性对自己身体的关注与消费也日渐增多,但媒介环境中对女性身体被"注视"和被"消费"的重视没有发生根本性的变化。

此外,即使出于各种原因选择进行性别转换的青少年玩家,也会通过不同方式彰显自己的生物性别。玩家 M12 是重点大学的学生,因为经济上的考虑,他在《神武》中扮演了一个女性形象。在谈到扮演女性角色是否会被识破时,M12 表示:"首先我的名字是比较男性的,里面有一个'栋'字,栋梁的'栋',这个'栋'字一般和女性搭不上什么关系。但因为我的形象是女性,还是会有玩家问'你是男的还是女的',我就直接回答他'我是男的'。一般情况下他们不会把你当作女性,因为这样做的玩家也比较多。"(玩家 M12)

或许与自己扮演女性角色有关,M12 特别需要强调自己的男性意识,以这种方法来冲抵人们对男性玩家扮演女性角色可能引发的各种联想。他在访谈过程中不止一次提到自己的男性意识,强调自己对"帅"的理解是中国传统的具有

---

① 章立明.身体消费与性别本质主义[J].妇女研究论丛,2001(06):58.

英武之气和雄性气概的男性之美。M12 表示,自己对《神武》中这个女性角色的造型不是太满意,想玩回男性,但是因为修改角色性别要牵扯的东西太多,所以他目前仍在使用这个角色。他通过多次说明自己在游戏昵称中保留了颇具男性意味的"栋"字,来表明自己性别转换的原因与性别本身无关。

## 第三节　角色扮演

英国戏剧家莎士比亚在喜剧《皆大欢喜》中说道:

全世界是一个舞台
所有的男人女人不过是一些演员
他们都有上场的时候,也有下场的时候
一个人一生扮演着许多角色

角色扮演可以说是人与生俱来的能力,每个人都需要在人生不同阶段不断扮演各种角色来完成自己的人生历程,通过与其他个体以及社会组织的互动实现个人的自我认同。社会学理论中存在两种关于角色扮演的不同取向:一种是衣阿华学派的"结构角色论",强调个体的行为是由其在社会结构中的地位以及与地位相关的社会期望所决定的,角色扮演只是在社会规范下对角色职能的履行;一种是芝加哥学派的"过程角色论",强调角色是通过互动创造的,个体在与他人的互动中完成对角色的扮演或创造。① 两种角色理论分别从宏观社会和微观个体的层次描述了现实生活中人们的角色扮演行为,无论是结构角色论还是过程角色论,强调的都是人们对社会系统内部某一职能所带来的社会期望的适应或创造性适应。然而在网络空间中,以身体不在场为核心,整个现实社会的物质环境和自然环境都是不在场的。这为网民提供了不以社会期望为基础、不以适应社会环境为行为模式进行角色扮演的可能。

黄少华等人认为,与传统社会中的角色扮演不同,网络空间中的角色扮演建立在身体不在场和匿名的基础之上,这使得人们在网络中的角色扮演能够摆脱

① 乔纳森·特纳.社会学理论的结构[M].杭州:浙江人民出版社,1987:428.

现实社会利益和规则的约束，充分展示自己的真情实感，呈现出更为真实的自己。[①] 作为青少年主要的网络行为之一，网络游戏充分赋予了玩家角色扮演的自由，让他们可以按照自己的意愿重塑一个或多个不同的“我”，在丰富多彩的游戏世界里探索自我建构的多样化。为了吸引更多游戏玩家尤其是青少年游戏玩家，大部分网络游戏都具备一定的自由度，有的甚至具有很强的自由度，允许玩家进行多种现实生活中不可能展开的行为。玩家可以在《仙剑奇侠传》《剑侠情缘》等武侠类型游戏的世界里感受江湖儿女快意恩仇的酣畅淋漓，也可以在《梦幻西游》《魔兽世界》等魔幻类型游戏中施展魔法，经历人、兽、魔、仙的混战；玩家可以通过《英雄连》系列重返硝烟弥漫的二战战场，也可以在《瘟疫公司》里真切体验到病毒传染的可怕。

角色扮演让玩家能够挣脱现实的诸多束缚穿越到不同时空中，玩家只需要遵循游戏规则和虚拟世界的行为方式，就可以完全释放个人欲望，凭借想象力在游戏中“为所欲为”。而这一过程也可能是玩家对自我更为真实的呈现，因为个体在隐匿真实身份进行角色扮演时，角色的表演性可能趋于消除，从而可以最大化地表露真实情感，表现出真正的自我。[②] 那么，在角色扮演过程中，青少年玩家对角色的操作和经营对于玩家的个人认同建构起到什么作用？各种超越现实生活的角色行为又赋予玩家怎样的自我展现空间？笔者从角色成长、角色依附、本我的释放三个部分对此展开分析。

## 一、角色成长

黄厚铭认为，当互联网使用者在虚拟空间中固定使用一个代号或昵称后，伴随这个代号与其他代号之间的长期互动，这个代号会慢慢具有自己的网络身份，拥有自己的独特属性，并发展出一个属于自己的人际关系网络。[③] 青少年网络游戏玩家的角色扮演就是这样一个代号“拟人化”的过程。玩家刚开始选择一个角色时，游戏角色的各种数值几乎为零，随着玩家投入游戏的时间、精力以及金

---

① 黄少华，等. 网络游戏中的角色扮演与人际互动：以《魔兽世界》为例[J]. 兰州大学学报(社会科学版)，2012(02)：95.

② 王建冬. 博客空间中的角色扮演现象研究[D]. 北京：北京大学，2008.

③ 黄厚铭. 面具与人格认同：网络的人际关系[M]//陈文江，黄少华. 互联网与社会学. 兰州：兰州大学出版社，2001：92.

钱的增多,角色慢慢成长,开始拥有更好看的数值、更酷炫的技能和更漂亮的服装,围绕在角色周围的人物也逐渐增多。在鲍勃·瑞哈克看来:"游戏替身的行为通过互动界面与玩家联系在一起,它在屏幕上的行为动作、它作为一个角色的胜利和失败,都来自玩家的具体操作。同时,替身又毫不含糊地是个他者,由于玩家个体的差异,替身受到不同的限制,也得到不同的解放和自由,它们因此比玩家独自能成就的更多,它们是超自然的个体代言。"①正是在这种既统一又分割的心理状态之间,青少年玩家在角色成长的过程中通过角色扮演日益体会到成长的快乐与自我的释放。

青少年在网络游戏中的角色成长可以从不同方面来看待,既包括以数值为核心的等级成长、技能成长和财富增长,也包括以操作为核心的对技巧与规则的娴熟运用,角色在游戏中的关系网络也可以视为角色成长的结果。就笔者的研究而言,青少年玩家提及较多的感受是角色能力的增强、虚拟和现实中的财富增加。

首先,游戏角色的慢慢变强带给青少年玩家如同自己成长一般的快乐感受。

"主要开始玩这种角色扮演,练某一个号,就觉得有一种养成的感觉,比如说打到满级、获得怎么样的装备,有一种成就感在里面,然后这种成就感就会激励我继续玩下去,获得下一个成就,就是不停地玩下去的动力。"(玩家 M3)

"成就感来源其实有很多方面,团队合作是一个方面,你个人下副本是一个方面,然后个人角色成长也是一个方面,从一开始可能连一两个小怪都打不了,到后面成为很厉害的角色,其实我觉得这也能带来一种很强烈的成就感。这种成就感非常强烈,可能玩 MOBA 游戏的人体会不到。因为里面的人物跟现实一样,也要穿衣搭配,也有情感的。"(玩家 M3)

玩家 M3 在两次访谈中都谈到了角色成长带给他的成就感。在他看来,将一个号从基本零基础的状态练到满级,从一个寂寂无闻的小角色变成一个厉害的大角色,这个过程本身充满了乐趣和成就,就仿佛看到自己在成长一样。玩家 F10 也将玩角色扮演类游戏比喻为"养儿子",她没事时就上网刷刷经验,坦言看着角色慢慢变强、变酷,自己会变得开心和欣慰,觉得花在游戏上的时间和心血没有白费。作为青少年玩家的躯体外自我,游戏角色能力的增强是玩家与角色

① Zach Waggoner. *My Avatar, My Self: Identity in Video Role-playing Games* [M]. North Carolina: McFarland & Company, 2009: 11.

之间长期自我互动的结果，玩家在此过程中不仅积累起信心，更体会到一种成长的快乐。

其次，虚拟财富的增加使青少年玩家提前体会到对财富的掌控。通过角色扮演行为，他们在让角色等级和技能变得强大的同时不断增加角色的财富积累，享受掌控财富的快乐。

“像我们这种年纪的话是挣不了钱的，但是在那个游戏里面你就可以获取金钱。我可以有工资，我可以拿到钱，我可以自己想买什么就买什么，它里面还有那种服装、道具、宠物的吃的，买一些吃的东西，买一些装备，感觉就很开心。我会攒钱，把它存到银行之后会收到利息，你通过完成任务金钱就不断不断地增加，看到那个数额，就觉得很满足。当时就是这种想法。”(玩家 F3)

“成就很多，比如技能点上去，人物变强了，比如攒钱买了个厉害的宝宝，比如买了一套锦衣，反正好多。就感觉自己玩游戏赚的钱让自己变得越来越强，就很开心。然后就是用梦幻币[①]换人民币了。我现在玩基本是五开，五个号在玩，也不是为了玩，而是为了用游戏里的物品卖钱，主要为了赚点小钱。”(玩家 F8)

网络游戏一般都设置了货币系统，玩家完成系统指定的任务后会得到相应的虚拟货币，玩家可以使用这些虚拟货币购买角色需要的服装、装备、技能等。MMORPG 如《梦幻西游》提供押镖、烹饪、炼药等多种可供选择的“赚钱”方式，《英雄联盟》和《王者荣耀》等 MOBA 类游戏则需要玩家参与对战来赢得数额不等的金币，《梦幻西游》甚至有成熟的商业体系，允许玩家变身职业商人，专门进行虚拟物品的买进和卖出。正如玩家 F3 所说，这种货币收支系统使青少年玩家体验到他们暂时无法实践的“自己赚钱自己花”的自由感受。玩家只要在游戏中不断投入时间和心血，就可以看到角色所拥有的虚拟财富不断增长，还能够像 F8 那样将这些虚拟财富转换为现实中的货币。这让以学习为主业、主要以父母为经济来源的青少年提前体会到劳动的艰辛，也提前享受到自由支配财富的快感。正因如此，玩家 F3 对她的虚拟财富非常看重，不到必须控制游戏行为的时候不会轻易卸载游戏。

“那种经营类游戏基本上是在我手机上面待的时间最长的游戏，一般是玩到

---

① 梦幻币是《梦幻西游》中的游戏币，玩家完成任务或出售道具即可获得相应梦幻币，玩家可以用梦幻币在游戏中购买服装道具，也可以用 1400 万兑换 100 元的比例将梦幻币出售给游戏官方交易平台藏宝阁。玩家出售梦幻币，游戏官方会抽取一定手续费，剩余的钱会进入玩家网易宝帐户，供玩家日常消费和提现。

考试周,就没办法再玩下去了,然后就把它卸掉。一般性的话基本上是不会被轻易卸掉的,因为它里面有成果在,我赚的钱,还有我所有的土地,我玩的这几款游戏都没有办法存档,存档要登录 Facebook,我没有 Facebook 账号,登陆 Facebook'要翻墙',没有办法存档所有东西就都没了,所以就不会轻易地卸载这个东西,所以就玩这个游戏持久度会比较高。"(玩家 F3)

此外,在笔者的访谈中还有一个特例,玩家 M19 表示自己能够通过修改系统数据实现角色的财富增长。这也是笔者访谈的青少年网络游戏玩家中唯一一个使用"欺骗"手段达到自我满足的案例。

"《狂野飙车》我也没什么时间玩,但我车还是很多,而且金币也很多,因为我会修改。我就下了一个 CE 修改器①,把游戏里的金币给修改了,系统不会发现。CE 修改器能修改好多个游戏,会用的人不多。我有些是从网上查的,比如说数值啊什么的,初始数值和第二次第三次数值都是我从网上查的,但怎么用主要还是我自学的,慢慢弄。小学里有计算机课,但从来不教这些。所以我现在金币根本不愁,别人大概要花 24 个小时才能弄到 6 万金币,我现在只需要 4 分钟就可以搞到 1 亿金币。"(玩家 M19)

与其他青少年玩家通过长时间的劳作或练习实现角色的成长不同,玩家 M19 利用技术优势快速地实现了虚拟财富的增长。抛开这项技能的道德问题不谈,从其讲述中可以感受到,M19 对自己的能力颇为自得,他强调自己是通过自学而习得这项技术。即使是"不道德"的游戏技能,也能从能力方面使玩家实现个人认同,让青少年玩家从中体会到个人能力的快乐与满足。

## 二、角色依附

1956 年,唐纳德·霍顿和理查德·沃尔在研究电视观众的收视行为时发现,观众会像对待现实中的人物一样对电视播报员的行为做出回应。他们将这种现象称为"准社会互动"(也被称为类社会互动、拟社会互动)。② 霍顿等人进一步

① CE 修改器(Cheat Engine)是一款内存修改编辑工具,用于修改游戏里的各种数据,例如金币、道具数目、疲劳项、血量等。

② Donald Horton,Richard Whol. Mass Communication and Para-social Interaction:Observations on Intimacy at A Distance[J]. *Psychiatry*,1956,19(03):215-229.

阐释了准社会互动的意义，认为准社会互动是单方面的、个人的、互惠的一种体验，是一种没有和演讲者共享的幻觉(illusion)。[①] 之后，准社会互动被传播学研究者们广泛用于分析受众与节目主持人、演员甚至动画片中的虚拟角色等媒介人物之间的互动关系。研究者们发现，准社会互动现象源于人类依恋他人的本能，它与现实社会互动的区别在于，受众与媒介人物几乎没有实际上的互动与交流，其关系的建立大多基于受众自身的想象。但是当电子游戏尤其角色扮演类网络游戏出现之后，情况发生了变化。在角色扮演类网络游戏中，玩家和角色合为一体，借助符号化的角色替身探索游戏虚拟世界，与其他玩家的替身发生各种互动，并随着游戏角色的行为体验相同的情绪反应和心理及生理变化。从准社会互动理论出发，梅丽莎·刘易斯等人将这种玩家与游戏角色之间的内化与心理融合现象称为“角色依附”(character attachment)。他们将角色依附界定为：当玩家将游戏角色视为真实的，能够高度控制角色的行为并且愿意为角色负责时，玩家与游戏角色之间发展出来的一种友谊和认同。[②]

根据研究者们的研究，角色依附现象主要出现在角色扮演类网络游戏中，这类游戏“为人们创造了一个具有时空压缩、无边界、开放、自由、匿名等特征的虚实交织的想象世界，让人们能够在其中从事探险、交往、竞争、互动、建构认同等社会行为[③]。”虽然在其他类型的网络游戏，如MOBA类游戏中，“如果这个英雄你玩得特别多特别好的话，也会对他有感情啊，通常会叫他‘本命英雄’”(玩家F1)”，但是从游戏行为上来看，角色扮演类网络游戏赋予了玩家最大的自由，也就创造了角色依附出现的最大可能性。

在这类游戏中，玩家可以与游戏角色进行充分的自我互动，借助角色符号替身完成多元化的任务操作。玩家可以按照游戏的主线设计练功升级、做任务，一步步通关；也可以根据自己的兴趣，专职从事某一项工作如经商，长期固定地在摊位上买卖装备赚取差价；还可以把与其他玩家互动交流作为最主要

---

① Donald Horton, A. Strauss. Interaction in Audience-participation Shows[J]. *The American Journal of Sociology*, 1957, 62(06): 579-587.

② Melissa L. Lewis, et al. “They May Be Pixels, but They're MY Pixels”: Developing a Metric of Character Attachment in Role-playing Video Games[J]. *Cyberpsychology, Behavior, and Social Networktng*, 2008, 11(04), 515-518.

③ 黄少华. 网络空间的社会行为：青少年网络行为研究[M]. 北京：人民出版社，2008：225.

的上线目的，在游戏中经营自己的人际网络，享受线上社交的乐趣；甚至可以专门在各种副本里游山玩水，探索游戏营造的庞大的虚拟世界。正是在这样的自主行动中，青少年玩家可以像儿童一样单纯地投入玩耍，将自己内心真实的想法和意愿付诸角色，通过角色去建构另一个有别于现实中的“我”，经历另外一种全新的人生。角色符号承载了玩家的主观意愿、价值观念和行为方式，玩家在与角色的互动中逐渐增加对自我的认知，建构起属于自己的个人认同。在这个建构过程中，角色依附现象伴随着青少年玩家与游戏角色的长期互动而出现。

“初二时，《倩女幽魂》里的射手我玩了半年多，玩得久了都会有代入感，感情也是有的，所以就算最后不玩了，游戏都不舍得删。”(玩家 F4)

“会对角色产生感情的，就是类似于“不想看到它改变”这样的心情，就是习惯了之后就不想改了。我记得初中时我朋友当时玩一个号，她是个沉迷于游戏的人，然后整了张自己觉得更好看的脸，虽然之后我也觉得更好看，但是开头那两天我真是难受得要死。”(玩家 F9)

N. D. 鲍曼和克里斯蒂娜·舒曼等人发现，游戏的愉悦程度、玩家在游戏上所花费的时间，以及消遣、娱乐和社会互动等游戏动机都与角色依附现象的出现正相关。① 青少年玩家在谈到对角色的感情时，大约有一半玩家承认自己对游戏角色“有一点感情”、不玩的时候“那还是不舍得的”。这种感情主要来自对于游戏角色长时间的投入。受访的绝大部分青少年玩家的游戏史可以追溯到小学，初中是他们开始大量接触各类游戏的时期，玩家的角色依附现象也主要出现在青少年早期这个阶段。一方面，青少年玩家小学和初中阶段学业不是非常紧张，有较为充裕的时间和相对宽松的氛围可以长时期投入地扮演某一个角色，比如玩家 F4 持续半年多扮演《倩女幽魂》中的射手角色；另一方面，他们开始玩游戏的时候差不多是 21 世纪前 10 年以内，那时正是 RPG 比较流行的时期，游戏类型也促进了角色依附现象的出现。

除了时间上的投入，角色依附理论认为出现依附心理的另一个条件是玩家相信角色是真实存在的。扎克·瓦格纳的实验发现，当角色的父亲在游戏中与玩家所扮演的角色打招呼时，玩家不由自主地发出声音回应，而另一名现实中怕

① N. D. Bowman, et al. “I'm Attached, and I'm a Good Guy/Gal!'”: How Character Attachment Influences Pro-and Anti-social Motivations to Play Massively Multiplayer Online Role-playing Games[J]. *Cyberpsychology, Behavior, and Social Networktng*, 2012, 15(03): 169-174.

水的玩家则不愿意让游戏角色靠近水。① 当这两种情境发生之时，玩家对角色产生了高度的依附感情。笔者的研究中也出现过类似的情况，有时玩家会混淆现实和虚拟。

"我对驾驶员印象特别深，不是因为特别有兴趣，而是因为我一直考不过去，这对我的现实生活都产生了影响，我觉得我驾照肯定考不过。游戏里有一条路线，你要通过红灯绿灯，让车避开行人、小鸭子各种障碍，开到一个指定位置，然后我就一直过不去，我都觉得我在现实生活中考驾照可能有点问题，我就怕我在现实里什么油门、刹车，可能到时候一紧张什么都弄错，到现在都不敢考，没有去报过名。"(玩家 F3)

玩家 F3 在玩《摩尔庄园》时，驾驶证考试一直考不过，这给她造成了某种心理阴影，甚至影响到她现实生活中的行为。但这种现象在笔者的研究中比较少见，青少年玩家绝大部分都很清楚游戏的虚拟性质，虽然他们在长时间的角色扮演中会因为代入感而对角色产生感情，但一般不会把角色当作真实存在的人物。

> 笔者：会觉得自己就是角色吗？
>
> 玩家 F8：那不会的，游戏就是游戏嘛。
>
> 笔者：角色受伤、死了，你会伤心吗？
>
> 玩家 F8：不会，哈哈哈哈，因为死了队友里有医生直接拉起来就可以了。现在的号属性都还 OK，基本不会死的，太难打的怪也就放弃不打了。
>
> 笔者：会不会因为角色受伤而难受？
>
> 玩家 M19：没有啊，正常。游戏里有很多回血的方法，快要死了，赶紧拉回去补点血就好了。

为了吸引玩家持续玩下去，网络游戏中的角色可以无限次地重生，玩家在角色死亡之后可以一遍遍地重新再玩。并且，游戏设计师还开发了许多避免角色死亡的方式，或通过血药、食物补充血量，或由同伴给自己输血，或以存档的方式

① Zach Waggoner. *My Avatar, My Self: Identity in Video Role-playing Games*[M]. North Carolina: McFarland&Company, 2009: 85.

在保存游戏记录的同时恢复生命值。因而，青少年玩家很少对角色遭遇产生感同身受的情感。更多时候，他们对游戏角色产生的依恋其实是对既往年少岁月的一种回忆和纪念。

"没有'受伤很伤心'那么夸张的感情，但是后来没玩了确实挺难过的，主要是一起玩的那些人都没在玩了，有时候看到别人在玩还是挺感慨的。(这个账号)没有卖掉，还留着，就是没玩了，卖肯定不舍得卖啊，我觉得以后肯定也有机会再玩的吧。"(玩家 M11)

"对角色肯定是有感情的。有些人，我很多朋友，现实的、非现实的，可能不玩了，就把号卖了，换点钱。号拖越久越贬值。但是我不会，我自己现在的一个号，是从初中开始玩的，到现在还在，我是不舍得卖的，这可都是我的青春、我的回忆。没必要为了这几千块，让回忆全没了。是的，我都是很有感情的。卖卖梦幻币什么的就没啥了，游戏币可以再赚嘛。就从初中开始玩的那个角色最有感情，那个号人物属性比较强，装备宝宝什么的也都还行，玩的也最久，让我也赚了点小钱。是个飞燕女，门派女儿村的。最早小学那个角色被我玩废掉了，就是不懂，那会小，人物属性什么都乱来的，那号就没什么用了，也就不玩了，放在那里了。"(玩家 F8)

G. 贝特森认为，玩家的游戏行为的意义，并不代表其在真实生活中行为的意义。他认为游戏者在游戏过程中需要学习在两种不同层面上同时运作：一个层面是"游戏中的意义"，指个体全神贯注投入所扮演的游戏角色，将焦点放在物品和事件的想象性意义上；另一个层面则是"真实生活的意义"，意味着个体同时要知道自己及同伴的真实身份、角色，以及游戏中所使用的物品和事件的真实意义。[①] 从前面引用的玩家讲述可以发现，绝大部分青少年玩家对于网络游戏的认识还是比较清醒的，他们知道角色只是生活在虚拟世界中的人物，角色身上发生的所有故事只有在游戏中的有限时空内才有意义。用玩家 F2 的话来说，他们对待游戏"是第三方角度，很欣赏，很投入剧情，但并不属于那个世界。我很清楚自己的位置。"

值得注意的是，随着互动行为的多样化，青少年玩家对游戏角色的情感也在发生变化。"这种情况(指角色依附现象)应该出现在小时候，刚刚接触游戏的时候。现在的话，实在是玩得太多，看多了也就麻木了。我觉得现在

① 陈怡安. 线上游戏的魅力：以重度玩家为例[M]. 高雄：复文出版社，2003：69-70.

对这个游戏角色的感情，主要是在于通过这个角色交朋友，还是在人和人之间。你跟朋友突然认识了，变得非常好，你可以在上线的时候跟他一起玩，有种感情在里面。大家认识了，老是一起玩，他性格又很好，大家就是朋友了。”（玩家 M12）

正如 M12 所言，青少年玩家对角色的感情最初是将其视为另一个自己而产生的亲近感，随着玩家与其他玩家角色互动的增加，这种感情慢慢演变成对于共同玩耍、共同陪伴的一种牵挂，玩家自我认同的建构在个人认同基础上开始增加社会认同和集体认同的内容，这也是下面两章要讨论的问题。

## 三、本我的释放

精神分析学派创始人弗洛伊德将人格系统分为三个部分：本我、超我和自我。本我即本能的我，由一切与生俱来的本能冲动组成，是最没有掩饰和束缚的我，具有追求快乐与满足的本能和非理性的冲动；超我是道德化了的自我，反映着个体所在社会的道德要求和行为准则，要求个体在法律、宗教、道德，以及社会情感规范之下行动，追求理想化的完美；自我具有现实性，是本我经外部世界影响而形成的知觉系统，调节着本我和超我之间的冲突，自我既监督本我，又满足超我，从而使个体在遵循一定的道德规范和行为准则基础之上，让本我的欲求得到部分的满足或间接的实现。弗洛伊德将自我比喻为“骑在马背上的人”，是约束马——本我——的强大力量。[①] 马拥有自由奔跑的力量和欲望，骑马的人则负责马前进的方向，否则马就可能失去控制。有了马才可能有骑马的人，自我源自本我，是本我的一部分，是对本我的规范。在现实生活中，个体受到法律、道德、身份、身体等诸多限制，需要按照其他人对于他的期望来行事，不可能完全呈现出本我的原始面貌，人们所表现出的自我是经过控制的本我。然而网络游戏给予了个体极大的自由，游戏世界的虚拟性、匿名性和身体不在场的特征，使青少年玩家能够在面具的掩护下，借助游戏替身轻松摆脱现实身体和社会身份的制约，恣意放纵地与自己的心灵对话，实现本我的释放。

“玩游戏怎么说，信仰？追求？就是一些想做的事，在生活中不可能做到，但在游戏里可以得到满足，比如统帅团队、打赢对方，还有赛车、开飞机、开战舰这

① 西格蒙德·弗洛伊德．自我与本我[M]．北京：台海出版社，2016：188.

些。我觉得打游戏更多是内心的一种释放，一种压力的释放，各种欲望的释放。举个例子，前段时间有个很火的游戏《侠盗列车 5》，自由度特别高，你在里面可以做很多你想做的事情，现实生活中各种能做的在游戏里面基本上都可以做，包括你想到的和没想到的。因为现实生活中你受到礼法和各种压制束缚什么的，你是不可能会做出这些事情来的，但是你在里面都可以，跳伞、开飞机、开船，什么都可以。”（玩家 M1）

“比如说飙车，飙车飙完突然间跳起来开枪，现实里是没法这么做的，做了之后多半也进医院了。但是在游戏里这样做，根据设定你坠落是没有伤害的，所以做完以后你还活着，就特别兴奋，完成了现实里不可能完成的挑战，就会很爽。游戏里角色一个比较简单的设计就是，你的血只要没有掉到零，你就都是活蹦乱跳的，但实际上哪有那么好，如果我从这里跳下去，可能就要摔断腿了，我就要在轮椅上坐好久，但游戏里从这里跳下去，就扣一点血，你还是活蹦乱跳的，回头吃补血药，你就又满血了。这种就是现实里没有的体验吧，很特殊的体验。”（玩家 M3）

游戏中的符号替身解放了青少年玩家的身体，让他们可以突破现实社会中身体受到的生理限制，抛开作为社会成员的个体所受到的法制和礼俗制约。在玩家 M1 看来，玩游戏可以释放内心的欲望，尝试现实里不能去做的事，既能愉悦自己，又可以不用承担相应后果，“毕竟是一个理智的人，一个现实的人，有些东西想想就行了，不然真去玩赛车也不是不行，但是这种东西伤残率多高啊，万一出了事爸妈怎么办”。玩家 M3 则认为网络游戏给予了他现实中不可能感受到的身体体验，这种很特殊的体验增加了他的游戏快感。角色符号的虚拟性使青少年得以跨越身体的障碍，抛开法律、道德、家人等诸多限制和考虑，自由探索游戏提供的奇妙世界。而这也正是珍妮特·默里指出的游戏对于玩家意义建构的重要性所在。

默里认为游戏的重要性在于：在游戏中，我们有机会建立和调整我们与世界最基本的关系——超越困境、战胜困难、掌握复杂的东西，像拼图一样将生命拼凑起来。像我们经历的诞生、成年、结婚、死亡等生命仪式一样，游戏也是一种仪式通道，供玩家对那些赋予生命意义的行为进行操演。① 受现实生活中的法制

① Zach Waggoner. *My Avatar, My Self: Identity in Video Role-playing Games* [M]. North Carolina: McFarland & Company, 2009: 10.

和道德约束,默里是一个和平主义者,但是在游戏中她喜欢做一个枪手,不断练习自己的射击技术,射击游戏让她看到一个不安分的自己。同样,对于青少年网络游戏玩家而言,网络游戏带给他们的乐趣还在于,他们可以借用角色的身体体验另一种性格的"我",发掘自我的更多可能性。

"嗯……比如在人很多的村子聚众跳舞,各种各样的人都加入进来,场面很厉害很有趣,现实中不会发生。那是大家在做现实中不会做的事,很开心。"(玩家 F10)

"说来好笑,我成就感最多是剧情给的,它既然要你玩游戏,肯定会想到要把玩家捧到一个比较高的高度,让你玩得舒服一点,大概只有从这里能够感受到一点成就感。你也看到我是一个比较内向的人,我是不会出头去做那种英雄的,我也不支持这种行为,但是,好吧,确实是爽到了,在这么做的时候。"(玩家 F9)

玩家 F10 是个"性格特别内向、十分宅"的高中女生,一直是个"乖乖女"的形象,但是在游戏中她发现自己变得大方起来,能够克服害羞胆怯的心理,和各种各样的人一起在人很多的村子里当众跳舞,并且因此而感到快乐和开心。玩家 F9 同样是个相对内向的女生,性格比较稳重内敛。她平时做事很低调,也不认可强出头、逞能的行为,但她不得不承认,自己很享受游戏里引领众生的感觉,"确实是爽到了",网络游戏让她体验到现实中可能无法体验到的英雄的感受。

身体和身份的解放,使青少年玩家在想象中充分享受到行动的自由。这种自由是否会对青少年的成长及其自我认同的获得产生负面影响,也引起了研究者们的重视。有研究者在互联网刚开始崛起时即表达出对匿名环境下本我泛滥的担忧,认为一旦个体可以借助虚拟空间的匿名性和隐身性特质,获得相对宽容的传播环境,他可能在形形色色的 BBS 和聊天室中沉迷于多元自我的放纵,成为宣泄"本我"的"裸体蒙面人"。[①] 从笔者的研究来看,青少年玩家在网络游戏中释放的本我大部分属于对他人无害的欲望,主要还是尝试一些现实中不可能去做或无法做到的事,比如上述玩家提到的从高空坠落、开飞机、聚众跳舞、担当拯救众生的英雄等。仅有两位被访者,玩家 M28 和 M30 明确表示在游戏中杀人有快感,很爽很舒服,但同时他们也表示这不会影响到自己的现实生活。并且,即使在虚拟环境中,青少年玩家通过网络游戏释放内

① 李河.得乐园·失乐园:网络与文明的传说[M].北京:中国人民大学出版社,1997:114.

心欲望时也并非毫无顾忌，本我的知觉系统有时仍会启动，对玩家行为起到限制作用。

“我觉得如果真的给我很高自由度的话，我应该会把这个剧情拖往不太好的方面，因为我本身就不是那种适合做出伟大选择的人，所以现在玩的都是不是特别高自由度的游戏。我也玩过《黑道圣徒》，它给我那么高的自由度，它告诉我这里面的故事本身就是发生在一个虚拟环境里的，所以怎么做都没关系，我当时当然很高兴。但有一次，我劫了一辆车，从里面拉出一位老先生，然后那个瞬间我被愧疚感淹没，我觉得这样做不好。我还是没有这样做。好像我这种性格也是在那之后才养成的，我意识到什么事情都是尽量避开麻烦比较好，让自己产生愧疚感这也是麻烦的一种，我控制不住我自己的想法，如果仍然是抱着愧疚的心情，很多事情都做不好。所以既然我控制不了自己，我还是少去做一些会让我自己觉得麻烦的事情。”（玩家 F9）

玩家 F9 深知游戏的虚拟性，她本打算在游戏里尽情享受行动的自由，但当她抛开法律和道德的束缚抢劫了一辆车时，她依然感觉到愧疚，外部世界的道德规范已经内化到个体行动之中，自我制止了本我的恣意行为，防止本我完全无限制地享受虚拟自由。青少年玩家之所以没有出现研究者所担心的本我泛滥的问题，笔者认为有两方面原因：一方面因为他们是伴随互联网成长起来的一代，对于网络的虚拟和匿名特性已经非常熟悉，不会再有互联网刚兴起时那种狂热和兴奋，并且他们绝大部分都有数年的游戏经历，普遍都能意识到游戏提供的自由只是暂时的、虚拟的自由；另一方面，青少年玩家基本上是在寝室、网吧或家里玩游戏，同学、家人和其他人的在场，某种程度上会限制他们的网络游戏行为，使他们意识到现实束缚的存在，帮助自我回归。

## 第四节　本章小结

个人认同是自我认同的基本内容之一，代表着自我认同“私我”的一面，反映了个体从心理特质和个人能力方面对自己的了解和认识。① 考虑到个体自我认

① J. M. Cheek, et al. Relational Identity Orientation: A Fourth Scale for the AIQ[J]. Society for Personality and Social Psychology Annual Meeting, 2002.

知是包含从外在的外貌形体到内在的性格能力的综合态度，本章将形象认同也纳入个人认同进行探讨。由此，本章所涉及的个人认同概念包含了个体对自身外形、性格、能力、情绪的整体认知，也包括从这些认知中反映出来的对个人理想、价值观和人生观的探求。为分析青少年玩家如何在网络游戏中建构个人认同，本章将玩家与游戏角色间的自我互动作为研究对象，从角色形象选择、角色性别呈现和角色扮演三个方面探讨玩家在角色创建和经营过程中个人认同的形成。

游戏角色是青少年玩家在网络游戏中最先出现的互动对象。玩家通过对角色形象的精心挑选，首先建构起一个虚拟的躯体外自我，作为个体在游戏世界的替身及展开其他互动的基础。这一过程也是青少年玩家与自己对话的过程，玩家对角色性别、外貌、能力和性格的选择，既反映了玩家对自身现实条件的审视，又嵌入了玩家对理想自我的期待。

在刚进入游戏世界时，玩家一般会扮演与自己同性别的游戏角色，选择符合个人审美风格的角色形象，并在对角色能力的考虑中融入自身的性格或处事方式。部分玩家的角色昵称中或者嵌入了真实姓名的部分信息，或者彰显出自己的兴趣爱好。个别玩家甚至会把角色所使用的武器视为虚拟自我的延伸，将自己的性格与不同武器的特点结合起来进行选择。通过将个体现实生活中的某些属性代入游戏角色，青少年玩家建立起与躯体外自我互动的根基，实现了现实自我与虚拟自我的勾连。与此同时，游戏世界的虚拟性和匿名性赋予了玩家追求理想自我的自由。一方面，青少年玩家不仅倾向挑选最美、最好看的游戏角色，而且会借助系统提供的功能精心调整角色外貌，还会购买皮肤和服饰，使角色具有自己理想中的外形；另一方面，玩家在选择角色时也会考虑角色的性格和能力，有意识地利用角色弥补自己某方面的不足，试图构建一个完美的自我。总之，青少年玩家在进行角色选择时体现出现实自我与理想自我的双重投射，玩家既希望在角色身上看到自己的影子，也希望借助角色让自己的形象、性格和能力更加完美。

在角色的性别建构方面，网络游戏为青少年玩家提供了建构性别认知、尝试性别体验的绝好的试验空间。虽然青少年玩家刚开始是基于自己的性别选择游戏角色，但大部分玩家都拥有在游戏中进行性别转换的经历。首先，玩家性别转换的原因有多种，异性角色形象的吸引是其中最主要的原因。男性青少年玩家普遍因为受女性角色形象的吸引而选择跨性别扮演，女性玩家则可能因为角色性格和能力的原因而选择扮演男性角色。其次,青少年玩家处于生理性别发展和社会性别建构的关键时期,对于异性的好奇也会推动他们在游戏中扮演异性角色,追求不一样的游戏体验。最后,人际交往习惯、对理想异性的想象,以及角色扮演的费用都可能影响青少年玩家的跨性别扮演。另外,笔者的研究还发现,研究者们多次提及的获取不当利益和避免性骚扰的性别转换动机并不多见,说明青少年玩家并未将网络游戏视为个人利益的实践场域。值得注意的是,以上原因基本出现在 RPG 玩家之中,对于 MOBA 和 FPS 游戏玩家而言,游戏的竞技属性极大地削弱了角色的性别意义,玩家的游戏价值观已经发生了转变。这类玩家主要从角色能力和个人操作两方面出发选择游戏替身,角色性别并不在他们考虑之列。此时的性别转换也丧失了其原有的建构性意义。

与此同时,性别转换并不会影响青少年玩家对自我性别的意识和呈现。无论是否进行性别转换,青少年玩家在游戏类型的选择和角色的行为举止上都体现出明显的性别差异,并且在对待虚拟角色的态度上也表现出不一致,比如只愿意花钱装扮女性角色。此外,由于角色符号过于形象化,部分青少年玩家在性别转换后还会出现认同障碍,不知道如何对待所扮演的异性角色,甚至有玩家在扮演女性角色时坚持使用带有男性特征的昵称,以显示自己的真实性别。这说明,就性别建构而言,玩家在与角色进行长期的自我互动时,个体的现实自我比虚拟自我起到更为积极的作用,引导玩家正视自己的性别并在此基础上进行性别建构。

与角色选择和性别建构相比,角色扮演赋予了青少年玩家更加丰富的个人认同建构机会。一方面,玩家不断投入时间、精力,甚至金钱,操作角色按照游戏设置一步步过关升级,将一个各种数值几乎为零的角色练到拥有一定等级和财富、具备相应技能的程度,这个虚拟角色的发展过程不仅是符号数字的变化,更意味着付出与收获达到了一种平衡。这一过程充满了艰辛的付出,也让玩家体会到成长的快乐与满足,有时还能够带给他们现实的利益。另一方面,游戏世界的匿名性、虚拟性和身体不在场的特性,使青少年玩家的本我得以完全释放。玩家可以抛开现实生活中身体、性格和社会身份的多重束缚,借助游戏角色的身体体验现实中无法完成或不能实施的各种行为,充分释放内心欲望,创造另一个不同于现实的“我”。但是这种本我的释放并非毫无边界,让青少年玩家成为为所欲为的“裸体蒙面人”,相反,玩家在网络游戏中即使做出了违背法律和道德的虚拟行为,也有可能因受到本我知觉系统的约束而暂时停止。正是在角色扮演的过程中，青少年玩家的个人能力、价值观和人生观随着角色成长和本我的释放而不断发展，玩家个人认同随之逐渐得以建构。

此外，玩家在与角色的持续互动中可能会出现角色依附现象，导致青少年玩家对虚拟角色产生真实的感情，甚至如“附体”般影响玩家在现实生活中的行为。然而，就像性别转换的意义在不同类型游戏中体现不同一样，角色依附现象主要出现在需要长时间经营角色的角色扮演类网络游戏中。更为重要的是，对于伴随着互联网成长、对网络虚拟属性有一定了解的青少年玩家来说，在玩家与角色的共同成长中，青少年玩家对角色产生的依恋感情早已不完全是另一个我的代入感，而演变为对过往岁月中共同玩耍、彼此陪伴的一种回忆和纪念。

# 第三章　玩家互动中的社会认同建构

自我认同的概念源自“自我”，自威廉・詹姆斯对自我做了精神自我与社会自我的区分后，心理学家和社会学家一直就自我认同的个人部分和社会部分哪个对个体行为的影响更大而争论不休。亚伯拉罕・马斯洛等人认为，只有当个体深切感受到自己的独特性时，他才是真的自己，才能获得真实的自我认同。查尔斯・库利等人几乎完全从社会的层面来界定自我认同，认为“自我认同是社会所赐予的，是通过社会而形成并维持的”①。无论倾向哪种立场，研究者们普遍认为，个人和社会是认同结构中的两个主要维度。E. E. 桑普森首先采用量化方法将自我认同分为内部个人认同和外部社会认同。② J. M. 乔克等人进一步指明了这二者的涵盖内容：个人认同与自我意识有关，反映了个体内在的心理倾向；社会认同考察的是个体与环境互动所形塑的认同，其面向包括个人名誉、受欢迎程度、印象整饬等。③ 如果说个人认同尚有部分因素可以由个体自我决定的话，社会认同则基本上源于个体在与他人互动中获得的态度反馈。因此，在分析了青少年玩家与游戏角色的自我互动后，笔者需要从他们和其他玩家的互动中进一步探索其自我认同社会维度的建构与发展。

按照米德对人的自我发展的分析，个体在经过玩耍阶段的自我想象之后，开始进入自我充分发展的游戏阶段。在这一阶段，个体需要首先理解参与同一项活动的其他个体所具有的态度，并根据这些态度不断调整自己的行为，以便能顺

---

① P. L. Berger. *Invitation to Sociology*[M]. New York：Doubleday，1963：98.

② E. E. Sampson. Personality and the Location of Identity[J]. *Journal of Personality*，1978(46)：552-568.

③ J. M. Cheek. Identity Orientations and Self-Interpretation [M]//D. M. Buss，N. Canter. *Personality Psychology*：*Recent Trends and Emerging Directions*. New York：Springer，1989：275-285.

利地参与到游戏当中，并且从他人的态度中发现自我。米德认为："各种自我都只能存在于他们与其他自我的明确的关系之中。我们不可能在我们的自我和其他人的自我之间划分出严格的界限，因为只有当其他人的自我存在，并且这样进入了我们的经验的时候，我们自己的自我才能存在，并且也这样进入了我们的经验。"[①]他以棒球运动为例，指出每个个体都必须清楚游戏规则，并通过符号互动了解其他参与者所做出的每一个行动的意义，才能知道自己应该做什么和应该怎样做，进而发展出更明确的自我认同。

在选择了自己的游戏替身之后，青少年玩家凭借游戏角色与其他玩家展开各种形式的互动，进入米德所谓的游戏阶段，玩家从中获得他人对自己的评价，形成更清晰的自我意识。网络游戏中最重要的互动形式是竞争：玩家一方面与游戏系统竞争，不断闯关升级，积累能力值和财富值；另一方面与其他玩家竞争，在对抗或比较中争取胜利、获得心理满足。同时，玩家在网络游戏中发展各种亲密关系，这种关系反映了玩家之间的相互态度，表现出青少年玩家的受欢迎程度。因此，本部分聚焦玩家个体之间的互动，从竞争中的成就感和亲密关系的形成两个方面探讨青少年网络游戏玩家社会认同的建构。

## 第一节　竞争中的成就感

马斯洛在其 1954 年出版的《动机与人格》一书中提出了著名的需求层次理论，将人的心理需求由下而上分为生理需求、安全需求、爱与归属的需求、被尊重的需求、自我实现的需求五种[②]，之后又补充了知识与理解的需求、审美需求、自我超越的需求三种。马斯洛的需求层次理论中，动机是人类一切活动的内在驱动力，促使人们朝向某一目标前进，满足个体生理或心理上的需要。[③] 他按照动机的变化将人的需求归纳为三类：匮乏的动机、成长的动机和超越的动机。其中，匮乏的动机对应着生理、安全、爱与归属，以及尊重的需求；成长的动机对应自我实现、知识与理解和审美的需求；超越的动机是最高层次的动机，对应自我

① 乔治·赫伯特·米德.心灵、自我和社会[M].南京：译林出版社，2012：181-182.

② A. H. Maslow. *Motivation and Personality*[M]. New York：Harper&Row，1954.

③ A. H. Maslow. *Motivation and Personality*[M]. New York：Harper&Row，1970：24.

超越的需求。网络游戏中,玩家借助角色替身在虚拟世界中不断争取胜利,练功、升级、打斗、竞技等各种活动能够满足参与者不同层次的心理需求。青少年玩家既能从竞争中得到奋斗的乐趣,也能从竞争中获得满足与认同。此外,竞争中实现的成就能帮助青少年玩家得到其他玩家的赞赏和崇拜,弥补他们在其他方面的不足,有助于其自我认同的实现。也就是说,在匮乏、成长和超越动机的刺激下,游戏角色的竞争性行为满足了青少年玩家被尊重、自我实现和自我超越的心理需求。

## 一、竞争与奋斗的快感

托马斯·马龙和马克·勒珀运用教育类游戏对学生进行的实验显示,挑战、好奇、控制与幻想是学生参与电子游戏的主要内在动机。[①] 其中,挑战给游戏者带来一种最佳的心理体验,具有挑战性的任务往往更能激发个体的内在动机,挑战成功获得的成就感会引发高激励的情绪反应。[②] 青少年网络游戏玩家在挑战中获胜并因为挑战得到其他玩家的认可或赞美,满足了马斯洛所指的尊重与自我实现的需求,挑战过程中的奋斗经历则在某种程度上实现了玩家超越自我的需求。

理查德·沃尔在分析游戏设计时指出,游戏系统拥有丰富且各具特色的动作程式,玩家经过练习掌握动作要点后,可以灵活搭配技能与装备,击败其他参与者来表示自己的技巧高人一等,进而在游戏虚拟空间内证明自己的存在价值。无论是 MMORPG、MOBA 游戏还是 FPS 游戏,网络游戏都为玩家设置了许多挑战环节,一旦玩家通关升级或战胜对手玩家,就能积累一定的点数或金币。拥有点数或金币数额越高,玩家在虚拟空间的地位也越高,能感受到更大的自我存在价值。因此,当玩家在竞争中成功时,普遍会有一种成就感和自豪感,感到自己充分发展和实现了自我潜能。

“现在对我这个年龄来说,(游戏的乐趣)肯定是博弈嘛。因为玩这种电子竞

---

① T. W. Malone, M. R. Lepper. Making Learning Fun: A Taxonomy of Intrinsic Motivation for Learning[M]//R. E. Snow, M. J. Farr. *Aptitude, Learning, and Instruction*. New Jersey: Lawrence Erlbaum Associates,1987:223-253.

② 魏婷. 青少年网络游戏行为意向研究[M]. 北京:科学出版社,2015:19.

技类的游戏，就是你跟对方相当于一个个比拼嘛，操作的比拼，不需要太多的钱。其实就是在游戏里找一种感觉吧，就是比别人厉害一点的那种感觉，比如说你从思维上战胜对方，就会有一种自豪感。"(玩家 M8)

"击杀一下大 boss 或者通关副本的时候会有成就感，比如《魔兽世界》的副本首通啊，或者野图 boss 的首杀这种是最有成就感的，要那种难度大的，或者很多人抢的。还有一种可能就是荣耀，你在现实中就是一个默默无闻，很平凡的一个人，没有什么亮点，但是在游戏里面只要你刻苦的话，基本上竞技类游戏都是可以出头的。"(玩家 M1)

"打副本输出到后期，我一个人打死五个人，赢了，然后就有可以拯救世界的那种感觉。"(玩家 M18)

成就是获得社会认同的重要条件。如果个体在行动之后得到足够的奖励与认可，就可以积累积极经验，增强自信心，进而获得成就感和满足感。陈怡安曾指出："从美国的《创世纪在线》到韩国的《天堂》所造成的在线游戏风潮，绝非以往的游戏形态所能比拟，多少人流连忘返于这虚拟世界。"[①]基于不同的动机，玩家在虚拟世界的"乐不思蜀"有着各种各样的原因：有的沉迷于游戏角色的成长，陶醉在虚拟世界里真实的爱恨情仇中；有的喜欢在游戏中与新老朋友打趣调侃，在虚拟社群中经营特殊的人际关系；有的喜欢挑战，醉心于各种数字的增加；有的乐于享受，愿意沉浸在剧情、声光、动作组成的幻想空间。但正如玩家 M7 在访谈中明确表示的那样，"胜利才是玩游戏最开心的那一部分"，在所有的动机中，竞争带来的胜利引致了最直接的成就感与满足感，玩家在胜利中产生愉悦的心情，形成对自己满意的认同感，从而产生"可以拯救世界的那种感觉"(玩家 M18)。

在竞争中挑战成功的快乐满足了青少年玩家自我实现的需求。但是需要指出的是，非常容易或很难完成的任务并不会带来挑战，因为"难度太大，行为者会产生焦虑或挫折感；难度太低，行为者会觉得无聊而失去兴趣"[②]。只有在两者平衡的状态下，具有适中难度的挑战活动才会成为游戏参与者最大的内在动机，使行为者产生"最佳体验"，促使他们努力争取对自我的超越。青少年玩家们指出，竞争的成就不仅来自挑战成功，更重要的是来自努力应对挑战的这个过程，

① 陈怡安. 线上游戏的魅力：以重度玩家为例[M]. 高雄：复文出版社，2003：35.

② 才源源，等. 青少年网络游戏行为的心理需求研究[J]. 心理科学，2007(01)：169.

只要经过艰辛的付出,尽力去做了,即使输掉竞争也不妨碍自己收获快乐、得到满足。

“一般碾压对面的话不会很开心,感觉很无聊,对手没有反抗的能力,这就没有意思,反而不好玩。但是如果我们一开始觉得要输了,最后经过激烈的战斗反而赢了,那个时候是最开心的。”(玩家 M12)

“虽然输了,但是你觉得已经打得很好了。没办法,队友太那个(指能力弱)没办法。或者说你打一把游戏,你前期崩了,后期赢了,然后就非常开心。你前期差距拉太大,后面赶回来了,最后又赢了,然后就感觉自信心爆棚,那时候感觉特别好,觉得最开心。”(玩家 M20)

“《梦幻西游》我们参加了联赛,因为我们群里还是有老板的,所以装备也比较好,我们是 32 强,输的那把输给的是冠军,真的是装备碾压,那打起来就身临其境地感觉到绝望,你打别人 200,别人打回来 1000,完全没得打那种,打得很辛苦。但是也没办法,这个游戏就是这样,你有钱,你装备好,你就比别人强,对吧?人家充了钱,你没充钱,那有什么办法。但是我们玩得还是很开心啊,因为输他们正常啊,我们输了他们,没有人会说我们垃圾啊什么。”(玩家 M13)

马斯洛在解释新增加的自我超越的需求时指出,超越的动机来自人类对于自身存在价值的一种渴望,一种完全贡献自己,投入正义、美、真理之中的需要。① 他使用不同词语来描述超越动机对应的自我超越的需求:超个人、超人性、超越自我、高峰经验、高原经验等。青少年玩家在网络游戏中为了胜利奋力拼搏的情形符合马斯洛所说的自我超越的需求,玩家全身心沉浸在竞争过程中,体验到兴奋、充实、快乐满足的感受,感觉到自我的实现和超越,至于结果反而是其次了。玩家 M12、M20 和 M13 在访谈中都强调了挑战难度的重要性。在青少年网络游戏玩家看来,和没有反抗能力的对手竞争不足以显示自己的能力,不能带来很大的自我满足。只有和强大的玩家竞争,并且经过艰苦的努力最后赢得的胜利才是最有价值的,能带给他们最大意义上的自信和成就。即使最后没有赢得胜利,这个拼搏的过程也已经成为他们形塑社会认同的一个部分。

---

① A. H. Maslow. *Motivation and Personality*[M]. New York:Harper&Row,1970:42.

## 二、羡慕与崇拜

在埃里克森看来，自我认同是“一种熟悉自身的感觉，一种‘知道个人未来目标’的感觉，一种从他信赖的人们那里获得所期待的认可的内在自信”①。符号互动论则认为，自我的发展必须有“他者的参与”。米德指出，“人对于自身的认识并不是直接的而是间接的，人必须经由他者的观点来建立自我形象，该观点可能来自与此人同属于一个群体的许多个别的他人，也可能是一个已经整合的，一般化的群体观点”②。对于网络游戏玩家而言，这里的“他信赖的人们”或者“他者”，就是游戏中的其他玩家。青少年耗费大量时间与精力获得游戏中的成就，不只是为了满足自我的成就感，也是为了能在同侪间充分展现自己胜过他人的一面，从他者的态度和观点更全面地认识和评价自己。每个青少年网络游戏玩家都希望自己成长为一个理想且完美的“我”，希望他人评价的是一个被认可、被肯定和被接受的自己，为此，他们在游戏互动中寻找一种优越感和一种被需要的感觉，追求来自他人的羡慕和崇拜成为玩家社会认同建构的重要内容之一。

首先，青少年玩家的游戏技能帮助他们从其他玩家尤其是同侪群体那里获得赞美，获得他们对自己的羡慕和崇拜。即使这种赞美是在虚拟世界里获得的，对于玩家来说仍然是真实的感受。

“在学校时，老同学经常叫我带他们，列表也有小迷妹，哈哈哈。一个好好的同学聚会，非要拉我去陪他们打游戏，说体验一下被带飞的感受，我也很无奈，哈哈哈。而且感觉有个打职业的同学他们好像很自豪，说可以吹牛。(玩家 M23)

“游戏里的成就感一般般吧。我打《王者荣耀》要么打自己号，上上分，要么就和一个很铁的朋友一起玩，要么代练。朋友有时候会去那种按游戏《王者荣耀》级别打折的地方，问我借号，然后打折(见图 3-1)。也有崇拜我的。我上课听，学到了，下课基本都是在睡觉，同学都很羡慕我。在那边聊游戏，有人说成绩单好像快发布了，同学们就都在那说什么这次考前没复习，一直在打游戏，有的说这次考差了。成绩一发下来，他们就说‘你一直跟着我们打游戏，你怎么成绩

① Erik H. Erikson. *Identity and Life Cycle*[M]. New York: Norton, 1959: 118.

② G. H. Mead. *Mind, Self and Society*[M]. Chicago: The University of Chicago Press, 1934: 138-149.

还这么好'。这时候心里也没啥感受,不觉得骄傲啊,我比较谦虚。(玩家 M22)

如同他们描述的那样,玩家 M23 和 M22 都因为游戏技术好而经常被同学羡慕和崇拜,甚至成为同学的榜样或标杆。羡慕和崇拜是社会赞同的一种表现形式。在彼得・布劳的观点里,人们渴望社会对他们的决定和行动、他们的观点和建议表示赞同,别人赞许性的同意有助于证实他们的判断,证明他们行为的合理性,以及坚定他们的信念。[①] 而其他人对一个人行为的持续赞同也就变成了对他的能力的认可,表现出对他在既定领域中的能力或他的一般能力的积极评价。在访谈中,玩家 M23 和 M22 虽然都对同学朋友表现出的这种积极评价表示"无奈"或"没啥感受",但 M23 在聊天时连用两个"哈哈哈",其实已经表达出他内心对这种积极评价的接纳与享受,他被尊重的需求得到了满足。而玩家 M22 更直言"我就是那种十全十美的人",成绩好、玩游戏也好的事实,透过同学的羡慕与崇拜产生双倍力量,使 M22 在游戏行为中建构起积极正面的社会认同,使自己处于一种自尊、满足的心理状态之中。

图 3-1　玩家 M22 的王者段位

其次,为了得到来自他人的羡慕与崇拜,青少年玩家会选择自己比较有把握的网络游戏来确保游戏成功。

"DOTA2 我是初二开始玩的,熟悉了一年,就是熟悉的时间用了一年,打到这种程度:看到这个物品,大概知道它是什么属性、有什么用,看到这个英雄——具体数值肯定记不住——他有什么技术、伤害多少,也大概知道。这个过程是用了一年,当然具体的实战经验一年肯定是不够的。所以可以说我在那边玩得比

① 彼得・M. 布劳. 社会生活中的交换与权力[M]. 北京:商务印书馆,2008:109.

较精英的时候,如果再让我去玩同类型的游戏,再从零开始,我就会比较抵触吧,那样子会感觉我的阶级很 low,没有成就感,就没有这种玩的欲望。有成就感才能给自己玩游戏的时候带来愉悦吧。你啥都不会,跑去给别人虐,就没有那种统治感,那这样自己也不开心,队友也会觉得'这个,算了,不想带他了'。所以说我就并不想在不会玩的时候跟同学玩,然后让别人有种'咦,这个 DOTA2 玩家怎么这么废,不是说一下就上手吗?'这种挫败感我是不能接受的,所以说我就一直玩自己一直熟悉的这种。"(玩家 M13)

青少年玩家对于竞争对手的恰当评估有利于他们在竞争中获胜,被更多的玩家羡慕与崇拜。利昂·费斯廷格在其社会比较理论中指出,人们在对自己的能力水平和观点进行评估时,往往选择与那些和自己相似的人进行比较来确定自己的位置。[①] 这样既能充分保证评估的客观性,又能在最大限度上使玩家获得满足。玩家 M13 正是这种比较方式的践行者。M13 玩 DOTA2 多年,他从之前的游戏经历判断,如果在没有充分时间熟悉的情况下去玩《王者荣耀》和《英雄联盟》这两款 MOBA 游戏,自己可能会因为操作不好而被其他玩家看低,新手和老手之间的差距会影响其社会认同的建构。因此,他一直玩自己熟悉的游戏,只跟 DOTA2 玩家比较。玩家 M3 也是如此,他刚开始玩竞技类游戏时经常输,导致心情非常不好,后来索性不再玩竞技类游戏,而是专注于自己一直玩的 RPG。

玩家 M13 和 M3 都表现出较高的自我效能感。根据阿尔伯特·班杜拉的界定,自我效能感(self-efficacy)是指个体对于自己能否通过一系列活动完成预期目标的能力所进行的判断,以及个人对此的主观感受和信念。[②] 班杜拉指出,当人们评估自己在某一领域有高自我效能时,他们会愿意将心力投入该领域,在投入后也可能会全力以赴,因而容易获得成功的经验。而当个体面对自认超过自身能力范围的任务时,则可能采取回避的策略,并转而选择从事自己认为有能力处理的事情。玩家 M13 和 M3 对自己的游戏技能和游戏心理有比较充分的了解,他们选择在自己能够驾驭的游戏中与其他玩家竞争比较,得到赞同与肯定,实现社会认同。

---

① L. Festinger. A Theory of Social Comparison Processes[J]. *Human Relations*, 1954(07): 117-140.

② A. Bandura. Self-efficacy: Toward a Unifying Theory of Behavior Change[J]. *Psychological Review*, 1977(84): 191-215.

## 三、对价酬偿

林雅容指出，虚拟世界与现实世界存在一种酬偿关系，青少年网络游戏玩家能从虚拟世界中得到需求的满足，弥补现实生活的不足。① 在她的研究中，青少年玩家从网络游戏的人际互动中感受到现实生活中所缺乏的友谊，闯关、打怪，以及得到宝物的成就，能够让他们体会到现实生活中难以获得的成功的感觉。笔者的研究中也有部分青少年玩家在现实生活中学习成绩不佳，转而凭借更好的游戏操作技术和游戏装备不断升级，依靠自己在网络游戏中的胜利向其他同学炫耀，以此获得他人的称赞与肯定，从而满足自身对尊重和自我实现的渴望，重构社会认同。

“这种养成的都是自己练上去的，以前玩的时候自己练上去可能更有成就感。就是游戏机制里的类似排名，到达某一高度心里就会很爽，跟同学也能吹吹牛皮。就是学习这方面不行，就只能在虚拟世界里找找这种感觉。”(玩家 M14)

“我原来班里很多成绩差一点、在游戏里玩得很好的，会在大家在一起的时候讲他游戏里的成果。我们班有个同学在年级排名 200 多，就已经算倒数了，但游戏玩得很好。上次我跟他玩了一局，开局 3 分钟我就输了。这 3 分钟我还没出兵，他已经出了 40 个兵了。但是他学习不好。他来跟我比游戏，我就说要跟他学习学习。(玩家 M27)

“我小时候的同学，他们读书不怎么好，但是玩游戏就超级厉害，因为他们读书不好，他们也不怎么读书，一天到晚玩游戏，一天到晚玩，就练得很厉害。他们会发 QQ 空间，也会到处讲。”(玩家 M21)

玩家 M14 接受访谈时刚刚结束高考，成绩并不太理想。他自言“高二之前对游戏就是一种狂热的状态”，或许正是因为“成绩中等、读书不好”，他才转而在游戏虚拟世界里寻求一种认同，帮助自己找回自尊，重新建立信心。玩家 M27 和 M21 的同学也是同样情况，虚拟空间为他们提供了另一种成功的方式，让他们可以凭借游戏中的成就得到现实中同伴的尊重与肯定。

当然，并非只有成绩差的青少年玩家会在网络游戏中寻求对价酬偿，一些成绩不错的玩家也会在游戏中寻找比现实中更有激励作用的他人态度。网络游戏

---

① 林雅容. 自我认同形塑之初探：青少年、角色扮演与线上游戏[J]. 资讯社会研究，2009(16)：197-229.

中的竞争与挑战可以帮助青少年成为他们想成为但现实中无法成为的那个人，弥补他们现实中因为各种原因造成的无力感。玩家 M19 可以被视为一个例证。

“在对战里如果赢了一局，会有‘我好厉害，可以掌控别人’的感觉，这种感觉在现实里不太能感受到。有一次是好长时间没让我玩了，就偷偷玩，能偷玩多长时间就偷玩多长时间，大概就玩了两个多小时，好不容易。玩了四盘，都赢了，而且有两次队友不给力，甚至有次队友就直接退了，那次我就控制我自己的队伍还有他的队伍，同时运营四个地方，最后赢了。主要那次分配也比较合理，他玩的是比较偏防守的，我玩的是偏进攻的。我用他那个(指队友的角色)就没出兵，就一直造房子把我们家基地围得死死的，对方完全攻不进来。我队伍出去就根本不用操心家里的事。两个角色选得比较好。但是连赢四盘也挺厉害①，对手都给我赞。”(玩家 M19)

玩家 M19 在一所普通中学读初一，个头比较瘦小，性格略显内向，上一次期末考试的成绩在 300 多人中排名第 58。访谈刚开始时，他显得很拘谨，似乎手脚都找不到合适地方放置，笔者递给他一瓶水后他并没有喝，只是拿在手里摆弄。聊天时间长了后 M19 放开了一些，尤其在聊到游戏技术时显得比较兴奋，开始抢话，并主动谈起自己辉煌的胜利经历，以及修改金币数量、收徒弟、发视频等游戏行为。可以看出，就现实中的条件而言，M19 并不是表现特别突出的学生。他的父母都是大学老师，平时对他管束较为严格、要求也比较高，加上年龄尚小、性格偏于内向，他在现实中很难感受到“掌控别人”的感觉。网络游戏给予了他一个发挥自我的空间，让他可以挣脱家庭、年龄和其他评价体系的束缚，通过控制游戏角色碾压对方，取得现实生活中不太能够得到的掌控感，并从其他玩家的赞赏中重新建构起积极的社会认同。

另外，青少年玩家还会用游戏技能来弥补网络游戏中某些方面的不足。按照是否投入现实货币参与游戏，玩家可以被分为氪金玩家和普通玩家两类。氪金玩家即在游戏中投入大量金钱购买装备、武器、皮肤、服饰的玩家，他们在游戏里通常级别较高、装备精良，利用金钱的优势控制资源分配，在较短时间内取得其他玩家需要花费大量时间和精力才能实现的成就。② 普通玩家则指不投入额外金钱，只通过游戏行为来提高级别、赚取虚拟货币的玩家。大部分青少年网络

---

① 此时 M19 自豪又略带害羞地笑。

② 黄少华.互联网的社会意义：以网络参与和网络游戏为例[M].杭州：浙江大学出版社，2015：157.

游戏玩家都是普通玩家，他们没有独立的经济来源，在游戏中的现金投入较少，因而在与氪金玩家的竞争中经常处于弱势地位。正因如此，青少年玩家更看重个人的能力，特别强调通过技术优势来弥补个人在金钱方面的不足。

“比如说你对面有一款很好看的皮肤，很贵，而且很难买到，特别引人注目，你就很想把他杀了以后再嘲讽他，有这种心态。有钱也没有什么用啊，也打不过我。我如果看到对面有一款很好看的皮肤，我就特别想打败他，因为游戏是公平的嘛，我就想嘲讽他，有这种心态。我如果自己有好看的皮肤，也会有人想来打败我，但前提是他要打败我，他打败我才能嘲讽我，游戏就是这样。不然的话嘲讽起来就很无力。”（玩家 M8）

玩家 M8 提到游戏中的“仇富”心态。李伟、王桂菊指出，社会转型时期大学生不良社会心态的具体表现为：炫富心理作祟与仇富心理滋生、怀旧心理泛化与弱势心态萌生、焦虑情绪的纠缠与倦怠心态的困扰，对“体制内”的盲目迷恋与对政府公信力的非理性质疑。[①] 其中，仇富心理可以被理解为贫富差距导致社会心理反应的一种严重化形态，是对贫富差距所表现的一种激烈态度，包括对于贫富差距，尤其对于富人群体基于认知而产生的情感状态和行为意向。[②] 按照沈杰的看法，仇富心理分为两类，一类是道德义愤型的仇视，一类是个人情绪型的仇视。前者是对于以非法或不道德方式致富者，或致富后“为富不仁”者表现出轻蔑或不满，可被视为“正当的仇富心理”；后者是对一切富人所表现出的轻蔑或不满态度，甚至包括行为倾向上的偏激。玩家 M8 的仇富属于第一类，即正当的仇富心理，是对氪金玩家破坏游戏规则的一种不满。网络游戏离不开规范或规则的制约，在约翰·赫伊津哈的观点中，“游戏不仅受到特定的时间（游戏有一个起点，到了某一时刻，它又戛然而止，走向自己的终结）和空间（一切游戏的进行和存在都被限定在事先划定的场地）的限制，游戏中也呈现出明显的秩序，遵循广泛接受的规则”[③]。这种明确、清晰的规则保证了玩家在付出时间、精力等努力后，能够得到相应的回报，这也是网络游戏能够给玩家带来欢愉体验的重要原因。但氪金玩家打破了“耕耘”与“收获”之间的平衡，他们可以轻松获得普通玩

---

① 李伟，王桂菊．转型期大学生不良社会心态的表现、成因与治理[J]．中国青年研究，2013(09)：91-95．

② 沈杰．“仇富心理”何以可能：对北京市和杭州市问卷调查资料的分析[J]．北京青年政治学院学报，2010(01)：05．

③ 约翰·赫伊津哈．游戏的人：文化的游戏要素研究[M]．北京：北京大学出版社，2014：178．

家需要几十个小时才能积累起的金币，得到普通玩家难以企及的特殊虚拟物品，让普通玩家尤其是没有经济实力的青少年玩家感到愤懑。这时，青少年玩家就会发挥技术优势，试图在游戏中击败对方，从游戏成就上获得自信与认同，弥补金钱投入不足带来的缺憾。游戏中这种正当的仇富心理有利于培养青少年积极应对的态度，促使他们采用公平正当的方式提升自我，增强自身竞争力，建构新的社会认同以满足尊重和自我实现的需求。

## 第二节　亲密关系的形成

吉登斯认为，“自我认同是经由自我探索与发展和他人的亲密关系的联结过程而协商出来的”[①]。他在这里所指的亲密关系即纯粹关系，是一种具有内部指涉性的社会关系，在根本上依赖于对这种关系本身来说是普遍的满意或酬赏。[②]根据吉登斯的观点，纯粹关系主要存在于两性关系、婚姻关系和友谊等领域中，它是伴随女性地位的提升和人类社会进入现代晚期而逐渐出现在个人生活新领域的一种亲密关系。在纯粹关系中，制度、家族、习俗等外在的社会经济标准被消解，双方因为互动中产生的情感满足而结成亲密关系，因为互动中的相互自我揭露而产生信任，进一步激发出能够为彼此提供情感支撑的献身精神。同时，在外部环境发生变迁和转型的大背景下，纯粹关系同样需要经由反身性方式而形成，处于关系中的双方以一种开放的态度不断进行自我检查和自我的反身性规划，追问自己在这段关系中的真实感受。一旦发现这种亲密关系并不能为自己带来存在的意义，对于自我认同的追寻会阻止甚至中断纯粹关系的发展。因而，在吉登斯看来，纯粹关系与传统场景下亲密的人际关系不同的是，它是“自由漂浮”[③]的。

身体不在场、匿名而自由的互联网虚拟空间为建立吉登斯所谓的纯粹关系提供了绝好的试验场。因为，“在网络空间，网民可以一个人同时拥有许多身份，还可以随时更换自己的身份、性别、职业、年龄……同时，由于网络交往过程中所

---

① Anthony Giddens. *Modernity and Self-identity: Self and Society in the Late Modern Age*[M]. California: Stanford University Press, 1991: 97.

② 安东尼·吉登斯. 现代性与自我认同[M]. 北京：中国人民大学出版社，2016：218.

③ 安东尼·吉登斯. 现代性与自我认同[M]. 北京：中国人民大学出版社，2016：83.

发生的任何不愉快或令人尴尬的情景,都不会全面触动个人的自我,因此,在这种没有后顾之忧的情形下,个人就会勇于尝试平常不敢尝试的各种举动和经验,从而形成在现实生活中前所未有的自我认同"①。从理论上讲,没有了现实社会结构性因素的影响,人们在虚拟世界的人际交往可以完全按照自己的心意进行,抛开外在条件的束缚,不带任何功利性的目的,构建"自由"而"漂浮"的纯粹关系。然而,在以过关升级为核心结构的网络游戏中,青少年玩家亲密关系的建构呈现出种种复杂的面貌,既有对纯粹关系的追求,也有功利性因素的掺杂和对传统观念的解构,同时还受到个人认同的影响。因此,笔者从情侣/"基友"/死党、夫妻、师徒这三种游戏中常见的亲密关系入手,分析青少年玩家如何从这些关系中发展自我意识,建构社会认同。

## 一、情侣/"基友"/死党

根据埃里克森的人格发展八阶段理论,青少年时期面临的主要任务是发展亲密感和克服孤独感。也就是说,这一阶段青少年的主要社交任务是建立和发展包含友谊关系与浪漫关系在内的亲密关系。传统社会中,青少年受地域限制,只能从学校和社区的同侪群体中发展亲密关系,随着网络社会的崛起和青少年媒介化的发展,网络游戏成为青少年玩家完成这一任务的新场域之一。无论是MMORPG、MOBA游戏还是FPS游戏,绝大部分网络游戏都鼓励玩家建立各种亲密关系,以增强玩家对游戏的黏性,同时提升游戏趣味、促进游戏社交性。比如《梦幻西游》里玩家之间可以结拜,《王者荣耀》里,玩家可以选择建立情侣、死党、闺蜜和"基友"四种亲密关系。在笔者的研究中,青少年玩家以自己的方式认识、建立并对待这些亲密关系,他们在虚拟空间里尽情展现自己的态度,发展社会认同。

一方面,青少年玩家表现出对情侣关系传统态度的解构。R. J. 斯腾伯格在爱情三角形理论中提出,情侣之间的人际关系包括三个组成部分,即亲密、激情和承诺。② O. 盖尔特根进一步指出:亲密指的是感受到情感的亲近和依恋,包括相互理解、相互支持,以及开放地交流对问题的看法;激情则主要由生理吸引和

① 黄少华. 网络社会学的基本议题[M]. 杭州:浙江大学出版社,2013:68.

② R. J. Sternberg. A Triangular Theory of Love[J]. *Psychological Review*,1986(93):119-135.

性欲望构成，它既是生理性的，也是情绪性的；而承诺代表青少年的认知部分，指渴望陷入浪漫关系并长期维持这种关系的决心。[①] 与现实生活不一样，网络游戏中情侣关系的建立和解除都更随意，因而承诺在玩家的情侣关系里面普遍缺失，而激情的成分也因为身体不在场而大大减弱，亲密成为游戏情侣关系中最突出和最主要的表现。在网络游戏中，玩家情侣的亲密主要表现为双方一致或相似的昵称、头像、皮肤，以及双方在游戏中的互助行为和亲昵互动。然而，青少年玩家尤其是中学生网络游戏玩家在谈到虚拟情侣关系时，并没有表现出对这种亲密关系的羡慕或向往，反而普遍表达了不认同的态度。

"我有见过那种直接开语音'虐狗'的，没有老公老婆那么甜，但一看就是情侣，然后我就边听他们两个在那边秀恩爱边打游戏，就那种用情侣头像、情侣皮肤的，特别幼稚。"(玩家 F14)

"有那种情侣一起玩游戏的，特别恶心，就那种'老婆老婆我帮你打人吧''谢谢老公'。一般我看到这种就特别想揍，揍完之后赶紧跑掉，然后那个男的想救那个女的，但死活打不到我，就特别好玩。看到那种秀恩爱的就特别想打，整局会针对他们，会打字'就是对面的紫霞揍''就是对面的小乔揍'。"(玩家 F15)

上述玩家提到，一些玩家会将现实中的情侣关系延伸到游戏虚拟空间中。在现实亲密关系的基础上，这种游戏情侣之间的关系可以被看作是吉登斯所指的纯粹关系，双方使用语言、图像等各种符号表现他们的亲密程度，并且在对方受到威胁或伤害时义无反顾地予以援助。但这种不掺杂利益的纯粹关系却并不被青少年玩家所认同，反而被他们认为"幼稚""恶心"。究其原因，青少年玩家在游戏中普遍追求自我的真实呈现。欧文·戈夫曼在分析日常生活中人们的社交时指出，人们出于交往的现实目的，会有意无意地运用不同技巧控制自己留给他人的印象，这种"表演"往往会体现和印证社会公认的准则，比如情侣之间表现出亲昵甜蜜、夫妻之间表现出和谐恩爱。[②] 网络游戏的一个重要特点是可以让玩家抛开现实身份自由地展现，青少年玩家希望在虚拟世界里发现自我的不同面向，建构一个更真实、更率性的"我"，而情侣玩家的恩爱有太多"秀"的成分，自然不容易得到他们的认同。玩家 M29 就表示："没有情

---

① O. Geertjan, et al. Brief Report: Intimacy, Passion, and Commitment in Romantic Relationships-validation of A "Triangular Love Scale" for Adolescents[J]. *Journal of Adolescence*, 2007(30): 523-528.

② 欧文·戈夫曼. 日常生活中的自我呈现[M]. 杭州：浙江人民出版社，1989：34-35.

侣，太无聊了。结婚这些也不玩。不玩有这些内容的游戏，太无聊了。”在一些青少年玩家看来，“有意识、炫耀性地公开展示对浪漫关系的占有”[①]不是社会认同应该追求的内容。

另一方面，青少年玩家将情侣关系和娱乐结合起来，以戏谑的态度重新定义情侣关系的含义，将其作为标榜个性、追求自我的一种方式。

“我和我室友的角色是有一个情侣标志的，我们是用一种搞笑的手段。我们俩进去是情侣，那他们就会说情侣必须死，然后我们就会在里面表现出我故意不去救他的感觉，是为了娱乐自己，也是为了娱乐其他的游戏玩家。”（玩家 M7）

“我玩情侣一般都跟朋友玩，就普通朋友，像刘×这样的。还有那种开黑的时候，小乔在我们这边，对面是周瑜，然后孙尚香在我们这边，对面是刘备，玩‘家暴局’[②]，在里面截图，大家笑一笑。”（玩家 F15）

“我碰到过同性的玩情侣，两个同性的，就×××和他哥，一个玩紫霞一个玩至尊宝。他们就骗我们，在里面秀恩爱。”（玩家 M26）

黄厚铭将网络上的人际关系比喻为一场探索自我认同的游戏，指出在虚拟世界中，人们跳离了日常生活的脉络，在探索自我的经历与脉络之中重建行动的意义。[③] 上述青少年玩家对待情侣关系的态度反映出这种重建行动的意义。他们颠覆传统的情侣观念，不仅通过性别转换和现实中的同性朋友扮演情侣，而且故意背离情侣之间理应恩爱互助的传统价值观，操作游戏角色在行为上做出相反表现，以此获得解构传统的快感。即使玩家 M26 提到情侣在游戏中秀恩爱，也并非真正的恩爱，而是同性玩家借助情侣身份故意戏弄其他玩家，或者可以称之为他们和其他玩家的一种游戏方式。正是通过对情侣关系的这种恶搞，青少年玩家建立起自己认可的价值标准和行为方式，借以表达出对主流文化的反叛与颠覆，表现出对自我认同的积极追求。

与此同时，青少年玩家建立情侣/“基友”/死党关系的过程也是他们发现自我，形塑个人价值观的过程。

“‘基友’和死党也有的，你觉得这个人说话做事很符合你的人生观、价值观，这个人就会成为你的好朋友，你觉得他说话比较会说啊，不会因为一些小事情而

---

① 张雯宜．影像传播与亲密关系：社交网络秀恩爱仪式研究[D]．上海：复旦大学，2014．

② 家暴局，指游戏中的情侣或夫妻角色在游戏中互相攻击。

③ 黄厚铭．网路上探索自我认同的游戏[J]．教育与社会研究，2002(03)：65-106．

跟你斤斤计较，不会跟你勾心斗角，你们就会成为好朋友。我《王者荣耀》里面的‘基友’是我室友，我们经常一起玩。”（玩家 M4）

“情侣号以前也玩过，那时候年纪比较轻，可能就比较希望游戏里面能有玩得来的人一起玩，比较注重于开黑。那时候玩《QQ 飞车》，有很多志同道合的小伙伴，那时候这款游戏很火，现在我也不知道怎么样。它一个是角色做得好，一个是社交做得好，它有自己的一个世界，有情侣啊、车队啊、公会啊。游戏里面找到朋友，对我的认同是一种很大的提升。”（玩家 M6）

许多网络游戏规定，玩家共同完成一个任务、一起战斗，或互相赠送礼物和金币都会增加双方的亲密度，当亲密度达到一定数值就可以选择建立亲密关系。青少年玩家长期和同学一起玩网络游戏，很容易达到建立亲密关系的系统要求，因而他们的“基友”和死党关系大部分来自现实生活。有研究者指出，人际吸引的一个基本因素是相似性，即我们倾向喜欢那些和自己有着相似的态度、兴趣、价值观、背景以及个性特征的人。[①] 青少年玩家在选择建立亲密关系时，有时候是较为随意的，如“我跟王×是恋人，没有关系选了，就随便选了一个（玩家 M29）”。更多时候，他们是基于个人价值观而做出这样的选择，比如玩家 M4 会与合得来的玩家建立基友或死党关系。他们通过做任务、战斗、社会交换，以及游戏中的聊天互动，逐渐了解彼此，并从中选择符合自己人生态度和处事方式的玩家进一步发展关系。这种建构亲密关系的过程实际上也是青少年玩家探索自我、进一步认识自己的过程，他们在双方的关系互动中完成对自我认识的多方面探索。

从上面的分析中可以看出，青少年玩家在网络游戏中建立的情侣/“基友”/死党等亲密关系，混杂了随意性、目的性和娱乐性的多重成分，表现出玩家对传统观念的解构和重新定义。纯粹关系的概念在虚拟空间已然不能完全适用。

## 二、夫妻

基于情侣的亲密关系再进一步发展就是夫妻关系。在现实世界中结婚需要达到法定年龄，需要考虑夫妻双方的家庭背景和物质条件，在网络游戏中结婚则相对简单。以《梦幻西游》为例，只要一对异性角色都未婚，玩家等级达到 30 级，

① K. AhYun. Similarity and Attraction[M]//M. Allen, et al. *Interpersonal Communication Research*. New Jersey: Erlbaum, 2002: 145-167.

双方友好度达到1000点，并且具备一定的物质条件，如房屋和结婚费用，就可以申请结为夫妻。玩家还可以举办普通版或限量版婚礼，根据所支付虚拟银两的不同举行系统安排的拜堂、办喜宴、燃放烟花、发放喜糖、乘坐喜轿巡游长安城等婚礼仪式，享受系统和其他玩家的祝福。

《梦幻西游》官网上这样描述婚姻："千里姻缘一线牵，在《梦幻西游》的世界里，最浪漫而难忘的一刻，就是和自己的心上人一起携手，步入婚礼的殿堂，结为人人羡慕的伴侣。能在茫茫人海中找到自己的意中人，相遇相知结为连理，总是最美好也是最值得珍惜的一段经历。"夫妻关系理应是双方在长期互动中产生强烈的亲密感受而自然形成的情感需求，有助于玩家发展自我意识、建构社会认同。然而在笔者的访谈中，青少年玩家对待和处理夫妻关系的方式却呈现出多样化的面貌，婚姻和认同建构之间的关系出现了三种情形。

第一种情形是青少年玩家通过发展夫妻关系建构社会认同。

"我结婚的对象跟我在现实中是不认识的，我们是游戏里面认识的。我刚刚高考完，一开始也是活动的时候认识的。那时候我的号属性还很弱，基本上没有什么人愿意跟我组队带我玩，就他一个人愿意带我，他自己有两个号，有时候再带他同学的两个号，加上我，刚好5个，凑一队。就可能是玩的时间久了嘛，也没有刻意地说什么游戏结婚啊什么的，因为结婚的话就会多几个夫妻技能，更有利于战斗。然后结婚的话对好友度是有要求的，要1000。一般一场战斗是加1点好友度，游戏里面有很多闪婚的，就是送玫瑰，送一朵玫瑰加99好友度。然后我们也没有说刻意去练好友度，就自然而然到了1000，然后就结婚了，主要天天一块玩嘛。因为我们好友度到了，两个在一起玩得久，自然而然就结婚了嘛。"（玩家F8）

社会心理学认为，爱情包括浪漫型爱情、占有型爱情、好友型爱情、实用型爱情、利他型爱情、游戏型爱情等不同类型。玩家F8的夫妻关系是由典型的好友型爱情发展而来，即"慢慢从友谊、分享和自我表露中升华出来的舒适的亲密感"①中形成进一步的情感需求。在虚拟世界中，这种亲密关系往往能够持续较长时间，因为双方的婚姻基础来自结伴玩游戏的共同经历以及在此期间相互交流形成的好感，结为夫妻只是在这个基础上水到渠成、自然而然的行为。即使日后解除婚姻关系，双方还是可以继续维持友谊。玩家F8目前大四在读，她和她

① 谢利·泰勒，等. 社会心理学[M]. 上海：上海人民出版社，2010：256.

的虚拟结婚对象虽然早就不再是夫妻，但从高考后一直到现在都保持着密切的联系，经常在微信与QQ上互动。这种从游戏中的互助交流慢慢发展起来的婚姻关系符合吉登斯对纯粹关系的描述，双方没有受到财富、地位等任何外在因素的影响，纯粹因为在游戏中频繁互动而产生情感上的依赖与满足，进而在满足条件时自然地结为夫妻。互动双方从彼此的友好和依赖态度中感受到爱与尊重，促进了社会认同的建构。

纯粹的夫妻关系帮助青少年玩家感受到来自他人的喜爱，但这里的“他人”基本上只限于玩家的结婚对象。为了得到更多来自他人的积极态度，部分青少年玩家会寻找个人能力较强的玩家结婚，借以营造个人声誉，将游戏婚姻作为提升社会认同的手段。

“《QQ飞车》里结不结婚其实都无所谓的啦。反正都不知道对方男的女的，就是你结了婚就可以再进行一个什么跳舞的游戏，得一个什么东西，然后得到了马上就离婚了。有些人看我玩得好，也会来找我结婚。跟玩得好的人结，这样看起来比较厉害。”(玩家M21)

游戏中的亲密关系都有相应符号标识，夫妻双方结婚后，彼此角色旁就会显示“××的夫君”或“××的娘子”字样，表明二人的夫妻关系。如果夫妻一方在游戏中比较厉害，另一方会因为这种关系标识而感受到荣耀感和自豪感。因而，青少年玩家会“跟玩得好的人结，这样看起来比较厉害”。通过夫妻关系的依附，从对方的身份地位方面寻求他人对自己的认可，这是青少年玩家建构社会认同的一种方式，也是其自我认同未充分发展的一种表现。

第二种情形是青少年玩家采取理性而平等的态度对待游戏中的夫妻关系，这种态度背后折射出玩家对独立而真实的自我认同的追求。

“没有结过婚。认识的人有结婚的，就是为了秀！有个情侣称号！还有奖励！”(玩家F7)

“我觉得结婚没问题，但是投入金钱精力要有度，因为毕竟是虚拟的。”(玩家F2)

“结婚？没有啊，这个要慎重，而且没多大意思。可能我对感情比较慎重，即使在游戏里也不愿随便结婚，而且我也没有另一半，所以没必要在游戏里结婚。我觉得结婚系统没多大意思啊，但是我身边是有情侣在游戏里面也是情侣的，而且用情侣皮肤。”(玩家F6)

玩家F7认为很多玩家在游戏中结为夫妻只是为了得到奖励，或者进行一种符号式炫耀。她在微信访谈中连用三个感叹号表现出自己对这种行为的不认可。玩家 F2 并不反对虚拟婚姻,但是她强调没有必要为此花费过多的金钱和精力,“因为毕竟是虚拟的”。实际上,结婚系统也是游戏的赚钱渠道之一,玩家结婚和举办婚礼都需要支出一笔基本费用,有些婚礼上的烟花、红包、奏乐等额外服务还要另外收费。婚礼级别和内容不同,收费也不一样,仅《梦幻西游》里面的喜轿仪式就分为 100 万两、200 万两、300 万两和 366 仙玉 4 种档次。玩家 F2 是大三学生,访谈中给人的感觉是成熟且理性,她虽然玩网络游戏多年,但对于游戏“也不能说投入,应该是第三方角度,很欣赏,很投入剧情,但并不属于那个世界。我很清楚自己的地位。”F2 能够比较清晰地区分虚拟和现实,这种理性态度表现在她对于游戏婚姻的认识上就是“要有度”。

和 F7 一样,玩家 F6 也不赞同缺少感情基础的虚拟婚姻。F6 是高三学生,接受访谈时刚刚结束高考。她在男女感情方面一直比较谨慎,曾有喜欢她的男生送她《王者荣耀》里的皮肤,她不愿意接受,但系统规定赠送的物品不能退还,过期不领取就会自动销毁,因而她只能请别人给这个男生回赠了一个皮肤,并表示“很无奈”。列维・斯特劳斯认为,社会交换的一个重要功能是“在慷慨方面压倒竞争者”[①],为了应对对方的慷慨,玩家 F6 同样采取了社会交换的方式避免自己在交往中陷于不平等的地位。彼得・布劳在分析社会交换时指出,一个人会通过给予别人以贵重礼物来使对方感激他,进而提出对于他自己高等地位的要求。[②] 如果接受馈赠的人能够回报以充分对等的利益,那么他们就会否决赠予者对其优越地位的要求。F6 正是采取了这种方式,她不愿意随便接受别人的馈赠,因为在熟人之间,即使是虚拟世界的馈赠也蕴含着现实的情感,她清楚地知道自己不能回应这种情感,平等交换是委婉拒绝并且为双方保留情面的最好方式。

玩家 F6 对待亲密关系的态度,表现出青少年玩家追求独立自主、强调平等关系的一面,也显示出社会认同与个人认同的相互作用关系。个人认同建立于个体对生涯目标和价值观的综合认知之上,其社会认同则产生于个体与其他人的互动中。玩家 F6 家境优越、成绩也不错,她玩游戏一般不充钱,想买的装备都

---

① Claude Lévi-Strauss. The Principle of Reciprocity[M]//Lewis A. Coser, Bernard Rosenberg. *Sociological Theory*. New York: Macmillan, 1957: 85.

② 彼得・M. 布劳. 社会生活中的交换与权力[M]. 北京:商务印书馆, 2008: 167.

是靠自己慢慢练出来的，这种价值观反映在亲密关系上，即表现为不愿意随便接受异性的馈赠。F6 虽然希望自己受到其他玩家的欢迎，但并不愿为了得到这种社会认同而改变已有的态度，削弱个体的独立性。个人认同，尤其个人价值观，在社会认同建构中发挥作用，维持着个体统一的自我认同。

与 F6 一样，玩家 M13 和 F8 也以男女平等的态度对待虚拟婚姻，在认同构建上将自己或对方看作独立的个体。

"我觉得男生玩女号没有什么问题，我并没有什么特别反感。但是有些人结婚养小孩，我觉得他们在里面首先就不平等，完全让男生养女生，都是玩游戏的，何必呢，对不对？因为有些女号在里面征婚，扮可爱、装嗲，然后就开始求老公，求对她好，求给零花钱的什么的。我觉得这种，哇，你这种，谁要啊？首先，一开始上来就不平等，一个养一个没有道理，而且如果对面是个男的，你不是要崩溃。所以我比较反感这种。我比较倾向那种，男号女号玩着玩着比较投机，就加个微信，大家聊一聊，那样子可以，玩得比较好顺带结婚，并没有一定利益关系在里面。我们现在这个团队就有，一男一女。"(玩家 M13)

"这个(指没有跟结婚对象见面)也可能跟我的性格有关吧，我知道有很多女生，玩游戏结婚，为了让男的送她点好看的衣服啊、装备啊，但是我觉得没必要啊。"(玩家 F8)

张玉佩和吕育玮在研究青年游戏玩家的性别意识时发现，女性玩家并没有利用网络的开放和自由在游戏中追求性别平等及性别解放，她们反而将女性特质视为获得重视和帮助的来源，网络游戏进一步强化了二元对立的性别制度。"包养"因此出现在网络游戏的婚姻关系中：女性角色通过符号互动展现出温柔、柔弱、娇嗔等女性特质满足男性精神上的满足，作为交易筹码换取男性角色提供的钱财、宝物、等级等虚拟利益。① 笔者的研究中没有出现玩家包养或被包养的案例，相反，大部分青少年玩家对此表示不认同。玩家 M13 主张游戏中的性别平等，反对女性角色凭借性别优势在婚姻关系中寻求利益，倾向夫妻之间在情感互动基础上发展纯粹关系。玩家 F8 和 F6 崇尚独立和自主，都认为没有必要依靠男性获取装备或宝物，因为"想买的东西可以靠慢慢攒游戏内的金币(玩家 F8)"，她们希望通过自己的力量获得游戏成就，建构社会认同。

---

① 张玉佩，吕育玮. 网路促进女性解放的可能？从线上游戏开启的反思[J]. 中华传播学刊，2006(09)：134-137.

第三种情形是青少年玩家因为功利性的目的而建立夫妻关系,婚姻在这里成为玩家满足物质需求,实现个人成就感的手段。这种情形基本上发生在男性青少年玩家身上。

“玩《梦幻西游》的时候吧,那时候为了要孩子啊。是和我一个同学结的婚,男性,他是女性角色。我们两个人一起攒的钱,充的钱,毕竟学生嘛。”(玩家M11)

“我在《弹弹堂》里也结过婚,我跟一个女性角色结婚,但玩家应该是个男孩子吧。(结婚)是为了完成任务,有经验什么的,有奖励。以后不玩了就散了。本来加了QQ好友,玩的时候可以一起玩,我后来不玩《弹弹堂》了,就这样离了婚,你自己去跟别人做任务吧。”(玩家M16)

“第一次结婚就是在《QQ飞车》里面,那时候有个活动,只要结婚就能领到个绝版的戒指,然后我哥就跟我结婚了。他是以前的活动送了一个结婚戒指,因为一定要买结婚戒指才能结婚嘛,我就把性别换成女的,跟他结婚了,然后领了绝版的戒指后又把性别换过来。《弹弹堂》里结婚是为了爱情火烈鸟,非常厉害,要冲好多级才能拿到,那时只要结婚就可以有。是跟不认识的人结婚,那时候用大喇叭在公频上喊了下,就有人应了,就结了。结婚要花钱,要给现金,结婚只要9.99元,如果你要办婚礼的话就要花更多的钱。然后就搞了一个59元的,不是我出的,那个人出的,我一块钱都没出。我非常非常想快点结束婚礼,试下我的新武器,我对那个武器非常地向往。”(玩家M18)

马克斯·舍勒曾尖锐地指出,“在现代性社会中,世界不再是精神的有机的‘家园’,而是冷静计算的对象和工作进取的对象”①。在部分青少年玩家看来,婚姻关系只是游戏过程中的一个步骤而已,他们选择建立这种亲密关系只是为了更丰富的游戏体验,比如养育孩子,或者是为了得到某个只有夫妻才能拥有的特殊物品。网络世界的虚拟性与匿名性消解了传统观念上婚姻的神圣感,网络游戏的娱乐性质加重了玩家对婚姻关系的游戏态度,驱使玩家为了游戏乐趣或竞争获胜的目的结成夫妻。再加上青少年阶段基本上不可能涉及婚姻问题,因而他们容易形成对待夫妻身份的功利态度,在处理结婚和离婚方面显得较为随意。玩家M11、M16和M18可以随便找个玩家结为夫妻,也可以为了结婚而进行性别转换,在得到需要的物品后又将性别更换回来。婚姻对于这类青少年玩

① 马克斯·舍勒.死与永生·舍勒选集(下卷)[M].北京:三联书店,1999:256.

家来说只是满足物质需求的工具，夫妻关系成为玩家在成就感方面建构自我认同的一种手段，其内蕴的喜爱、依赖、承诺等浪漫情感方面的认同已完全丧失。

实证研究表明，随着年龄的增长和认知水平的发展，青少年玩家对待浪漫关系的态度也在发生着变化，与青春期早期阶段相比，处于青春期晚期阶段的青少年更倾向将浪漫关系视为一种平等关系而非交换关系。[①] 笔者的研究也证实了这种变化，M11、M16 等中学生玩家普遍将浪漫关系的建立视为一种获得特定技能、武器或权限的游戏玩法，但大部分已成年的青少年玩家已经意识到这种关系的特殊性，他们在对待这种关系时更强调回归婚姻的本质，即双方从充分的符号互动中发展出感情再结为夫妻，并且这种感情中不能掺杂太多的利益因素。因此可以这样说，伴随自我认同的逐步发展，青少年网络游戏玩家对纯粹关系的追求也处于逐步接近之中，夫妻关系对于玩家社会认同建构的意义日益显现。

## 三、师徒

为了帮助新玩家迅速上手、提高玩家兴趣，大量网络游戏还推出师徒系统，促进新老玩家的经验交流。玩家需满足一定的级别限制才能拜师或收徒，双方成为师徒后，作为师傅的玩家将向徒弟传授游戏知识、帮助徒弟提高游戏技能，新手玩家在达到系统规定的级别后便可以出师，双方会获得系统的特殊奖励。相对于情侣/“基友”/死党和夫妻，青少年玩家建立师徒关系的并不多，师徒之间的亲密度比较弱，相互之间较为松散，并且呈现出男性收徒、女性拜师的明显性别特征。

“游戏里有时候还能收徒弟什么的，我也有一个。一开始合作的时候，他不会出兵，我一步一步教，他现在操作还好还不错，是我从零基础把他教会的。我估计他应该就是初三、高一。”(玩家 M19)

“有师徒关系，我以前就找过一个师傅，因为他打得比较厉害，可以带我。师傅的话不是认识的人。有的时候班里同学不是不跟我玩嘛，他们不在，系统就会自己匹配，如果你觉得这个队里的人挺厉害，你就加好友，然后跟他商量啊干嘛

① 毛晶晶.青少年浪漫关系倾向发展特点、相关影响因素及其与学业成绩的关系研究[D].大连：辽宁师范大学，2012.

的,他就可以带你。也有被拒绝的,他给的理由是没时间啊,一般加好友都会加。我就拜了一个师傅。"(玩家 F16)

"谁厉害的话就拜一下,我就拜了一个师傅。在游戏里加他为好友,然后跟他说我想拜他为师,不菜的话他就会同意。拜师的时候你就点那个拜师,他同意的话你就可以拜师了。游戏里不会显示我们是师徒,但是拜师时系统里会提醒,下面会有一条消息,说他已经成为你的师傅,尽快完成师徒任务这样。"(玩家 F17)

拜师的情况发生在 MOBA 类游戏中比较多。这几年,MOBA 游戏在青少年玩家中的受欢迎程度大大增加。黄少华曾持续在不同省份对上千名青少年玩家的网络游戏行为做过大型调查,2008 年的调查显示,RPG 的游玩频率达到 59.1%①,而在 2016 年的调查中,青少年玩家花费时间最多的网络游戏已经变成了《英雄联盟》《王者荣耀》和《穿越火线》,前二者是 MOBA 游戏,后者是 FPS 游戏。MOBA 游戏已经取代 RPG 成为最受青少年玩家欢迎的网络游戏类型。MOBA 游戏流行程度提高的部分原因是《王者荣耀》带动了大量女性玩家的加入。女性玩家之前玩角色扮演类、养成类和休闲类游戏比较多,MOBA 这样的竞技类游戏对手速、反应、思维等都有考验,女性玩家一开始难以适应,因而在游戏中拜师的大部分是女性,男性青少年玩家很少拜师,至少很少承认拜师。

"我比较少拜师,因为我是一个性格上不服输的人,我觉得别人能做到的事情我自己也能做到。我游戏不会玩,我不会问别人怎么玩,我会自己找很多资料,看贴吧里面他们给的那些攻略,我会直接问那些攻略做得比较好的人,所以说,我游戏上是不太会去拜师的。"(玩家 M8)

"我们不拜别人为师。学得很快的,我其实刚开始还什么都不会,他教我的,去年暑假整个暑假都在互相打,就练起来了。"(玩家 M28)

玩家 M8 刚开始玩 DOTA 和《英雄联盟》的时候也遇到过困难,但相比于 F16 和 F17 主动拜师以提高游戏技能、加快游戏进程不同,M8 采取自己看攻略、查资料,或者直接询问攻略发布者的方式来解决问题。玩家 M28 则跟着技术较好的同学 M30 学习提高技术。两位男性青少年玩家都表示不愿意在游戏中拜师,究其心理,主要是对于师徒关系象征意义的抵触。师徒关系的建立对于师傅和徒弟的级别有一定限制,比如《王者荣耀》规定,等级在 7~20 级的玩家可

① 黄少华.青少年网络游戏行为研究[J].淮阴师范学院学报(哲社版),2008(01):115-122.

以拜师，等级在 21～30 级且段位在黄金 3 级及以上的玩家可以收徒，师徒关系本身即意味着双方在游戏中地位的不平等。一旦拜师，除非选择解除师徒关系，否则玩家的数据库里会一直显示出这种关系。青少年追求独立自主，渴望得到他人尤其是同侪群体的认同，男性青少年更不愿意在竞技类游戏中示弱，师徒关系的存在无疑会从自尊方面影响他们的社会认同，因而男性青少年玩家普遍不愿意拜师，而是选择以替代性的朋友指点或自我学习的方式提升游戏技能。女性青少年玩家则很少有这种顾虑：一则大部分女性玩家只是以娱乐和社交的心态玩游戏，对于游戏技能并不是非常看重；二则网络游戏自来被认为是男性主导的场域，女性在其中属于弱势群体，女性玩家拜师较容易克服自尊心的障碍。

无论男性还是女性，网络游戏中的师徒关系都显得比较松散。一方面，师徒双方在对战时很少有机会交流。MOBA 类游戏采取对战制，每一局从十几分钟到个把小时不等，《王者荣耀》一般每局在 15 分钟以内就可以结束，时间非常短促。因而，师傅在游戏过程中几乎没有时间进行教授。另一方面，师徒双方大部分是陌生人，线下互动并不多。拜师的又以女性青少年玩家为主，她们对于游戏中的陌生人普遍比较谨慎，“我们对网上的关系还是抱有警惕的。发信息不认识的就都不想回，就觉得没有必要回，不认识的为什么要回，根本不想去结交不认识的人”(玩家 F17)。因而，师徒之间少有游戏之外的交流，双方没有很紧密的联系，师徒关系对自我认同的影响比较有限。

“因为《王者荣耀》里面有一种怪，打怪可以帮你刷等级啊干嘛的，你跟在他后面，如果有人攻击你他会保护你，打怪的时候他帮你打到怪只剩最后一滴血的时候你再打，然后这个怪就属于你了。师徒没什么仪式，有时候会叫他师傅。师徒关系就几个星期，后来我打得太菜了，被人嫌弃了，就把这个游戏卸载掉了，不玩了。”(玩家 F16)

“他比较厉害，你没他厉害，打游戏的时候他可以带着打，团队就可以起来，你可以赢，比较稳。私下里不会传授怎么打，就在线的时候邀一下玩一下。师徒关系就持续了几个星期，就退了，没在一起玩了。不玩了也不需要打招呼，反正也没怎么玩过，就偶尔拜一下，就放那儿不玩了。”(玩家 F17)

“我带了两个男的徒弟，没有聊过天，就是在游戏里带一下说说，语音或打字跟他们说说怎么打。他们都已经出师了。”(玩家 M28)

与情侣、夫妻等亲密关系不同的是，师徒关系从本质上讲就是一种功利性行为，新手玩家为了尽快提升级别、掌握游戏技能而拜师，师傅收徒固然出于帮助新人的良好心愿，亦有想增加名师点数、获得系统奖励的动机。师徒关系本身难以构成吉登斯所谓的纯粹关系，双方的情感成分较少，因而关系的解除也比较随意，玩家 F16 和 F17 都是没有跟师傅打招呼就直接卸载或不再玩这款游戏，单方面从关系中隐退。

然而，并非所有的师徒关系都表现为松散和随意的联系。部分青少年玩家出于个人目的，在对待游戏中的师徒关系时显得比较认真。

“我收徒弟，都是别人加我的，我还要挑一下，选女的。我收了 8 个了，只有一个是男的，把他们都带出师了。打的时候带他们，私下里也会教他们，也会跟他们聊天，会问下对方的情况。”(M30)

玩家 M30 在同龄人里面算技术比较好的，已经得到 600 多个 MVP(Most Valuable Player，即最有价值队员，每场比赛评选一个)称号。他在游戏里收徒主要是为了结交异性朋友。用他的同学 M28 的话来说：“他每次都去找妹子，吼得全服都能听得到，说找妹子处对象什么的。”M28 的话未必完全属实，但 M30 承认他收徒弟基本只收女徒弟，并且不同于 F16 或 F17 的师傅，他不仅在游戏过程中带徒弟，私下里也会跟他们聊天或传授经验。玩家 M30 来自外来务工人员家庭，个头不是很高、成绩不太好，从现实条件来看，生活中的他在争取异性好感方面没有特别的优势，但他利用自己游戏玩得好，转而在游戏中通过建构师徒关系接触更多异性。与现实中“以貌取人”“以家庭地位取人”“以分数取人”的评判标准和利益优先的人际交往原则相比，网络游戏为缺少社会资本的青少年玩家提供了更公平和更广阔的发挥空间，让他们可以通过自己的努力得到想要的社会认同，包括尊重、依赖和爱。

此外，笔者在访谈中还发现一个有趣的现象，青少年玩家在师徒关系建构上存在一种攀比心理，其他人尤其比自己弱的玩家如果收徒，会刺激他们做出同样的事以获得社会认同。

“当时管公会的时候，我们家族的人有一些投了一点钱，我就跟他们说怎么玩，按我说的方案他们战斗力在整个区排得也很靠前的，然后就叫他们带一些人玩副本，那些人就收徒弟，那我也就收徒弟。投钱有投钱的玩法，不投钱有不投钱的玩法，你投钱只是把不投钱的人的时间给提前了而已，你可能要花一个月的时间，他们投了钱的可能只要花一周就可以了。我就跟他们说你们现在做什么事情会比较好一点，什么时候用道法会比较好一点，他们也按照这个做，一般说按照我说的做都是不会有太大的问题的。当然，跟跨度比较大的人是没法比，别人是V10,你只是个V5,你打不过很正常。但是按照我说的一些方法,V5打赢V8是有可能的,因为他们有些投钱投到了别的地方,不一定花了钱就一定别人好。他们在玩的时候就会一直叫教他们的人为师傅,这样会显得比较亲切。赢了,他们就会投来一些仰视的目光,就会觉得我这个人很厉害,会表示很感谢,说一些感谢的话。比如别人问他'你V1怎么道法这么高,我怎么不行啊',他就会说'我师傅教的,他很厉害,你们可以去问他'。这就很尴尬,因为别人来问的时候我其实不想回答,但是我还是会跟别人说,就导致浪费了很多时间。"(玩家M4)

玩家M4并不是一个非常热心的人,他只在无聊没事做的时候会帮助游戏中的陌生人。M4之所以收徒,主要是出于攀比和不服气的心理。从心理学上看,攀比行为源于个体潜意识里的动物性,是一种本能的显示竞争能力、不愿落后于人的行为。根据心理学家利昂·费斯廷格的理论,"比"是一种近乎本能的活动,个体是在不断与他人进行比较的过程中实现对自己价值的认识。[①] 经M4指导的氪金玩家在战斗力提高后开始收徒,他因此感到不平衡,于是也开始收徒弟,并且只收非氪金玩家为徒,表现出明显的竞争较劲心理。他利用自己在网络游戏中积累的经验和技巧,告诉徒弟应该做什么和怎么做,帮助徒弟赢得超越他们等级的玩家才能获取的胜利,同时也收获了其他玩家的尊重和崇拜。虽然M4表示自己其实不愿意将时间过多用在帮助他人方面,但被景仰的感觉无疑成为他社会认同建构中非常重要的部分,因此他仍然会以师傅和高手的身份指点其他玩家。从玩家M4的例子可以看出,他将师徒关系看作是一种社会比较的手段,"师傅"这一符号不仅是帮助他在虚拟空间占据和其他玩家同等位置的工具之一,也让他的声誉在游戏玩家之间慢慢扩展。

## 第三节　本章小结

社会认同是自我认同的另一项基本内容,反映了自我认同中"公我"的那部分属性。与亨利·泰费尔提出的强调群体身份认同的社会认同概念不同,本研究所使用的社会认同仍着眼于个体本身,是自我认同的一个维度,体现的是个体在与外界环境的互动中逐渐形成的认同。结合笔者的研究对象,本章所涉及的

① L. Festinger. A Theory of Social Comparison Processes[J]. *Human Relations*, 1954(07): 117-140.

社会认同指的是青少年玩家在游戏互动中获得的来自其他玩家的评价,既包括玩家个人的名誉和印象及个人被尊重和受欢迎的程度,也包括玩家如何看待处于互动关系中的自我。为分析青少年玩家如何在虚拟世界建构社会认同,本章将玩家之间借助游戏角色完成的符号互动作为研究对象,从竞争中的成就感和亲密关系的形成两个方面入手,探讨青少年玩家社会认同的形成。

网络游戏为玩家提供了多种多样的互动方式,但无论采用哪种方式,相互之间的竞争都是青少年玩家获得他人评价、建构社会认同的重要方式。首先,玩家通过在游戏中提高等级或战胜竞争对手,自身感受到一种成就感与自豪感,满足了他们自我实现和自我超越的心理需求。其次,青少年玩家从其他玩家那里得到的羡慕和崇拜使他们意识到个人的能力和价值,促使他们进一步建构起积极正面的社会认同。再次,竞争中获得的成就可以帮助青少年玩家弥补现实生活中的不足,使他们在人际交往中拥有更多社交资本,甚至还能弥补玩家在游戏投入方面的差距,推动青少年玩家采用公平正当的方式增强自身竞争力。笔者的研究还发现,青少年玩家并不是一味追求竞争中的成就感,他们也看重竞争难度。只要经过艰辛努力的付出,即使最后并未取得成功,玩家也能体会到快乐与满足。此外,玩家为了得到来自他人的羡慕和崇拜,还会选择自己有把握的网络游戏来确保获得成功。这说明,青少年玩家有意识地通过对比较对象的选择来获得他人更多的正面态度,促进社会认同的建构。

除了来自竞争中的成就感,亲密关系的形成是青少年玩家建构社会认同的另一种重要方式。玩家在游戏中建立情侣、死党、夫妻、师徒等多种亲密关系,以自己的方式建构或解构亲密关系的内涵,从彼此的态度中发展自我意识,形构社会认同。在笔者的访谈中,青少年玩家对情侣关系采取了一种解构和戏谑的态度。一方面,玩家将情侣关系和娱乐结合起来,不仅与同性朋友扮演情侣,而且背离传统价值观念,故意操作游戏角色做出互骂、对打等与情侣亲密关系相反的表现,以此获得解构传统的快感。另一方面,出于对秀恩爱的反感,青少年玩家普遍表达出对情侣玩家亲昵表现的不认同。而在“基友”/死党关系建立的过程中,青少年玩家的表现有所不同,他们将好友关系的建立作为探索个人价值观、寻求有利资源的途径之一,从中发展和实现自我。

青少年玩家对待和处理夫妻关系的方式呈现出多样化的面貌,婚姻和认同建构之间的关系存在三种不同情形。第一种情形是青少年玩家通过发展夫妻关系建构社会认同。这里面又包括两种情况:玩家在长期互动基础上发展出吉登斯所指的纯粹关系，双方从彼此的友好和依赖态度中感受到爱与尊重，促进社会认同的建构；玩家将建立夫妻关系作为提升个人名誉的一种方式，选择与游戏玩得好的玩家结婚，借助对对方的符号性依附建构社会认同。第二种情形是青少年玩家以平等而理性的态度对待夫妻关系，强调婚姻双方的平等性和对婚姻态度的慎重。这种态度背后折射出青少年玩家对独立而真实的自我认同的追求。第三种情形是玩家出于功利性的目的而“闪婚闪离”，夫妻关系在这里成为玩家满足物质需求，实现个人成就的一种手段，丧失了原本的情感认同意义。值得注意的是，青少年玩家对待夫妻关系的态度随着年龄增长而逐渐发生着转变，大部分成年玩家已经意识到这种符号标识的特殊性，强调回归婚姻本质，夫妻关系对于玩家社会认同建构的意义正日益显现。

师徒关系主要存在于 MOBA 类游戏中。在师徒关系的建立中，青少年玩家的性别差异比较明显，基本上形成了男性玩家担任师傅角色，女性玩家担任徒弟角色的关系模式。拜师的大部分是女性青少年玩家。即使只是符号性的关系，男性青少年玩家也普遍不愿意因为拜师而降低自尊，影响个人的社会认同，他们选择以其他替代性方式提升游戏技能。网络游戏中师徒关系的建立从本质上讲是一种功利性行为，情感成分较少，双方关系较为松散，建立和解除都比较随意。但也有青少年玩家会出于结交异性等原因认真对待这种关系，希望以此建构社会认同，获得尊重、依赖与爱。

此外，需要特别强调的是，虽然社会认同产生于青少年玩家与其他人之间的互动，但其他玩家的态度并不是社会认同建构的唯一来源，玩家自我认同中个人认同的部分仍然会发挥作用，对社会认同建构产生影响。

# 第四章　团队互动中的集体认同建构

集体认同是从社会认同中剥离出来的自我认同维度。与社会认同一样，集体认同具有"公我"的属性，反映的是个体与所属集体之间的关系，是个体在与特定集体的互动中发展出来的对于自我的一种认识，强调了个体在特定集体中所产生的归属感，以及从集体成员那里获得的态度、评价和情感支持。集体本身是个相对宽泛的概念，个体在社会生活中总是身处于各种各样性质和规模都不一样的集体，这些集体或同时、或单独存在，或是固定的、或是临时的，每个集体对于个体的影响和意义也各有不同。因而有研究者在分析自我认同时没有将集体认同纳入自我认同的基本内容属性。① 但就笔者的研究对象而言，网络游戏空间里"集体"的所指，无论是在场域还是在性质上都比较清楚，并且加入某个游戏组织或玩家团体是青少年玩家非常普遍的游戏行为，因此，继个人认同和社会认同之后，笔者在本章对青少年玩家的集体认同建构展开分析。

米德指出，游戏和玩耍之间的根本区别在于，游戏者必须具有所有游戏参与者都具有的态度，也就是说，个体需要和参与同一项活动的其他人互动。而这些其他人既是一个个独立的个体，也是具有某种共性的"一般化的他人"。所谓"一般化的他人"，是指使个体获得其自我统一性的有组织的共同体或者社会群体，他们的态度代表着整个共同体的态度。② 在米德看来，个体如果想要发展一个最完整意义上的自我，仅仅采取其他个体在社会过程中对他本人的态度及其他个体之间彼此针对对方的态度都是不够的，他还必须采取作为一个有组织的社会群体的成员（即一般化的他人）对于他们共同参与的这个社会过程的态度。只

---

① 贺倩如．云南特有少数民族青少年自我认同研究[D]．上海：复旦大学，2014．

② G. H. Mead. *Mind, Self and Society*[M]. Chicago: The University of Chicago Press, 2015: 154.

有当他采取了他所从属的这个有组织的社会群体对该群体所参与的合作性的社会活动，或者所从事的一系列其他活动所采取的态度的时候，他才能发展一个完整的自我，才能拥有一个完整的自我认同。① 也即当个体与其他个体进行符号互动时，个体从其他个体对待自己的态度中获得社会认同；当个体展开有组织的行为时，个体将一般化的他人的态度作为一个整体吸纳到自己的经验领域，从而形成集体认同，使自我得到充分发展。

集体认同产生于个体与一般化的他人所在的共同体的互动。米德在这里所使用的共同体不同于斐迪南·滕尼斯所指的共同体概念。滕尼斯最早提出共同体概念时是指"紧密无间的、与世隔绝的、排外的共同生活"，其成员拥有血缘、地缘和精神(如共同的宗教信仰)等共性。② 经过埃米尔·涂尔干、马克思·韦伯、罗伯特·帕克等社会学家们的探索与拓展，共同体的内涵和外延不断得到丰富。目前来讲，共同体通常分为两种类型：一种是地域性共同体，如村庄、邻里、城市、社区等地域性社会组织；一种是关系性共同体，如种族、社团、宗教团体等。其中，共同体的关系性显得愈来愈突出。③ 米德在阐述"一般化的他人"的概念时同样强调了群体内各成员之间的关系。他所使用的有组织的共同体或社会群体(the organized community or social group)是指各种各样的、由个体组成的、把任何既定个体都包含在内的、发挥社会功能的阶层或者次级群体。这些共同体可以分为两种：一种是具体的社会阶层或次级群体，如政党、公司、俱乐部，作为发挥实际作用的社会单元，这类共同体中的个体成员彼此直接产生联系；另一种是抽象的社会阶层或次级群体，如债务人阶层和债权人阶层，这类共同体间接地作为社会单元而发生作用，为其个体成员提供了不断扩展、不断丰富其社会关系的无限可能性。④

对于网络游戏玩家而言，将他们聚集在一起的共同体主要涉及两类：一类是长期的或临时组建的游戏团队，如游戏中的公会、战队、帮派等，玩家同属于一个游戏团体，在组织架构之内按照游戏规则展开互动；另一类是玩家自发形成的小团体，通常以 QQ 群和微信群的形式存在，一般由现实生活中的同学朋友或者游戏中互动比较密切的玩家组成。它们不是游戏中正式的组织，没有明确的团队

① G. H. Mead. *Mind, Self and Society*[M]. Chicago: The University of Chicago Press, 2015: 155.
② 斐迪南·滕尼斯. 共同体与社会[M]. 北京：商务印书馆，2010：48-76.
③ 李慧凤，蔡旭昶. "共同体"概念的演变、应用与公民社会[J]. 学术月刊，2010(06)：20.
④ 乔治·赫伯特·米德. 心灵、自我和社会[M]. 南京：译林出版社，2012：174.

规则,但其成员因为游戏而聚在一起,寻求发展社会关系、获得情感支持的可能性。这两类共同体都类似于米德所指的具体的次级群体,属于网络游戏中发挥实际作用的社会单元。笔者将这两类游戏共同体都作为青少年玩家建构集体认同的场域纳入本部分的研究范围。

无论是正式的游戏团队,还是玩家自行组织的小团体,游戏共同体都具有一定的结构。根据部分研究者的研究,游戏公会的成员大致可以被分为三类:紧密联系的核心成员、松散联系的半外围成员和互不联系的外围成员(见图 4-1)。[①]其中,核心成员主要是指管理人员和参与公会创建的元老级成员,他们彼此间联系紧密,同时与其他群体成员保持适度联系,从整体上掌控着公会的发展;外围成员更多指新手玩家,他们参与公会的主要目的是利用公会资源,获得核心成员的帮助,以及结交其他玩家;半外围成员介于这二者之间,他们积极参与公会各种活动,同时乐于与核心成员交流。

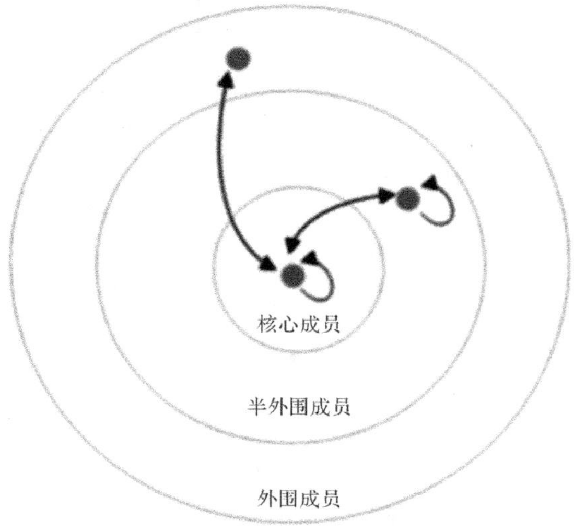


图 4-1　游戏公会成员分类

在笔者的研究里,游戏共同体中半外围成员和外围成员区分不是非常明显,出于研究便利的考虑,笔者将共同体中的青少年网络游戏玩家分为核心成员和

① Chee Siang Ang, Panayiotis Zaphiris. Social Roles of Players in MMORPG Guilds [J]. *Information, Communication & Society*, 2010, 13(04): 609.

普通成员两种。前者指共同体的创建者和管理者,后者指一般性的参与者,二者的能力和职责有所区别,在对团队的情感和态度上也存在差异。因此,本部分从核心成员与普通成员两方面入手,分别考察不同类型青少年玩家与群体中一般化的他人的互动情况,分析玩家如何在日常互动中与团队成员建立情感联系并从中发展自我认知,探讨一般化的他人的态度如何作为集体认同被纳入玩家的自我认同结构之中。

## 第一节 作为核心成员的"我"

网络游戏中存在各种玩家组织,如《魔兽世界》的公会、《梦幻西游》的帮派或《王者荣耀》的战队等。它们的性质基本相同,都是玩家建立起来作为互助合作、进行团体竞争、交流游戏经验的团队组织,因而本研究将其统称为公会。玩家只要达到游戏规定的条件,比如级别要求,即可申请创建公会,经过成员招募及规则制定等系列程序,玩家组建起自己的公会,与其他成员发展团队情谊、共享游戏乐趣,并以创建者和管理者的角色身份在公会日常运营中形塑集体认同。

罗伯特·帕克指出:"有关自我的观念,看来除了有赖于他们的职业,一般还有赖于其生活的社区和在社会群体中所力图扮演的角色,同时还有赖于社会给予各种角色的认定和地位。正是地位,即社区对个体的承认,给予了个体以'人'的特质,因为人是有地位的个体。这种地位不是法律意义上的地位,而是社会意义上的。"①对于拥有游戏热情和管理兴趣的青少年玩家而言,创建和管理一个游戏公会赋予了他们核心成员的地位,可以锻炼自己的管理能力、积累管理经验,同时可以体验权力带来的快感和发展对于一个团队的特殊情感,实现集体认同的建构。因而,笔者从创建者的成长感受和管理者的权力体验两个方面,分析作为共同体核心成员的青少年玩家如何通过发展与一般化的他人的关系来建构集体认同。

---

① Robert E. Park. *Society*[M]. New York:Free Press,1995:285-286.

## 一、创建者的成长感受

公会系统是游戏设计和运营中的重要一环,大部分网络游戏都鼓励玩家建立公会,以增强玩家之间的黏性,丰富游戏玩法。以《梦幻西游》为例,没有加入帮派或没有申请加入帮派的玩家,只要等级达到 40 级并能够支付 150 万梦幻币就可以申请建立帮派,如果申请之后 48 小时以内响应人数达到 10 人,帮派即创建成功。《王者荣耀》中,玩家等级达到 7 级之后可以申请建立战队,交纳 500 点券,在规定时间内募集到 5 个人即创建成功。公会创建后,创建者自动成为会长、帮主或队长,全面负责整个团队的发展壮大,成为团队中最核心的成员。

创建者对于公会往往有重大意义。关萍萍在运用社会网络分析软件 UCINET 分析《大话西游》中公会成员之间的互动关系时发现,社会网络中最活跃、关系网络最密集的是公会的帮主。该玩家在网络中处于核心位置,既是公会成员中帮助他人最多的人,也获得最多玩家的崇拜,在维系公会成员之间的亲密度以及维持公会日常运作方面发挥了重要作用。① 在笔者的访谈中,创建公会的青少年玩家并不多,玩家 M4 是其中比较具有代表性的一个,在创建和发展公会的过程中有自己的独特体验,因此笔者以他的经历为例来分析青少年在创建公会的过程中如何实现自我成长。

"我自己以前也试着建立过一个公会,在手游《诛仙》里面,我想试下管理的感觉。这款游戏本来我也只是想随便玩玩,后来我想不能这样,就想认真地研究一下,后来就自己在那边研究了下各种属性呀、各种职业培养方面的东西。我建立了一个公会之后,就一直在管理这个公会,就是以一种领导者的姿态在帮助他们(见图 4-2),那些新手不知道怎么玩的,我跟他们说应该怎么玩,我会尽量帮他们每一个人都安排好一个家族。当时弄得还是挺累的,就一直在帮这个公会做事情,就各种活动啊任务啊我都帮他们安排好,尽可能地满足每一个人的需求嘛。我这样子做了之后,帮里面的人都挺喜欢我这个人的,退会的种基本上是没有的,公会比较和谐的。

① 关萍萍.游戏公会的社会网络关系与意见领袖研究:以《大话西游 Online Ⅱ》为例[J].北京邮电大学学报(社会科学版),2017(06):01-10.

“如果你细心经营着公会，你把它从一个人变成 100 个人，或者说 200 个人这样子的大家庭的时候，你是付出了心血的。你一个公会如果要留住人，一定要有能留住别人的东西，不然的话别人去哪里都是一样的，对吧？所以说我自己建立一个公会和我加入一个公会，那肯定是前一种情况自己会更加牵挂一些。加入的话你随时可以退，如果你自己创了一个，即使别人都退光了你都不一定会退。自己建立一个公会，应该感情是最深的，毕竟自己花了很多心血。一天 24 小时我要花十几个小时在里面管理，即使人不在我手机也挂着。”（玩家 M4）

图 4-2　玩家 M4 在手游《诛仙》中创建的帮派

玩家 M4 在大学里本来考入的是网络新媒体专业，但他比较喜欢技术，就在大一结束之后转到计算机科学与技术专业。他表示自己“从小学开始就一直想做跟设计有关的职业”，因而在玩网络游戏的时候并不单纯只是娱乐，而是认真研究游戏里各种角色的属性，并试图通过建立公会来进一步锻炼自己。M4 在公会中投入了大量心血，不仅几乎全天候泡在公会里，而且可以说是“事必躬亲”，指导新手、安排帮派、协调成员关系，只要是帮派中的事情他都一一去完成，并尽可能地满足每一个成员的需求。研究者们在研究团队中领导者和成员之间的关系时发现，如果成员相信他能够从领导者的允诺中满足自己的需求，则二者在彼此信任的基础上都能从持续发展的关系中得到利益。① 并且，游戏公会的领导者和成员之间关系越好，成员的组织公民行为程度越高、团队的凝聚力也越强。② 玩家 M4 在公会中的付出为他赢得了公会成员的信任和喜爱，双方形成非常良性的互动关系，推动了公会发展，同时整个公会的氛围比较融洽，成员归属感较强，基本上没有人退会。正是因为他在公会成员中的核心位置，当他要离开公会时，成员普遍表现出不舍和难过。

"我跟公会里一些人感情还是很好的，我就跟他们说你们可以去其他公会。当时我有一个朋友，我就把那些事情都交给他了。他们看到我要退了就还是挺难过的，他们就哭哭啼啼的，因为我们公会里面收了好多女孩子，这个游戏可以语音嘛，都语音说的，表现出挽留。后来有些人还说我因为个人的问题就离开，是抛弃公会怎么可以抛弃公会呢？但是我说我就是不想玩了，因为我觉得当时跟有个人关系是很好的，后来他退了之后我玩下去也就没什么意思了。"（玩家M4）

跟 M4 关系比较好的一个玩家因为跟游戏情侣吵架而离开家族并且退出公会，玩家 M4 因此也退出公会，这时距离他建立公会还不到两个月时间。他和成员之间的良好关系使得他的退出引发了公会内部的情绪波动，许多成员表示不舍和难过，甚至有部分成员指责他不负责任。由此可以看出玩家 M4 在公会中的声望和地位，可以说，M4 通过创建并用心经营公会而赢得了公会成员对他的一致好评，实现了集体认同的建构。但与此同时，这一举动也表现出他的不成熟。M4 本来抱着学习和锻炼的目的创建公会，却在短时间内因为游戏好友的退出而放弃自己倾注了大量心血的公会，表明他在个人情绪和生涯目标二者之间尚未达到平衡，还没有发展出统一完整的自我认同。

社会学研究者威廉·班布里奇认为，大多数的领导和管理工作都包含与人打交道、解决冲突、设定期望、给予建设性意见等几个主要方面，即使这些管理发生在网络上也不例外。他在研究网络游戏世界时发现，大型多人网络游戏的玩家本身是真实的人，他们能够通过游戏习得广泛意义上的领导技巧或者特定的管理程序。这在玩家 M4 的身上得到了印证。这唯一一次创建公会的经历给

---

① R. M. Dienesch, R. C. Liden. Leader-member Exchange Model of Leadership: A Critique and Further Development[J]. *Academy of Management Review*, 1986(11): 618-634.

② 游佳萍，陈妍伶．虚拟社群中的组织公民行为之研究：以线上游戏团队为例[J]．资讯社会研究，2006(11)：115-144.

M4 带来一些启发，他意识到自己目前采取的“包养”的管理方法并不合适，并决定以后在帮助或管理他人时采用指导的方式替代。实际上，笔者在上一章讨论师徒关系时已经提到，M4 并不带着徒弟打游戏，而只是给予他们适当的指点。虚拟公会的管理经历帮助 M4 积累了经验，促进了他的自我成长。

“我管那个公会的时候，公会里每一个人的每一个问题我都会自己亲自去解决，比如说这个地方不懂啊，我就一个点一个点跟他说这游戏怎么玩，这样子玩的话就投入很多心血。后来发现玩得很好的一些朋友啊，他们可能不玩了，我心里就会有比较失落的感觉，就好比说你自己辛辛苦苦经营的一些东西就这么没有了，他们毕竟是你一手带大的——就真的是一手带大的感觉——他们后来突然之间就说不玩了，你肯定也不能改变别人的生活，毕竟是别人的选择，但怎么说也会有一种心理落差。从那次管理之后，我今后如果真的做上管理层，应该怎么处理这些事情、怎么管理，我应该会稍微有点心得。我自己觉得我是不太适合做那种超级大管理者，我会把自己做得很累的。这个事情我觉得要这样做，你没有做好的话我会自己来做，这样就很累。你要知道你自己不可能管理手下的每一个人，你只能说你们的原则是什么，他们要做什么、想怎么做，你要自己给他们一个方向，但是不是说你要手把手喂他们饭吃这样子的感觉。”(玩家 M4)

玩家 M4 是在 MMORPG 手游《诛仙》中创建公会的。之前笔者已经多次提及 MMORPG 和 MOBA 游戏的区别，这两类游戏的差异导致游戏中公会的作用、任务以及玩家对公会组织的情感都存在很大不同。RPG 强调剧情发展，游戏系统为公会设置了打怪、寻宝、探索、相互 PK 等丰富的各类任务，不同玩家可以在公会中找到满足自己需求的不同的游戏方式。MOBA 类游戏强调对抗性，公会的主要作用是与别的公会进行实战对抗，赢取竞技点数、提升战队排名。玩家 M4 对公会付出了很多感情和心血，因此实现了集体认同并获得一定的管理经验，这次创建经历也成为他游戏生涯中难忘的一段。正是因为两类游戏及其公会在性质和内容上的区别，在 MOBA 游戏中创建公会的玩家 M7 和玩家 M9，有着与 M4 全然不同的感受。

“对公会本身没有什么太大情感，就你们战队打别人战队，如果赢了的话是挺开心的，还会收到很多奖励，主要是为了拿奖励。”(玩家 M7)

“公会因为等级不够加不进去，然后就干脆自己创一个，就有人加进来一起玩。管理公会没什么区别，反正就是为了拿点奖励什么的，然后公会成员也没有什么交流。公会是小公会，加起来不到 20 个人，其中很多都是很水的，僵尸成员凑人数的比较多,偶尔上来玩一下,然后就没怎么碰过啦。实际上线的也没几个。我们也没有活动,只是为了奖励,然后开黑的时候容易找到人。”(玩家 M9)

米凯尔·雅各布森等人认为,玩家创建公会最常见的动机除了与其他玩家互动外,就是为了达成游戏目标,实现游戏成果的最大化。① 创建者往往招募在技能、属性上具有一定互补性的玩家,因而团队协作能够将单个玩家的作用发挥到最大。黄少华等人在研究青少年网络游戏行为的结构时也发现,为了确保角色的成长与成功,加入团队常常是游戏玩家基本的生存策略,大多数青少年玩家的在线活动,都与公会、血盟等团体有关。② 玩家 M7 和 M9 正是出于成果最大化的目的,为了“拿奖励”而创建公会,他们只是将公会作为可以获取系统奖励的一种游戏方式,对公会以及公会成员并没有付出过多的私人情感。同时,MOBA 游戏快节奏的特征也部分决定了 M7 和 M9 没有花太多心思在公会管理上。在这样的情况下,游戏公会对于创建者自我实现的作用非常有限。

## 二、管理者的权力体验

米德认为:“与取决于各种包含着优势关系和劣势关系的、直接的个人关系的自我意识相比,通过在共同体中履行某种职能而获得的自我意识,是一种更加有效和更加高级的自我意识形式。”③在网络游戏营造的虚拟世界,核心成员通过权力体验在公会管理中进行集体认同的建构,获得这种更加有效、高级的自我意识形式。

权力一直是哲学、政治学、社会学和传播学等学科领域关注的核心概念之一。面对网络社会的崛起,权力在网络空间中的生产、支配、交换及其对人际、网际社会结构的影响凸显了新的特质。④ 蒂姆·乔丹在《网际权力:赛博空间的政治》这本书里提出“网际权力”的概念。“网际权力是在网际空间以及网际网络上建构文化与政治的权力形式,它由三个相关领域组成:个人的、社会的和想象的。个人的网际权力由化身、虚拟阶层及资讯空间构成,权力在这里是个人的持有

---

① Mikael Jakobsson, T. L. Taylor. The Sopranos Meets EverQuest-social Networking in Massively Multiplayer Online Games[J]. Digital Arts and Culture (DAC) Streaming Words Conference, 2003.

② 黄少华,刘赛. 青少年网络游戏行为的结构[J]. 兰州大学学报(社会科学版),2013(05):55-62.

③ 乔治·赫伯特·米德. 心灵、自我和社会[M]. 南京:译林出版社,2012:351.

④ 徐静. 认同·权力·资本:青少年网络游戏中的情感研究[D]. 杭州:浙江大学,2015.

物;社会的网际权力是由科技权力螺旋与流动的资讯空间建构而成,权力在这里是宰制的形式;想象的网际权力由理想国与地狱国所组成,权力在这里是社会秩序的组成要素。"①游戏世界是虚拟且自由的符号空间,玩家们在角色背后凭借符号互动游走其间,随时可以通过下线、关机和更改账号而抽身退出。因此,对于青少年玩家而言,网络游戏中的权力更多出现在个人层面,体现在游戏社会的虚拟阶层上。作为公会的核心成员,公会管理者在虚拟阶层上占据了地位优势,随之而来的权力体验为青少年玩家带来权威感和愉悦感,他们从共同体成员对权力的遵从和景仰中建构起自己的集体认同。

"我创过两个公会,第一个到后面因为里面相互认识的人太多了,他们加入公会就和自己认识的人在一块,不怎么参加公会的事情,我就退出那个公会自己又重新创了一个。(后面)这个就发展得挺好,就一起打战队赛,就一直升级一直升级,现在差不多 90 多个人。每天管理倒不用,但是会给他们最低的额度,比如活跃度,就是他们在游戏上的时间。活跃度低于多少的话肯定要踢掉的,要开除。就有这样一些小的规定,有规定才能激励人,大家一起玩。一般每个战队都这样的,就是你加入这个战队有什么条件。如果想要一个战队变好的话,创立的人就要定一些这样的规定。如果别人加入你的战队,也没什么玩游戏的时间,就等于占了一个位置但是没做什么事情。"(玩家 M8)

对于公会管理者而言,最初的权力体验体现在公会规则的制定上。公会规则属于契约性规范,适用于公会、帮派、战队等正式的游戏组织,是"由玩家提议,其他玩家赞同并自觉遵从而明确下来的非正式的规则,它们一经确定,便成为能够调节玩家行动的'外显'力量,影响和制约着游戏中的互动"②。玩游戏就意味着遵守游戏规则,因为"使游戏被称为游戏的物质性东西不是最重要的,游戏不是与特定的物质设备相连,而是与规则相连"③。公会规则的制定是为了保障公会活动顺利展开,保证公会成员能够有序互动、公会能够逐步发展壮大。原则上公会规则可以由任一公会成员提议生成,但由于公会招募成员时需要明示公会

---

① Tim Jordan. *Cyberpower-introduction to the Politics of Cyberspace*[M]. London: Routledge, 1999:14.

② 黄少华,等. 网络游戏中的角色扮演与人际互动:以《魔兽世界》为例[J]. 兰州大学学报(社会科学版),2015(02):93-103.

③ Jesper Juul. Half-real: Video Games between Real Rules and Fictional Worlds[J]. *Sociological Review*, 2006, 54(03):612-614.

的规章制度，因而规则一般都是由作为核心成员的创建者和管理者制定通过，规则的制定过程中蕴含着权力的运用。规则一旦明确，公会成员就必须严格遵守，否则会受到责罚或被踢出公会，因为触犯规则、无视规则的搅局者(spoil-sport)“破坏了游戏世界本身”①。玩家 M8 先后创建了两个公会，虽然他在访谈时表示“我们加在一起是个宽松的组织”，自己“没有什么威信”，但他提到自己制定的具体规则时语气坚决，“要踢掉的，要开除”“就要定一些这样的规定”，要求其他成员服从的权威感呼之欲出，对集体认同的渴望表现得非常明显。规则制定之后，管理者的权力体验转移到具体的公会日常工作中。青少年玩家在承担管理职责时感受到拥有权力的快感，并从其他成员对待权力的态度中建构起集体认同。

“我最厉害的时候可是副帮主哦，就是一人之下万人之上，啊哈哈哈，开玩笑。是大学，大一大二好像，我高中三年基本没玩，那会高考，高考完就开始玩了。那时感觉很酷、很厉害的呀，那时候好多认识的朋友。当副帮主要管理帮派，比如 要接纳新来的人员，人员满了要踢出很久不上线的，也轻松的。有一种权力感，感觉自己有生杀大权一样。帮主信任我，给我副帮主的位置，我肯定得做点事，不能白占着个职位。这种权威和成就感有时会延续到现实中，但是也分得清游戏和现实。混淆虚拟和现实基本不会。不过我们帮派有个是我高中同学兼闺蜜，然后我当了副帮主，她有时候也会这么叫，有点小嘚瑟的哈哈。”(玩家 F8)

“我管理贡献就好多。我主要是审核的，我开一个房间，让他过来跟我单挑，如果我觉得他厉害，我就到群里去批他，他就可以通过了。如果连我都打不过，就不要进来了。有种我就守住了一个关口，觉得自己很厉害的感觉。”(玩家 M18)

“以前玩《QQ 飞车》的时候加入过一个车队，在里面是核心官员，前面还有副队长和队长。当核心官员挺酷的，很有成就感。我比较积极，我觉得这对锻炼管理能力应该是有帮助的。我是属于那种很专心打游戏的人，所以一般都闷着头刷级，然后加入车队后会组织各种战役，提高车队的排名。”(玩家 F4)

“我玩角色扮演时也加了公会，那里有任务有奖励。积极性我还好，会去打公会怪。我在里面是副会长，副会长也没什么用，可以踢人，可以叫人过来打公

① 约翰·赫伊津哈. 游戏的人：文化的游戏要素研究[M]. 北京：北京大学出版社，2014：12.

会怪。我没踢过人,管也没怎么管。贡献高的话或者战力高的话会升上去,我也不知道我怎么升上去的。不过有人叫我副会长,我还蛮开心的。"(玩家 M29)

"嘚瑟""厉害""酷""成就感"这些表达权力感知的词汇从青少年公会管理者口中依次蹦出。对权力的感知,一方面反映了个体对自己是否拥有权力的长期知觉,另一方面是在某些特定情境下感觉到自己拥有权力或缺失权力。[①] 在一个游戏公会中,管理者需要招纳新会员、组织战斗、分配任务和装备,以及按照公会章程将长期不上线或不参与公会活动的成员踢出公会,管理者的每一项职责都帮助他们实现着权力感知。玩家 F8 担任帮会副帮主,纳新和踢人两项职责让她感觉"自己有生杀大权";玩家 M18 负责公会成员的准入批准,他以单挑的方式决定玩家是否能够进入公会,感觉为公会"守住了一个关口";玩家 F4 的工作是组织各种战役、提高车队排名,这让她觉得"挺酷的"。无论使用哪种表述,青少年玩家都在履行公会管理的职责中切实体验到权力带来的满足。更重要的是,公会成员遵守权力约定,听从管理者安排,并通过"副帮主""副会长"等称谓公开表现出对权力的尊重、景仰和配合,不断唤起管理者的权力感知。共同体中这种一般化的他人的态度进一步促进了青少年公会管理者集体认同的形成。

管理公会虽然和现实中管理一个具体的社会机构有很多类似之处,需要组织协调各类事物,需要和团队成员充分互动,管理者的权力体验也同样真实,但毕竟管理公会是在虚拟世界里才能实施的权力,不能完全等同于现实权力。如果青少年玩家混淆了二者,就可能导致他们出现自我认同的混乱。就笔者的访谈而言,青少年玩家在谈到权力体验时普遍表示不会将这种权力感带到现实世界里,从下面玩家 M29 和 F1 的表述中可以看出,青少年玩家能够发现现实权力和虚拟权力之间的区别,并且虚拟的权力体验促使他们在和团队中其他玩家互动时产生成就感,增加了他们对现实中的自己的信心。

"对现实也有一点帮助,可以学会怎么分配任务。说一样也不一样,毕竟是在虚拟世界里,和在真实世界里还是有不一样的。我那个游戏里等级越高权限越大,会长叫你来,好像有一种设置,叫你来你必须得来,系统直接就拉过来了。现实里叫你来,人家不一定会来。"(玩家 M29)

"在游戏中有时候可以 carry(带动)一个团队,觉得自己很强。因为游戏像

① 肖丽.消费者的权力感和价格参照来源对其价格公平感知的影响及其机制研究[D].上海:复旦大学,2012.

《英雄联盟》,都是凭实力说话,玩得好自然可以指挥其他人啦哈哈。而且《英雄联盟》里五个位置有分工的嘛,我打得最多的是辅助位,辅助位通常需要起到大局的指挥作用。这也会增强我在现实中对自己的信心,感觉可以去试试一些类似的管理工作。"(玩家 F1)

## 第二节　作为普通成员的"我"

格奥尔格·齐美尔认为,"个性的起源作为不同群体的遗产和调适阶段的最终产品,是无数社会影响的集结点"。他强调,人类的个性是在个人群体联系的特殊构造中呈现和塑造的,人们是什么样的,即他们怎样看待自身和怎样准备行动,都受到群体成员关系的限制。① 受他的启发,米德在分析个体自我认同的发展时,特别强调一般化的他人对个体自我发展的影响。从米德的观点出发,个体通过切实采取共同体内一般化的他人的态度,并且根据这种共同态度来控制自己的行为举止。② 作为共同从事同一项活动的成员,一般化的他人在活动过程中发展出来的态度,是个体集体认同建构的基础。

网络游戏中的公会组织、临时团队,以及玩家自发组成的小团体为青少年玩家发掘一般化的他人的态度提供了实践平台。陈怡安在分析网络游戏的特殊魅力时指出,玩家在游戏中参加公会,与其他玩家并肩战斗、聊天,发展出同属于一个团体的意识形态。公会成员间的亲密与依赖,以及对团体的认同,随着玩家游戏时间或投入程度的增加而明显增加。③ 前面笔者分析了作为公会核心成员的青少年玩家与公会中其他成员的互动情况,这些玩家在创建或管理公会的过程中通过不同形式体验权力感、积累管理经验,公会伴随着他们逐步成长。对于作为普通成员的青少年玩家而言,公会或小团体等玩家共同体之于他们自我认同建构的意义更加丰富和复杂:一方面,部分青少年玩家仍享受同在一个集体的身份归属,并因此建构集体认同;另一方面,多种因素造成归属感的减弱,青少年玩家转而从与团队成员的集体行动以及情感互动中建构集体认同。因此,结合访

---

① G. Simmel. *Conflict and the Web of Group Affiliations*[M]. Illionois:Free Press,1954:141.

② 乔治·赫伯特·米德.心灵、自我和社会[M].南京:译林出版社,2012:299.

③ 陈怡安.线上游戏的魅力:以重度玩家为例[M].高雄:复文出版社,2003:48.

谈资料，本部分从团队归属感，合作的乐趣与价值，认可、肯定与感谢，以及情感支撑四个部分展开论述，分析作为公会普通成员的青少年玩家与其他公会成员的互动，考察这些互动对玩家集体认同建构的影响，探讨一般化的他人的态度如何形塑青少年玩家的自我认同。

## 一、团队归属感

大卫·霍尔姆斯认为，媒介的首要功能并不是传递信息和获得个人利益，而是让我们聚合到某种形式的社群当中，为我们带来一种归属感。① 归属感是马斯洛需求层次理论中高于基本生存需求的一种高级需求。马斯洛没有给出归属感的确切定义，他只是为我们描述了归属感作为一个常见主题在当代社会的重要性。工业化社会引起的频繁迁徙、漫无目标和流动性过大给儿童身心带来损害，儿童变得没有根基或蔑视自己的根基。邻里、乡土、族系、同类、同阶层、同伙、熟人、同事等种种关系所具有的深刻意义在工业化社会被低估或消解。因而，为了抵消由于社会流动性增强、传统社群瓦解、家庭活动的分散化和持续的城市化而引起的广泛存在的疏离感、陌生感和孤独感，个人成长组织和专门性社群大规模增加，人们发自本能地想要成群结队。② 加入网络游戏中的公会就是青少年玩家寻求陪伴和团队归属感、借助与团队中一般化的他人的交流互动获得一致性态度，进而形成集体认同的一种重要方式。正如研究者认为的那样："玩家通过玩网络游戏，拉近彼此之间的距离、寻求认同、互相帮助、互谈心事，发展出同属于一个团体的认同意识，抑或因相同的目标而建立关系，借助频繁的互动，有充分的确定感去信任其他玩家。可以说，网络游戏已经成为一种新兴文化，玩家在其中可以找到情感宣泄的渠道，并产生归属感和安全感，与其他玩家建立起友谊关系。"③然而，笔者在研究中发现，因为游戏类型、游戏动机、公会环境，以及玩家在公会中的时间等多种因素，青少年玩家对游戏正式组织的归属感呈现出减弱趋势，而源于现实关系的小团体的亲密程度则与日俱增。

---

① 斯蒂芬·李特约翰，凯伦·福斯.人类传播理论[M].北京：清华大学出版社，2009：339.

② 亚伯拉罕·马斯洛.动机与人格[M].北京：中国人民大学出版社，2007：26-27.

③ 黄少华.互联网的社会意义：以网络参与和网络游戏为例[M].杭州：浙江大学出版社，2015：148.

### 1.归属感的形成

法国研究者米歇尔·马费索利指出,“我们目前正在目睹各种基本的社群形式的复兴,抛弃了理性的、契约式的社会关系,而转向一种有感情融入的社交形式。在这种形式中重要的不是抽象的、理想的目标,而是由直接参与到社会群体中所带来的集体归属感”①。网络游戏中的玩家共同体可以被视为马费索利所谓的部族,在这里,玩家没有现实社会中实质利益的冲突,他们在日常互动中结伴探索虚拟世界,交流游戏经验和技巧,从彼此陪伴中养成集体生活的习惯,进而逐渐产生团队归属感。

“团队归属感还是挺强的,一个人玩的时候跟一群人一起吹牛一起闹的时候感觉还是不一样的,毕竟大多数人玩游戏只是为了排解寂寞。不一定现实中每个人都能 24 小时都陪着你做一些事情,人嘛,总是更希望能与外界有交流,不想自己一个人待着,大多数人都是这样子。一个人独处的时候就觉得玩游戏挺好,可以和团队一群人打发这种孤寂的时光。”(玩家 M4)

“我初中玩过 DOTA 系列,那时候比较喜欢看那种游戏攻略,有人在攻略下评论说可以加入他的群,我就加入了,他们发现我玩得还是蛮厉害的,就把我拉公会里去了。他们性格特别好,非常开朗,会开玩笑,玩游戏也特别厉害。我们公会在游戏里比较出名,素质特别高。游戏里有 5 打 5 和 3 打 3 两种模式,我们因为个人力量强,就组 3 打 3,所以 3 打 3 排行榜上都是我们公会的人,那段时间非常辉煌。初二,初二最辉煌,公会全服第二。”(玩家 M18)

“有时候你正在那里跑着跑着,突然公会栏里跳出来一个成就,‘你们公会成员完成了某一个成就’这样,然后你就会‘哎呀,他们进度已经到这里了,他们怎么这个也能做到’,就觉得‘啊,原来我们公会也有厉害人’,会觉得公会很厉害这样。”(玩家 M5)

上述玩家的团队归属感来自两个方面。玩家 M4 出于情感陪伴和集体交往的目的加入游戏公会,并在与团队成员的长期互动中感受到团队归属感。一群人一起玩游戏、一起互相调侃的过程填补了青少年玩家大量空闲时光,带给他们休闲的欢愉,也促进他们集体认同的形成。玩家 M18 和 M5 的团队归属感则不仅来自参与一个特定社会群体所感受到的安全与陪伴,更来自这个群体的强大

---

① M. Maffesoli. *The Time of the Tribes: The Decline of Individualism in Mass Society* [M]. London: Sage, 1996: 89.

所带来的荣耀与骄傲。以玩家 M18 为例，他自身游戏能力比较强，所加入的公会级别较高，公会排名全服务器第二。由于公会成员个人能力强、公会整体排名高，作为成员之一的玩家 M18 也相应发展出较强的归属感和自豪感，并能清晰划分出“我们”与“他们”的界限。“都是我们公会的人”“全服第二”“非常辉煌”，从他的描述中可以看出，初中时期加入这个公会成为他游戏生涯中非常重要的一段经历，给他留下深刻且难以磨灭的印象。

另外，青少年玩家在和现实中的朋友一起玩游戏，尤其一起组建公会、战队等游戏共同体时，喜欢用游戏昵称体现自己的地域特征，寻求一种地方认同。地方认同指的是个人或群体与地方互动从而实现社会化的过程，通过这一过程个人与群体将自身定义为某个特定地方的一分子，地方成为自我的一个有机组成部分。① 在这样的语境下，地方认同是根据特定地方的独特要素、人地互动的本质而发展出来的，成为自我认同的组成部分之一。②

“游戏 ID 是大吹、木卵，都是方言里傻子的意思，是当时和同学一起玩的时候取的统一的格式，这样一起玩的时候比较有气势，有点台州帮这种意思。”(玩家 M11)

M11 是高三学生，他所在的台州市是浙江省经济比较发达的地区，语言也具有明显的地域特色。G. D. 罗尔斯认为，地方认同的一个重要特征就是个人或群体对于包括语言在内的地方环境有着较高的熟悉程度③，M11 及其同学用台州方言作为自己的游戏昵称，不仅体现出一种团体归属，更重要的是传递出玩家对于所属地方的高度认同。同样来自地域认同度较高地方的玩家 M13 也做出了相同的选择。玩家 M13 是在外省上大学的深圳人，平时喜欢和高中同学一起玩游戏，他认为：“和同学一起玩最好就是取同样的名字，大家一看就有一种归属感。因此我们高中同学当时一起玩的时候就说大家想一个名字一起用，然后就大家投票啊，符号长怎么样啊，几个字啊，什么类型啊，然后我们就取了一排吃的，我是红豆奶绿，还有什么樱花果冻、蜂蜜杏仁，都是差不多的名字。”

---

① R. Stedman. Toward a Social Psychology of Place: Predicting Behavior from Place-based Cognitions, Attitude, and Identity[J]. *Environment and Behavior*, 2002(34): 561-581.

② F. Bernardo, J. M. Palma. Place Change and Identity Processes[J]. *Medio Ambientey Comportamiento Humano*, 2005(06): 71-87.

③ G. D. Rowles. Place and Personal Identity in Old Age: Observations from Appalachia[J]. *Journal of Environmental Psychology*, 1983(03): 81-104.

(玩家 M13)

M13 和他的同学们的昵称都是典型的港式甜点名字，即使决定以食物作为统一命名的形式，他们的选择也透着浓厚的岭南地域特征，反映出玩家希望在虚拟世界呈现出现实自我的局部人格。

**2. 归属感的减弱**

现代社会的人际关系是相互独立的、一个个个体如同原子一般的并存。网络社会崛起所带来的时空压缩在为个体带来自由和便利的同时，也导致了集体性情感的缺失。① 在游戏营造的虚拟世界中，由于游戏内容设计的丰富多彩，青少年玩家的行为更加自由和自主。多样化的玩法降低了玩家对游戏组织的需求，他们按照自己的喜好自由地行走于虚拟空间。笔者发现，虽然 M18、M4 和 M5 都很享受公会生活，并对游戏公会产生了较强的归属感，但就整体情况而言，青少年玩家对于公会的热情并不高，甚至有日渐减弱的趋势。

“对公会有归属感的话，这个要看你在公会什么时期加入，如果你是在公会的创立阶段加入，然后一直和大家一起合作把它发展到很大，其实对公会是有很强的归属感的。如果说你只是在公会已经很好的时候再加入，这个时候可能对公会并没有太强的归属感，只是说这是一个领资源的地方，因为加入工会有很多福利啊，不加公会无法获得的嘛。加公会，如果说是那种网上的公会，对于我来说，我加进去，可能就算诚心加，也不太会有很强的归属感。如果这时候有朋友说，‘我在哪个公会，你过来玩吧’，也行，我会直接过去，并不会有太多的留恋。除非这个公会是我自己建立的，或者在里面担任领导者有一段时间，可能会稍微有一点归属感吧。”(玩家 M1)

“我参加公会比较“佛系”，大家平常就聊天吹捧，也不会去抢首杀②，相对来说归属感方面就比较少一点。我不是开荒③成员，我是后来加进公会的，团队活动我几乎是不参与的，所以团队荣誉感相对少点。我印象里就是看到有任务，我们去打一个普通难度的副本，打完后公会成就栏里会跳出一个成就，我看到就挺高兴的，然后也就过去了。”(玩家 M3)

这一研究发现呼应了笔者曾参与的一项大型青少年网络游戏行为调查的结

① 张春玲. 资本逻辑与现代人的归属感[J]. 南昌大学学报(人文社会科学版)，2015(01)：69.

② 抢首杀是指抢着做全服务器第一个通关副本的团队。

③ 开荒是指第一次打开新的副本。

果。该调查采用李克特量表，从非常同意到很不同意共5种尺度，测量青少年玩家对待网络游戏行为的态度。研究结果显示，仅有6.8%的青少年玩家对于“参加游戏中的团队让自己产生了归属感”的说法表示非常同意，12.6%表示有些同意，表示很不同意和不太同意的玩家占被调查总数的52.3%。也就是说，一半以上的青少年网络游戏玩家并不认为公会为自己带来了归属感。

团队归属感的强弱，很大程度上和玩家与公会的关系，以及玩家参加公会的时间有关。一方面，如果玩家是公会的创建者和管理者，或者玩家是在公会初创时期加入，会对公会倾注较多热情和心血，将自己视为公会的重要成员，产生较强烈的归属感。如果玩家只是公会的普通成员，并且没有参与公会的初期发展，那么玩家的归属感会明显减弱，就像M1和M3描述的那样。另一方面，归属感也受到游戏发展历程的影响。在RPG盛行的时期，公会生活是玩家行走虚拟世界时非常重要的一个环节，不仅游戏设置要求玩家加入公会参加公会行动，而且公会这种新部族形式也给玩家带来新的社交吸引。尼古拉斯·杜切特等人是较早研究游戏公会的研究者，他们2006年的一项研究发现，66%的玩家会加入公会，在公会中构建重要关系，组成社交网络。① 黄少华2008年的研究则表明，超过50%的青少年玩家承认自己从公会活动中得到归属感。② 然而，在生活节奏加快和时间碎片化的时代背景下，随着MOBA游戏与FPS游戏的日渐流行，需要花费大量时间的公会生活渐渐不再受到青少年玩家的青睐，他们对公会的情感也在不断削弱。

“我们这种游戏比较偏竞技，它不是一直升级，一直走副本打怪的那种游戏。我们很难遇到同样的人，就比如说这一把你玩得很好，他们可能会觉得你很厉害，你也会有打得很烂的时候，他们就会觉得你挺菜的。他们都不是长时间了解你这个人，就相当于缘分，有缘遇到就几十分钟，缘分散了就没了。”(玩家M8)

“公会要开荒的话，如果自己团队负责出全部成果，那大概是要出20到25个人。这20到25个人你要保证他们在同一个时间点上线，然后一直坚持到最后。尤其是《魔兽世界》这个游戏年纪也比较大了，参与的人可能有我这样的学生，还有三四十岁的大叔，已经工作的那种，就很难凑一起。他们可能只有双休

① Nicolas Ducheneaut, et al. “Alone Together?” Exploring the Social Dynamics of Massively Multiplayer Online Games[J]. CHI 2006 Proceedings, 2006.

② 黄少华. 网络空间的社会行为：青少年网络行为研究[M]. 北京：人民出版社，2008：243.

日有空，那我们双休日要出门，怎么可能跟你们一起？好不容易凑到一起，确实是很困难也很繁琐的一件事。MOBA 类游戏的交互、社交的元素差了很多，就基本上一起打，打完了就散掉了，今天可以跟你打，明天可以跟他打。时间选择上 MOBA 游戏比 MMORPG 灵活多了。MMORPG 花时间比较多。”（玩家 M3）

归属感还与玩家个人兴趣及他们的游戏动机也有相当关系。按照余健伦的划分，玩家的游戏动机分为成就型、社交型和沉浸型三种，然而根据笔者的访谈，青少年玩家还会基于休闲目的而玩游戏。休闲型玩家不是非常看重游戏的输赢成败，也不专注于经营虚拟社会的人际网络，他们玩游戏的主要目的只是为了享受选择的自由和行动的快感，享受游戏本身带来的乐趣。玩家 M12 和 F3 可以被归为休闲型玩家。M12 和 F3 都是重点大学学生，他们只是将游戏作为和电视、电影一样的休闲方式，并不追求游戏成绩和游戏里的人际关系。他们虽然也加入游戏公会，但不愿意对公会投入过多的时间和精力，因而对于公会几乎没有团队归属感。他们与共同体中的一般化的他人没有多少交流沟通，一般化的他人的态度难以影响他们的自我认同。

“我加入这个帮大概就三个月吧，能搭的搭几句，能带的带几句，有些活动我也是可以参加的。我是那类投入不太多的，就刷刷日常任务就可以了。我跟他们不在一起是因为我们等级不同，我是属于中层的，他们属于高层的，在一个活动上也没有共同语言，所以结合不到一起。能说上话，但毕竟不是一个层面的，所以不是好朋友。游戏帮会如果你去管理的话，就变得很麻烦，因为你要组织成员一起来参加活动，如果你不管这个帮的话，这个帮就乱了。就我个人的想法来说，我不会投入那么多的精力，把这个当作一个任务、一个作业一样，我是不这么看游戏的。”（玩家 M12）

“其实我个人，如果不是游戏硬要求我加入公会，我不会加入任何公会。有的游戏硬要求你说，你必须完成这个主线任务，一定要加公会。一般完成这个任务后，我基本上就不太会理公会里的消息，除非说有些公会要求我们每天给公会打打怪，我才会帮公会去打打怪。类似于更高层次的要求，比如说要去组队打怪那种，就基本上不会参与。因为我觉得就还挺有距离感的，我并不觉得能够在里面和他们一起配合去打怪，只能做点简单的辅助性的工作，而且我觉得跟他们不是很熟，大家都是陌生人。我在公会里不跟他们聊天，因为我加入的这种公会级别比较低，大家基本上都抱着同样的心态，因为级别高的工会都加不进去，只能是加级别相对不高的这些公会。公会加进去后大家都一片死寂，没有人聊天，也

不会展开任何话题。”(玩家 F3)

玩家 M12 和 F3 都是比较理性的玩家,他们加入公会主要是因为游戏设置的要求,基于实用性目的而做出的行为。对于玩家对公会的态度,德米特里·威廉姆斯和尼古拉斯·杜切特等人对《魔兽世界》公会的研究提供了一些数据:玩家出于社交或实用需求来加入公会,只有大概 1/20 的公会玩家认为游戏中的联系和真实社会中的友谊一样强,1/3 到 1/2 的玩家认为公会中结识的朋友介于现实熟人和陌生人之间,剩下 1/4 玩家并不认为公会成员身份重要,他们只是帮助公会完成任务而已。① M12 和 F3 都在这 1/4 玩家之列。实际上,已有研究发现,因为实用目的在网络游戏中参与团队合作,是玩家加入游戏团队的重要动机。② 在笔者的研究中,不少青少年玩家都是出于玩游戏的实际需要而加入公会,比如为了获得奖励(玩家 M9、M19),拓展游戏行为如升级、玩副本(玩家 F3、M5、M20),方便组队(玩家 M3、M5、M22)等。对于这些玩家而言,公会只是玩游戏的一个程序或渠道,并非他们建构集体认同的主要空间,公会成员的身份并未进入他们自我认同的结构之中。

此外,笔者在研究中还发现,公会环境也会影响青少年玩家的团队归属感。玩家 F2 在玩《仙剑奇侠传》时加入了一个公会,进去后却发现公会环境与自己期望的不一样。她认为公会作为游戏组织,应该是主要为玩游戏服务的,而不应成为吐槽生活琐事的场所。公会一旦完全成为一个公共的社交平台,就丧失了其作为玩家共同体的功能和意义,无法使玩家从一般化的他人那里吸收到有利于集体认同建构的态度。

“有一个《仙剑奇侠传》的公群,不过和我想的不大一样,一开始屏蔽,后来就退了。我觉得这样的组织应该是以游戏为主的,但他们一天到晚说些乱七八糟的,脱离游戏本身。具体不是很清楚了,还是高中的时候加的,谈的应该不是互相寒暄和新闻,应该是以吐槽生活中的琐事居多。公群,可以讨论攻略,可以相约一起玩,应该以这些内容为主,别的可以有,但是不应该构成主体。特别有些人谈吐很轻佻,整个公会环境也不好。”(玩家 F2)

---

① Dmitri Williams, et. al. The Social Life of Guilds in World of Warcraft[J]. *Game and Culture*, 2006, 01(04): 338-361.

② Joël Billieux, M. V. Linden. Why Do You Play World of Warcraft? An In-depth Exploration of Self-reported Motivations to Play Online and In-game Behaviours in the Virtual World of Azeroth[J]. *Computers in Human Behavior*, 2013(29): 103-109.

### 3. 替代性归属感的产生

网络游戏内容的丰富和游戏玩法的多样化,降低了青少年玩家对加入正式游戏组织的渴望,加上游戏类型的发展和公会环境的变化,使玩家的团队归属感大大减弱。但是,如果青少年玩家是和他们的同学朋友一起加入公会,情况则有所不同,熟人之间组成的小团体比公会等正式组织具有更强的凝聚力,团队归属感渐渐被小团体的亲密情感所替代。

“一般开黑的时候都是跟同学、朋友打得比较好一点的一起玩,几个人就在同一个队里面,你打别的队的人的时候,如果受到伤害他就过来救你或者帮你抢东西什么的。我打得比较菜,被他们骂,一般都是他们帮我。他们会带我一起玩,也会嫌弃我,但是下次还是会带我玩的,这就是体现友谊的时候。”(玩家 F16)

“我和我同学经常组队一起玩的,一般就周末的时候,赢了很开心,就创了一个战队,会有荣誉感。有时候打得非常菜输掉的话,我们就会对骂,一般也会分析下战术,有些人坑的话会说他一下,然后下一次我们又和好如初,继续打。”(玩家 M28)

“CS 战队我们也有,就你加一下进去,反正就挂个名,它也没有什么东西,也没有什么硬性要求。有些战队经常打的就会有战队赛,我们战队都没有,比较松散。挂个名的意义,我也不知道哎,因为我同学也在这里。”(玩家 M27)

丹尼尔·夏亚诺针对美国、欧洲国家、中国香港和中国台湾 2865 名玩家的调查发现,网络游戏中互动频繁的玩家中大部分都是现实生活中的熟人,比如同学、朋友、家人和同事。① 对于部分玩家而言,游戏是和即时通信、电子邮件一样的沟通工具,是现实互动在虚拟空间的延伸。一个线下群体可能会一起玩同一款游戏,再共同转移到另一款游戏中。这时,网络游戏只是现实社交网络在虚拟空间延伸的一个新环境而已。

上述玩家的讲述表明了熟人“在一起”的重要性。玩家 F16 受班级同学的影响开始玩《王者荣耀》,不擅长玩游戏的她经常和同学一起组队开黑,并以此作为考验友谊的方式,从中获得人际交往方面的自我意识。虽然玩得很菜,F16 依然会跟着朋友一起玩,接受小团体成员的帮助和嫌弃。此时,游戏结果已经不是最重要的事,小团体的亲密感情超越了游戏本身,成为形塑青少年玩家集体认同的

① Diane J. Schiano, et al. The “Lonely Gamer” Revisited[J]. *Entertainment Computing*, 2013, 05(01): 65-70.

力量之一。玩家 M28 也是和同学结伴组队玩，此时的游戏就仿佛是一份需要协同完成的作业一样，大家在合作与争吵中不断修改和推进这个作业，玩家集体认同的发展也随之慢慢完善。至于玩家 M27，他甚至没有正式参加过公会活动，他加入公会的原因只是因为同学在里边，"同在一个群体"的存在感和陪伴感成为他集体认同的一部分。

笔者发现，随着团队归属感的减弱，集体认同的建构方式也发生了变化。青少年玩家角色身份的多元化和匿名性，使他们对某个单一的角色归属并不是非常在意，加上游戏共同体组织本身所具有的流动性，决定了传统的以身份形塑集体认同的方式在网络游戏世界并不适用。进而，玩家与团队成员在日常互动中发展出的多种建构集体认同的方式显得更为重要：他们在团队合作中展示个人价值、依靠个人能力获得一般化的他人的认可与肯定、通过长期互动形成密切的情感支撑，这些行为构成了青少年玩家集体认同建构的主体。

## 二、合作的乐趣与价值

相比单纯的、同属于一个集体的身份认同，协同配合完成一项任务的过程更能形塑青少年玩家的集体认同。伊恩·伯基特在解释社会性自我的概念时指出，"我们在试图找寻我们是谁时，常常会诉诸某种社会活动，以揭示那个'隐藏的'自我。我们尝试不同的角色、工作、教育、爱好、艺术乃至运动，希望从中找到自身。自我可能并非预先给定，它并不是什么隐藏的东西，非得我们去找到它，而是必须去塑造的东西。因此，自我这种东西就是要和其他人一起，通过提供有关自我形成的技术的协同活动和共享观念，创造出来"①。在网络游戏世界里，公会、帮派等较为固定的团队组织，以及各类临时组成的战队，为青少年玩家提供了发展自我所需要的协同活动与共享观念的平台，玩家在团队任务中互相协作、彼此配合，共同为实现团队目标而努力。这种团队合作不仅带给青少年玩家更多游戏乐趣，更满足了他们对于价值感的需求。

"比如说一起下副本一起做某个任务，每个人负责一块，团队合作其实本身也是一种乐趣嘛。比如下一些特别需要团队合作的副本，不能靠自己打，要依赖游戏设计方给你设计的东西去打，就很好玩。比如说 14(指游戏《最终幻想 14》)

① 伊恩·伯基特. 社会性自我：自我与社会面面观[M]. 北京：北京大学出版社，2012：04-05.

有一个比较经典的副本。一条大龙要来进攻你的城市，门口有三层魔法屏障，你要在它打到第四层之前把这条龙打死。你自己的输出打这条龙是打不动的，虽然也有伤害，但是伤害很低，你要做的就是去开炮，然后 T[①] 就负责拉住小怪，刷新那小怪，不让小怪去拆大炮，其他人就负责上炮台打炮。龙会一步步靠近你，把前沿的炮台都摧毁掉，你们就一步步后退，就很有那种'抗日战争'的感觉，'啊，第一道防线被打破了，到后面去到后面去'。然后还有那种要多个人才能发动使用的陷阱，这种团队合作就特别有意思。"（玩家 M3）

"我们帮派好多人都相互认识的嘛，我的等级不算高，满级 175，我是停在 69 级的，我们帮主也是 69 级的。我们不算是非常厉害的大帮派，在小帮派里还算 OK 的。然后那时候我们去参加帮战，那些高等级的队伍 PK，我们负责偷进度[②]。然后两个帮派持久煎熬着，我们帮派认识的人多，来了好多像我们这样的队伍。后来我们偷赢了，那种感觉，非常非常爽的哈哈，是一群人一起战斗的成果。"（玩家 F8）

对于玩家 M3 来说，团队合作充满了乐趣，公会里所有人各司其职，共同对抗敌人时甚至有种抗日战争的感觉。M3 是偏休闲享乐型的玩家，他对游戏过程的重视远远胜于游戏结果。在公会中也是一样，M3 更看重和队友一起作战的乐趣，那种同仇敌忾、共同努力的团队合作带给他"大家一起完成一件事"的认同感，让他感受到同属一个集体的温暖。玩家 F8 有着同样的感受，她所在的帮派虽然等级不高，但在其他小帮派的帮助下，帮派成员和帮与帮之间互相配合、协同作战，最后成功偷到进度。即使偷进度不能算是光明磊落的行为，但 F8 依然感觉"非常非常爽"，因为那是"一群人一起战斗的成果"。在一群人为了同一个目标努力拼搏的过程中，M3 和 F8 从团队合作中感受到的合作的乐趣与成功的快感，加速了青少年玩家集体认同的建构。

与此不同的是，玩家 M28 和 F7 在团队合作中感受更多的是一种个人价值。

"战队里有队长和副队长，我是普通队员。每次战斗时需要选一个阵容，几个坦克或一个坦克两个 ADC（游戏中的伤害输出核心），这样团战比较好打，前

---

① T 是职业统称，指《最终幻想 14》中的骑士、黑暗骑士或战士三种职业，在副本中有吸引怪并且抗伤害的作用。

② 偷进度是游戏组织如公会、帮派在对战时经常采取的一种行动。具体是指在对战开始前，一方人员悄悄混入另一方队伍。随着对方游戏进度的不断推进，混进对方队伍中的人也同步获得对方团长的进度，然后再在适当时候退团，给对方队伍造成麻烦，并带着已获得的进度重新组队开战。

期推的时候比较好推。这个决策是大家一起做的,在频道里大家一起交流,也没有什么体现队长权威的时候。我一般比较喜欢打辅助,在峡谷里安一些探视灯,帮队友照亮地图,给队友视野,帮 ADC 不会被秒杀。辅助在团战里作用还是很大的,因为抗伤害。”(玩家 M28)

“天刀(指游戏《天涯明月刀》)是有四大盟的,我选的是水龙吟,盟下是各个家族、分舵。我在舵里就是做任务,多贡献力量。每个人在盟里都有一个个人身份,比如你是杀手,舵主或者其他人雇佣你去杀别的盟会的人,那样贡献就比较大。我是乐伶,配合天香身份的,任务多,还要组队打副本什么的。分舵主有权力的,我就是个小成员,没啥权力。不想当分舵主,毕竟玩得不好,不会管理。”(玩家 F7)

玩家 M28 认为自己的辅助对团战作用很大,玩家 F7 积极配合其他玩家完成任务,感觉自己对公会贡献很多,他们从与其他团队成员的互动中发现自己所擅长的,并安于在辅助与配合中体现自己的价值。在管理专家尼克·海伊斯看来,所谓团队是指积极合作、以完成相同的目标为目的的一群人①,团队成员不仅要像一般群体中的人那样做好自己的工作,而且还需要相互配合,在合作中帮助其他团队成员,实现团队目标。M28 和 F7 在团队中有相对固定的位置,他们完成好自己分内的工作就是对其他公会成员的最好配合,能够体现个人对于集体的价值。对于另外一些青少年玩家来说,其个人价值体现在对各个游戏位置都能适应,能够视队友需要决定每次战斗的具体角色,做好团队配合工作。

“《英雄联盟》里我什么都玩,一般都玩补位的,让他们先选,四个位置选好之后,剩下那个位置就是我的。因为他们一进入加选界面然后他们就秒选英雄,就是一开始哪个英雄在屏幕上哪个位置都已经看好,然后鼠标直接准备在那里,等那个界面出来就狂点,他一定要玩那个英雄,这种你就一点办法都没有,因为他秒选了嘛。我们也有一定想玩哪个英雄的时候,也会抢,但是我不会立马确定,我要看他们位置的呀。就是你要那个英雄,但是你没有确定,然后你要跟队友讲我要玩那个英雄,问他们同不同意,如果他们没有人要跟你抢。”(玩家 M20)

“我所有人物都会玩,挑的时候我就挑刺客或射手。我都是补位,看人家玩,少啥我们就玩啥,除非自己特别想练哪个英雄。”(玩家 M30)

---

① Nicky Hayes. 协作制胜:成功的团队管理[M]. 大连:东北财经大学出版社,1998:57-58.

合作是团队精神的内涵之一。所谓团队精神，是指个人在实现自身利益和目标的过程中，认识到自身利益对集体或他人利益的从属性和不可分割性，从而自觉地以集体的共同利益和目标为重的一种心态和行为方式，表现在群体人际关系上，就是求同存异、积极合作的协调行为。[①] 玩家 M20 和 M30 都是玩 MOBA 游戏的，喜欢尝试各个不同的英雄，这样做的好处之一是在团战时不会受到角色限制，可以随时补位。《王者荣耀》这样的 MOBA 游戏竞技性很强，如果一个玩家选到自己不擅长的英雄，可能就会影响整个团队的战斗结果。青少年玩家意识到自己和公会中其他玩家有着共同的集体利益，他们会积极练习各个人物的打法，在团战时牺牲自己的喜好，主动配合其他玩家，避免因玩家选到不擅长的英雄而导致集体利益受损。这表明青少年玩家通过游戏行为已经对团队精神具备一定认识。在他们的自我意识中，个体需要跟共同体中的其他个体相互配合，甚至在必要时做出牺牲，只有自己抛开个人利益，与一般化的他人共同朝着一个方向努力，共同体的利益才有所保障。玩家 M10 和 M4 对此进行了进一步的阐释。

"这是团队配合的游戏，破点分为拉枪线[②]跟补枪，第一号位的一定是拉枪线的，把对面枪线拉开，2 号位补枪，3 号位也是补枪。你要知道如果是队友给你拉枪线，你杀的人，那是你该杀的。只有在纯刚的时候我站住了，那我才会觉得自己厉害。比如对面骗防，我一个人在包点，对面进来，我一个人站出来打死四五个那才会有自豪的感觉。"(玩家 M10)

"我会就一个公会到底怎么做跟一些人讨论一下。因为有的时候我对他们这些管理者的做法不太认可的，就比如说他们要开副本，我就会说你们怎么开比较好一点，因为我觉得这样对自己所在的这个环境会有所帮助。而我对生活中一些事情也会有这样的感觉，比如我在我们做大作业的队里对分组分工有疑问，也会及时提一下。虚拟经验和现实经验是可以互补的。"(玩家 M4)

玩家 M10 在《英雄联盟》中担任破点手，他对自己在公会中的作用非常清楚。破点手每次战斗时都冲在最前面，但 M10 认为，如果自己对这个位置"有英雄的感觉就有问题了"，因为"这是团队配合的游戏"，在队友的配合下取得的胜利并非自己一人之功。玩家 M4 有过创建公会的经历，当他对公会管理有异议

① 刘瑛，黎民. 知识经济与团队精神[J]. 青年研究，1998(10)：11-14.

② 拉抢线是指给队友时间去消灭对方。

时，他会本着推动公会发展的目的提出建议或意见，即使这种做法可能会引起其他玩家的不同看法。玩家 M10 和 M4，一个对自己的职责和作用有很明确的认知，一个积极为公会发展着想，并不因普通成员的身份就置身事外。从他们身上可以看出，青少年玩家将个人利益和团体利益结合在一起，为了共同的团队目标与一般化的他人积极互动，并从互动中发展集体认同，探索自身价值。

## 三、认可、肯定与感谢

米德这样描述一般化的他人的态度："一个人确实是通过感受他自己对他人的某种优势来获得他的自我意识的，而且，在更加高级的各种条件下，它是一种不断转化成对个体在他自己的领域中所具有的能力进行恰当的、肯定的态度。"①在一个共同体中，这种恰当的、肯定的态度通常来自一般化的他人，即其他团队成员。个体通过自己在团体行动之中的行为获得共同体其他成员的态度，如果个体能够在团体行动中发挥出色，表现出比其他成员更具优势的能力，或者帮助了其他玩家，就能够得到一般化的他人的认可、肯定与感谢。

首先，青少年玩家在参加网络游戏公会的行动时，玩游戏水平成为衡量个人能力的重要甚至唯一指标，能够对团队胜利做出贡献的玩家会得到其他团队成员的一致认可。

"成就感体现在：赢比赛的成就感、队伍翻盘的成就感，还有我是个指挥，指挥打赢一波团战就有成就感(见图 4-3，图 4-4)。胜不骄败不馁，队友和管理层对于个人的认可，还有就是被对手认可。其实被针对也有成就感，如果你不够强，你凭什么让别人来针对你。"(玩家 M23)

"还有就是你在游戏里完成一项或几项很牛的操作，当你操作的时候，队友就会夸你，然后就有自信心。那种操作已经有点熟练了，自己的技术提高了，这种自信心会延续下来。"(玩家 M20)

① 乔治·赫伯特·米德. 心灵、自我和社会[M]. 南京：译林出版社，2012：316.

图 4-3　玩家 M23 代表战队发表获奖感言

图 4-4　玩家 M23 所在战队获得省冠军

玩家 M23 接受访谈时高三还未毕业，现在已经成了职业电竞选手，追求成就是他当前玩游戏的全部目标，他每天的工作就是和队友一起集中训练，再由俱乐部安排参加各种电竞比赛。他所在战队拿过《王者荣耀》的城市赛冠军、省冠军和区域预赛亚军。在战队这个小共同体和俱乐部这个大共同体中，M23 凭借自己的能力获得队友、管理层乃至对手的认可与肯定，并从这种态度中建构集体认同，进一步获得自我意识，增强走职业道路的信心。与 M23 相比，玩家 M20 的游戏技能不算太好，用他自己的话来说，“四个人去网吧一起玩，然后基本都输的”。正因如此，当他在游戏中完成几项有难度的操作时，会得到队友的称赞，这种称赞提升了他的自信心，激励 M20 继续练习并不断展示同类操作，得到一般化的他人的更多认可与肯定。

这种认可与肯定同时也会给青少年玩家带来一定心理压力，就像下面玩家 M30 所描述的那样。M30 在班级中属于玩得非常好的那种玩家，参加了区排名第 3 的战队，并在战队赛中获得 600 多个 MVP 称号。他的能力和表现为他赢得了伙伴们的认可与信任，队友都希望他能带着大家夺取胜利，但害怕“打不好”的压力也伴随而来。因为作为高手，M30 不仅享受着来自一般化的他人的称赞与肯定，也肩负着带领队伍获胜的责任，一旦输了战斗，队友会将责任全部都推到他身上。因而，玩家 M30 从一般化的他人的态度中获得集体认同的同时，其自我认同也面临着丧失的风险。

“我们如果团战玩得好，匹配的其他人会在结束后点赞再加你好友，你打得好会给你发 666，那个时候信心特别强，然后就开始飘了，下一局就想一打五，然后就输了。队友觉得你玩得好就想叫你带他们赢嘛，然后没打好就全怪你。他们叫我带他们玩没带给我信心，我就是比较怕打不好。有的时候就一直输一直输，输习惯了，打到后面就不想玩了，知道自己跑不掉了就懒得跑了，在那里站着不动，让别人打了。”(玩家 M30)

其次，即使没有明显的胜负表现，如果青少年玩家在团队活动中积极发挥出自己的作用，也能获得来自队友的点赞，促进玩家集体认同的建构。

点赞这一网络社交行为最早源于 Facebook，用于在快节奏的浏览中简单表达自己的意见。随着社交媒体在中国的普及，这一功能在微博、微信中迅速走红，甚至引起了语言学家的注意。2012 年，《咬文嚼字》杂志编辑部集合国内语言文字专家评选出“2012 年十大流行语”，表达赞赏、赞许之意的“赞”字入选。2013 年，起源于社交网站的“赞”功能，表达网民赞同、欣赏、支持或声援网络发布内容的“点赞”一词又进入该杂志评选的年度十大流行语。有研究者指出，点赞已成为当今大学生参与社会热点事件传播时采取最多的传播形式。①

网络游戏借鉴了社交网站的点赞功能，大部分游戏都开发了自己的点赞系统，玩家可以在打完一局或完成一个副本任务后点击大拇指或心形等图案，对包括对手在内的其他玩家表示敬意。和语言一样，网络游戏中的点赞图案有着多种意义，《英雄联盟》里点击玩家昵称旁边的“赞”图标，可以选择乐于助人、态度友好、团队合作和可敬的对手四种称赞内容，分别对应着玩家在游戏中的不同表现。即使没有细分内容，虚拟世界中非语言符号的所指也不再局限于传播者传达的意义概念，而是更清晰地指向所表达的多样化现实。② 笔者的研究中，青少年玩家从团队行动中得到的“赞”代表着称赞、肯定、感谢等多种意义。

“我之前玩的一个职业，虽然是红色职业③，但也有治疗技能和复活技能。有一次在一个副本里面我帮了好多人。我出来的时候，说‘哎呀累死我了，麻烦

① 李静，谢耘耕. 大学生在社会热点事件中的社交媒体传播行为研究：基于上海 10 所高校的实证调查分析[J]. 新闻记者，2018(01)：93.

② 孟威. 网络互动：意义诠释与规则探讨[D]. 北京：中国社会科学院，2002.

③ 红色职业指游戏中的输出角色。蓝色职业指游戏中抗伤害角色。绿色职业指游戏中起疗伤回血作用的角色。

点个赞,谢谢',然后出来两个人给我点赞。其他输出看不到你在做什么,'奶妈'看得到你在干什么,这种就特别有成就感。玩这种游戏玩家要进行性别认知比较困难,出来后就'辛苦了小姐姐,辛苦了小哥哥',但是有这个赞,还有这个团队氛围在里面就很舒服,打的体验就很好。不是像上班一样,打完就走这样子。就像互道一个再见一样,真的挺好的。"(玩家 M3)

"最有成就感的就是我玩蓝色职业或绿色职业的时候,出门至少都会收获一个赞,就很舒服。本来就打得累,你们处理失误、操作失误,都是要我们两个功能性职业来弥补的,本来就打得比你们红色的稍微累一点,确实拿个赞也是应该的,像得到认可一样。当然也有红色职业打得很好,输出很好,一点错都不出,各方面都做得很好的,那我们出来也很愿意给他们点赞的,打得好的互相之间有一个认可。我之前有一次打副本,另外 7 个全都没玩过,不认识路,还有各种机制不知道怎么弄,然后我一路带着他们走完全程,boss 怎么打说一下,带路说一下,打完出来后收到 7 个赞就很开心。"(玩家 M5)

玩家 M3 和 M5 是同学,两人玩的游戏都是《最终幻想 14》。M3 玩的红色职业是输出型职业,不过也有治疗和复活的技能。当他在打副本时帮助了其他玩家并因而打得非常累时,他希望得到他人的称赞和感谢,因此会在副本结束后主动要求队友给自己点赞。看到他辛苦付出的玩家会做出相应反馈,为他在游戏中的表现点赞,表达他们应有的态度。M3 强调游戏过程中的享受,这份认可和感谢建构了他的集体认同,使他得到一种心理上的满足,因而更享受游戏带给他的快乐,也更愿意和团队中其他人交流。M5 也有类似心理,希望自己的付出能够得到团队里一般化的他人的认可,并且愿意为其他玩家的良好表现点赞。这表现出青少年玩家对集体认同的积极追求,同时也反映出个体与一般化的他人之间的态度往来机制:青少年玩家或者希望从一般化的他人那里得到认可与肯定,也会根据他人态度发展出自己的态度;或者首先对他人的行为表示认可,进而要求他人对自己做出同样反馈。正是在这样的态度往来中,青少年玩家逐渐发展出完整的自我意识,建构起较为全面的集体认同。

最后,即使在游戏中没有特别突出的表现,部分青少年玩家仍会对一起参与团队活动的其他玩家表示感谢,并从其他人的态度反馈中感受到个人价值。玩家 M3 提到,他和团队成员会发"辛苦"之类的话,在每次打副本结束后互致谢意,表达对彼此辛苦付出的一种认可。即使这只是部分成员的行为,还有很多玩家一打完就立即离开,但这个仪式性的步骤只要还有人坚持,就有可能像点赞那样在个体与一般化的他人的态度往来中逐渐获得存在的意义。M3 和一些玩家甚至利用计算机技术制作专门的宏用于这一行为。宏是计算机运行中的一种处理方式,指的是设定预定义的规则将若干命令组合在一起作为单一命令处理,使计算机操作起来更为便捷。玩家将这种计算机技术运用到网络游戏中,通过制作一些简单的宏来执行命令,使游戏过程更加方便。玩家 M3 使用的宏用于表达友好的情感,团队成员打完本后利用这个宏简单表示对队友的感谢,这种情感的表达帮助 M3 在游戏中表现和探索自我,使他进一步从自己的游戏行为中建构出意义,获得自我肯定和集体认同。

"有一种情况是《最终幻想 14》里面,打完本大家会互相发一个'辛苦'。我打到现在,每次打完都至少会有一个人发'辛苦了'之类的话,表示一下。不过打完副本后走的人也比较多,有时候我还没打完'辛苦了',人已经跑掉了。人跑光这种情况也是有的。不过基本上打八人本,打完以后总会有一个人发'辛苦了'之类的话,就是'打完了挺累的,辛苦了'之类。还有些会专门做一个宏,按一下就会重复操作一个文本,就像编程一样,专门发一些颜文字表情,刷屏刷一圈,正好组成一个漂亮的笑脸。有很多人做这种东西,我自己也做过一个比较简单的(见图 4-5),主要是打得辛苦了,打完发一下表示一下(见图 4-6)。"(玩家 M3)

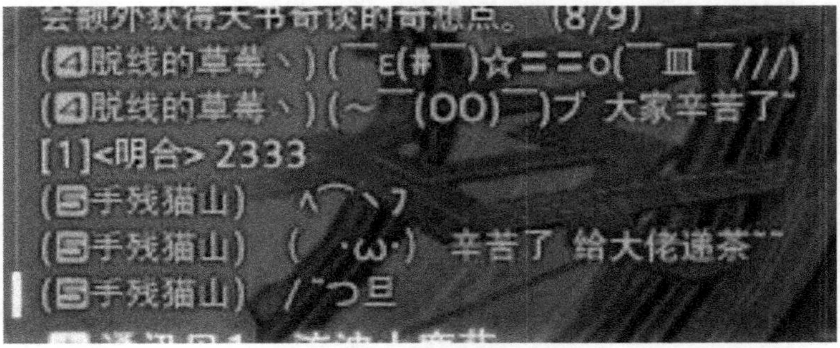


4-5 玩家 M3 和团队成员制作的宏

图 4-6 副本完成后玩家 M3 与其他团队成员互致谢意

## 四、情感支撑

米歇尔·马费索利将立基于新媒体的全新的青年文化聚集方式定义为“新部族”,相比结构化、契约式、边界鲜明的亚文化群体,新部族是松散的、不断变化的、通常比较短暂的联盟,以“部族成员共同的生活方式和趣味”为中心,以情感而不是以对某种意识形态或信仰的拥护为纽带。[①] 网络空间中的贴吧、论坛、微博,以及基于某种兴趣共性而建立的QQ群和微信群,都可以被视为这样的新部族。在这里,网民们以一种松散的方式将自己与有同样兴趣爱好的人联系在一起,实现情感共通的同时享受不受束缚的自由。作为网络游戏世界里新部族的主要表现形式,公会和小团体为青少年玩家提供了建立于长期互动基础之上的情感融入和情感支持,促进玩家集体认同的建构。

“副本活动一般都是以家族为单位的,所以说我以前管公会的时候,我就尽量帮他们每一个人都安排好一个家族。因为你一个人玩游戏,就跟玩单机游戏没什么区别,你就会觉得这游戏没有什么意思,你就会不玩了。但如果跟这五个人在一起的话,你会有感情的羁绊,有感情上的羁绊之后慢慢地你也会觉得这游戏有意思,而且你想离开的话也会考虑到感情这回事。因为游戏这种东西,你每天会花上一两个小时在上面,如果你觉得每天花这一两个小时都不值的话,这游戏就不能再玩下去。而如果你有感情上的羁绊,你就会有心灵上的寄托,那这个游戏玩下去你就会觉得很有意思。”(玩家 M4)

“《王者荣耀》里有加入战队,跟不认识的人。战队里有时候会聊一下,会聊生活里的事,就是比如说遇到什么有趣的事就分享一下。战队里的人年龄也是参差不齐的,有些人孩子都有,各地都有。生活里面的事我们也聊得起来,有时候不痛快的事也会在战队里倾诉一下,也会得到他们的安慰。《魔兽世界》里我也有加入公会,就是普通的那种底层人员,就是打打副本,有谁被别的公会追杀的去帮帮忙。跟公会里的人聊得也多的,关系还好,现在不玩了,但有时候会进QQ群去看一下他们,还会跟他们聊聊。”(玩家 M22)

人是情感型的动物,“中国哲学特别是儒家哲学是情感型的,将人视为情感

① 安迪·班尼特,基思·哈恩-哈里斯.亚文化之后:对于当代青年文化的批判研究[M].北京:中国青年出版社,2012:103.

的存在"①。身处于以感情为纽带的虚拟新部族,人们抛开身份和肉体的束缚,更充分地进行各种情感互动,分享彼此的共同爱好,倾诉不同的情感遭遇,寻求情感共享与支持。在游戏公会中,青少年玩家和其他公会成员一起组队练功,共同抵御敌人、完成公会任务、与其他公会进行 PK 竞争。玩家们在团队行动的过程中目标一致、协同作战,拥有一种共同感和伙伴感,玩家的情绪还会互相感染,产生玩家 M4 所说的"感情上的羁绊"和"心灵上的寄托"。游戏之外,一些青少年玩家也会跟公会成员分享生活中的情绪,玩家 M22 会在战队里倾诉生活中不痛快的事,M21 和《剑侠情缘网络版 3》公会里的成员虽然没有主动见面,但依然把彼此当作朋友,如果"旅游到了当地,会请客什么的"。

长期共同玩游戏的亲近感,加上现实生活的卷入,拉近了玩家之间的距离,使玩家可以从团队成员那里获得情感支持,不断重塑自我,建构集体认同。这在玩家自发形成的小团体中表现更为明显。

"一个公会会有几十个人,最少得有 30 个人,多的话 200 个人都有的。这么多人不可能都有那种很好的关系,一般的话一些固定的团,固定的 10 个人或 15 个人里面的几个人,可能关系会好一点。一起玩得越久、玩得越多的,可能就关系越好,转游戏的时候可能会一起转,一般都会加微信。"(玩家 M1)

"我们没有见过面,我们互相都不鼓励线下见面,所以就没有见面。虽然没有直接到现实去认识,但基本上大家对彼此的生活不是一无所知的,互相间了解还是蛮深的。感情都挺好的。当初还有 16 个人,现在只剩下 12 个人了,退了好几个人,可能是出于工作原因吧。我们会互相倾诉不开心的事,把关键姓名隐去。彼此之间没有利益冲突,自己生活中有什么不开心的事,就一股脑像泼脏水一样泼到群里,有人出来安慰就安慰,没人安慰就当是在树洞里塞了点话,就当是往树洞里塞纸了,就是这样一种模式。大家安慰你几句,出招也出招的,线上关系已经特别好的就会像你现实里的朋友一样嘲笑你。(玩家 M3)

玩家 M1 在谈到公会活动时指出,自己与公会里大部分成员关系都一般,但和公会里经常一起玩的十来个人之间关系比较密切,游戏之外都有联系。玩家 M3 有一个 QQ 群,里面是从贴吧发展起来的一群游戏好友,大家游戏爱好差不多,平时会一起玩游戏,也会交流生活中的各种事。这个小团体建立了 3 年多,目前还有 12 名成员。每天和小团体成员聊天互动,已经成为 M3 日常生活中的

① 蒙培元.人是情感的存在:儒家哲学再阐释[J].社会科学战线,2003(02):01-08.

一个仪式性举动。

青少年心理学家指出,小团体一般包括3～12个成员,互相之间非常了解,经常在一起,并且形成一种稳定的社会群体关系。小团体成员喜欢一起从事一些活动,诸如打篮球、上网、玩游戏等,团体中每个成员都感觉到他们关系很好。① 玩家M3的小团体都是偏休闲型的玩家,虽然互相之间没有见过面,但游戏内外的频繁互动让他们对于彼此的生活有一定程度的了解。大家对每个成员所在城市、职业或专业、大致年龄都比较清楚,甚至还知道生活中发生的一些具体事情,比如和女朋友分手、毕业设计没有通过等。正如A.格拉波夫斯基等研究者在研究中指出的那样,"玩家将自己的线下生活带入线上,或者相反地,将线上关系延伸至线下都会有利于玩家之间情感的建立和友谊关系的发展"②。由于不涉及现实利益,线上关系和线下生活的穿插连接使玩家M3和他的小团体成员实际上已经形成了非常密切的情感共同体,互相之间会通过网络提供或接受情感支持,帮助自己应对现实困境。

"比较惊险的一次是群里有一个朋友,他是做超市经理的,那天上班开电瓶车被小轿车撞了,跟我们说在打铁钉正骨什么的,说嚎了半天。然后学康复医学的那两个人就给他出主意,跟他说,索性就工伤休息三个月。他现在已经正常在上班了。他那天就在跟我们说,'被撞飞了,感觉是不是要死了'什么的,说了很多,他回过神来已经在医院了,是那个轿车车主把他送过去的,也算是不幸中的大幸吧。后来他们超市老板给他算了工伤,上班路上出的事故,也不是他自己的责任。他事后才跟我们说,他当时觉得这破群是不是要少一个人了。"(玩家M3)

在虚拟空间中,青少年玩家以符号化身的形式出现,但"这并不意味着网络空间是虚假的或者是虚幻的,因为身体不在场不等于个人没有在场感"③。在昵称和化名的背后,是一个个有着真实情感的个体,他们将自己的喜怒哀乐带进游戏,也带进和游戏玩家的情感互动之中。正如上述访谈所显示的那样,玩家M3所在的小团体成员虽然素未谋面,但长期频繁的网络互动已经让大家形成了非常亲密的关系,因此当团体成员遇到事故时,其他人会热心地出主意,甚至提出

---

① 杰弗里·阿内特.阿内特青少年心理学[M].北京:中国人民大学出版社,2009:177.

② A. Grabowski, et al. Dynamic Phenomena and Human Activity in An Artificial Society[J]. *Physical Review E*, 2008, 78(06): 01-10.

③ 黄少华,陈文江.重塑自我的游戏:网络空间的人际交往[M].兰州:兰州大学出版社,2002:107.

专业性的建议。即使这些建议最终可能并不具有可行性，但这种情感支撑也能让玩家感觉到如同被现实中的朋友拥抱般的温暖。这种互动有时还会从线上延伸到线下，玩家 M3 就曾给群里的青岛玩家寄过金华火腿。

"我去金华找同学，就顺口在群里说了一嘴，'我去金华，有人要带火腿吗？'我本来是开玩笑的，结果他说'我要啊'，那我就很尴尬了，我开玩笑的呢。然后想了想，我说都说了，不能吞回去吧，于是就给他寄了火腿。"(玩家 M3)

M3 虽然只是顺嘴一说，但当团体成员真的提出要火腿时，他还是帮对方买了一个寄去。按照米德的说法，共同体中一般化的他人的态度会对个体产生影响，并逐渐内化为个体的行为准则，促使个体不断调整自己的行为以适应共同体对他的期望。当青岛玩家表示想要火腿时，M3 虽然后悔自己随口而出的玩笑话，但还是付诸实践了，并没有因为这只是个虚拟小团体而出尔反尔。相应地，青岛玩家也给予 M3 充分的信任，将自己的地址、姓名和手机号都告诉他。2017 年 6 月 23 日青岛平度一家化工厂发生爆炸时，玩家 M3 还在群里询问青岛玩家的安危。之后，当小团体里的玩家所在地发生灾难性事件时，其他团体成员都会及时询问，表达关切，"听到这种事，至少会互相关心一下"。

"2017 年 6 月还是 7 月的时候，青岛不是有地方爆炸嘛，我看了下爆炸地点正好离他当时给我的那个地址就两个街区的距离吧，然后我就在群里@他，'老哥你出来回个话'。他那几天正好在出差，我们刚开始还在开玩笑，后来怎么一天没说话，怎么两天没说话，就有点担心，觉得是不是可以开始写回忆录，写挽联了。结果有一天他突然冒泡了。他说怎么了，我说你们那边爆炸了，他说'啥，我去内蒙古了'，我说'哎呀，吓死我了'。"(玩家 M3)

奇格蒙特·鲍曼曾对共同体做出这样的描绘："共同体就像是一个家，可以遮风避雨，又像一个壁炉，在严寒的日子里可以暖和我们的手……我们相互之间从来都不是陌生人。我们能够相互依靠对方，如果我们跌倒了，其他人会帮助我们重新站起来……在共同体中，我们的责任是相互帮助，我们的权力是希望我们需要的帮助即将到来。"[①]在玩家 M3 的小团体中，我们感受到了鲍曼所描绘的这种温暖：有群内成员受伤，其他成员立即给出各种建议；M3 随口一句玩笑话被当真，他立即信守诺言帮群友寄火腿；当群友所在地发生事故时，M3 询问群友安危；当 2017 年 7 月 23 日青岛发生爆炸事故时，小团体成员同样对他的安危

① 齐格蒙特·鲍曼.共同体[M].南京：江苏人民出版社，2003：02-05.

表现出关切。即使只是保持惯例式的礼节性问候，这种日常互动也能帮助青少年玩家不断根据互相对待彼此的态度调整自己的行为，付出和收获情感支撑，并从中建构起符合一般化的他人期待的集体认同。

## 第三节　本章小结

集体认同是J. M. 乔克等人从社会认同中划分出来的一个自我认同内容，代表着自我认同的部分“公我”属性。集体认同着眼于个体与所属集体的关系，强调个体在享有集体身份及参与集体活动时所发展出的归属感和自我意识。对于个体而言，同属于一个集体的其他个体构成了米德所说的一般化的他人，他们在共同行动中对个体行为给予一定的评价和情感反馈，个体因而做出相应调整以获取更多来自一般化的他人的正面态度，个体的集体认同在此过程中得以逐渐建构。为分析青少年玩家如何在网络游戏中建构集体认同，本章以玩家和游戏中的集体之间的符号互动为研究对象，分析青少年玩家在参加集体行动以及与集体成员的互动中，如何通过对自我的展现建构集体认同。根据个体在集体中所处的位置，笔者将青少年玩家分为核心成员和普通成员两类分别予以阐述。

核心成员指的是游戏公会的创建者和管理者。一般来说，核心成员在公会中居于中心及重要的位置，因为职责，他们在创建和管理公会的过程中与一般化的他人频繁互动，从而促进了集体认同的建构。一方面，创建公会是青少年玩家的自主行为，玩家将其作为锻炼个人管理及沟通能力的一种方式，在创建中付出包括时间和精力在内的大量心血，因此得到其他公会成员的喜爱、依赖和信任。青少年玩家对公会事务的认真负责及其与其他成员的情感互动，帮助他们赢得一般化的他人的正面态度，实现集体认同的建构。另一方面，通过对公会规则的制定和对个人职责的履行，青少年玩家在管理公会的过程中感知到权力的存在，享受权力带来的权威感和愉悦感，并从共同体其他成员对于权力的遵从、配合以及景仰中建构起自己的集体认同。笔者在研究中发现，青少年玩家普遍表示对虚拟权力和现实权力的区别有清晰认知，但虚拟权力并非空中楼阁，玩家可以将权力实施中积累的管理经验用于其他类型游戏的互动，甚至延伸到现实生活中。此外，对于一些为了获得系统奖励而创建公会的青少年玩家而言，目的的功利性决定了他们对于公会以及其中的一般化的他人，无论在时间精力还是在情感上都投入较少，因而难以从公会活动中建构集体认同。

相比核心成员，公会和小团体对于普通成员集体认同建构的意义更加丰富。首先，在和共同体成员的长期互动和相互陪伴中，青少年玩家逐渐形成对于团队的归属感，产生来自同一个集体的亲密感情。其次，玩家在完成团队任务的过程中协作与配合，满足了玩家对价值感的追求，使玩家感受到合作的乐趣与价值。青少年玩家从集体行动中意识到团队精神的重要，能够将个人利益与团体利益结合起来，将一般化的他人的态度纳入个体行为中，从互动中发展集体认同。再次，在团队行动中，青少年玩家如果展现出较高的游戏水平或积极发挥了个人作用，会得到其他成员的认可、肯定与感谢，促进自我意识的提升。部分玩家还会以一种仪式化的方式对参与共同行动的其他玩家表达谢意，并从反馈中感受到个人价值。最后，青少年玩家在和共同体成员的日常互动中获得情感支撑，建构集体认同。长期共同玩游戏的亲近感，加强了玩家之间的情感互动，使玩家能够在彼此需要的时候给予对方情感支撑，甚至能够将虚拟友谊延伸到现实，使青少年玩家感受到共同体的温暖。

上述四种意义存在一定的逻辑联系。笔者发现，由于受到游戏类型、游戏动机、公会环境和玩家在公会里的时间等多种因素影响，青少年玩家的团队归属感呈现出减弱趋势，表明传统的以身份形塑集体认同的方式在网络游戏空间并不完全适用。其他三种从日常行为和情感互动中发展而来的建构方式在青少年玩家中更为普及，也显得更加重要。

此外，需要强调的是，无论是正式的游戏组织，还是玩家小团体，共同体中一般化的他人的态度与玩家行为间出现了米德所指出的互动，即认可、肯定、赞赏、感谢、信任、关怀等一般化的他人的态度会内化为个体的行为准则，促使玩家调整自己的行为以继续获得这些态度，适应共同体对他的期望。正是在这种态度与行为的互动中，青少年才逐渐建构起自己的集体认同。

# 第五章　反思中的自我认同

自我认同是我们对于过去、现在和将来“自己是谁”及“自己将会怎样”的主观感觉和体验。处于青少年时期的个体，迫切需要在社会结构中确立自己的身份，进而回答“我是谁”“我属于哪里”“我走向何方”等具有本体论色彩的认同问题。反思，成为自我认同内涵中必不可少的组成部分。个体思考自身的过程，就是回望过去的“我”，对比现在的“我”，再结合自己对未来的期望，整合凝练成一个将来的“我”的过程。正因如此，安东尼·吉登斯的自我认同概念特别强调了反思的重要性。在他看来，所谓自我认同，“并不是个体所拥有的特质，甚至也不是一种特质的组合。它是每个人对其个人经历进行反身性理解而形成的自我概念”①。也就是说，自我认同就是一个人如何去认识和看待自己，探索我是谁、我在哪里、我要干什么、我是一个什么样的人的过程。它既是一个自我追问的过程，又是一个自我追问的结果；既是一个个体自我形塑的过程，也是一个个体自我形塑的结果。

在吉登斯那里，传统社会中个体自我认同的塑造过程更多地体现了一种时间上的延续性和秩序性，体现了各种仪式按部就班地累加的过程。当现代性出现之后，现代社会的不确定性因素日益凸显，个体自我的成长路径面临着更多的选择，自我被“探索和建构”②。网络游戏就为青少年玩家探索和思考自我认同提供了新的空间。按照唐·泰普斯科特的说法，青少年网络游戏玩家是典型的“网络世代”，他们成长于以 0 和 1 为代表的数字化环境中，以一种与其父辈截然

---

① 安东尼·吉登斯. 现代性与自我认同[M]. 北京：中国人民大学出版社，2016：49.

② 李慧敏. 社会转型时期的自我认同与教育：以吉登斯自我认同理论为视角[M]. 北京：高等教育出版社，2005：10.

不同的方式积极地学习、游戏、沟通和工作,他们的生活和行为方式明显体现出网络化、数字化的生存逻辑。① 网络游戏为他们提供了迥异于现实生活的虚拟体验,使他们可以跳脱现实社会制度上、道德上、伦理上的种种制约和束缚,超越身体的限制,自由出入于各个平行世界,体验游戏营造的不同剧情。在畅游虚拟空间时,青少年玩家化身为一个个戴着面具符号的游戏角色,在匿名昵称的掩饰下建构自我的不同面向。时空的分离和重组,使他们得以在现实和虚拟空间之间自由切换,其自我认同也在理解、适应和利用两个世界不同的行为规范与评价体系的过程中不断被反思和建构。

正如查尔斯·泰勒所说,"为了保持自我感,我们必须拥有我们来自何处,又去往哪里的观念"②,因此,本部分从青少年玩家在网络游戏行为中的思考入手,分析他们自我认同的发展变化,讨论自由出入于现实社会和虚拟空间的青少年玩家对自己的定位,探讨青少年玩家如何通过网络游戏行为进行反思性自我认同构建。

## 第一节　基于成长的自我认同发展

雪莉·特克认为,对于后现代生活中特有的自我建构与再建构,网络已成为一座重要的社会实验室,人们透过网络的虚拟实境可以进行自我塑造与自我创造。③ 浸润在网络游戏中的青少年玩家,借助游戏角色在虚拟世界里探索遨游,建构个体的自我认同。伴随自身的不断成长,他们的游戏经历逐渐丰富,其自我认同也处于持续发展之中。

自我认同产生于个体与自身以及与外在环境的互动中。青春期是个体生理、心理飞速发展的时期。一方面,这一时期的青少年在身体和心理上发生着巨大变化,逐渐树立起自己的价值观和人生观,对世界的认知更加客观和全面;另一方面,他们参与互动的主要外部环境——学校——也在发生变化,在初中、高中和大学的学校教育中,青少年日益建构起自己的知识体系,其互动对象也越来

① 唐·泰普斯科特.数字化成长:网络世代的崛起[M].沈阳:东北财经大学出版社,1999.转引自黄少华,陈文江.重塑自我的游戏:网络空间的人际交往[M].兰州:兰州大学出版社,2002:71.

② 黄厚铭.网路上探索自我认同的游戏[J].教育与社会研究,2002(03):72.

③ 雪莉·特克.虚拟化身:网路世代的身份认同[M].台北:远流出版事业股份有限公司,1998:245.

越多样化。因而，随着青少年个体的成长，青少年玩家在网络游戏中的自我认同建构不断地发展着，笔者可以从游戏动机的变化和玩家在游戏中体现出来的性别角色观念两个方面发现其自我认同的发展。

## 一、动机背后的自我认同变化

最早研究网络游戏动机的研究者之一理查德·巴托尔，根据游戏动机将MUD玩家分为成就者（achiever）、探索者（explorer）、社交者（socializer）和杀戮者（killer）四类。① 在他的研究基础之上，斯坦福大学的余健伦对角色扮演类玩家进行量化分析，认为玩家的游戏动机可以被归纳为以下三种：成就型，追求虚拟世界中的荣誉和成就；社交型，热衷于在游戏世界中进行社会交往、开拓人际网络；沉浸型，沉迷于虚拟世界、逃避现实生活中的问题与麻烦。② 黄少华在浙江、湖南和甘肃三省进行的大型问卷调查做出了更为详细的分析，研究显示，青少年参与网络游戏的动机从高到低依次为休闲娱乐、忘掉学习压力、消磨时间、结交朋友、获得社交经验与技巧、寻找精神寄托、满足自我实现的愿望、成为游戏高手受到别人尊重、发泄过剩精力、追赶时尚、逃避现实、出售虚拟物品或高级别ID挣钱。③

不同动机的玩家在网络游戏中的行为会有不同倾向，他们在游戏中建构自我认同的方式以及结果也显现出差异。在研究角色扮演类游戏玩家对游戏角色的认同时，扎克·瓦格纳根据游戏动机将玩家分为骨灰级玩家、休闲型玩家和菜鸟玩家三类，分别观察他们在角色扮演过程中的种种行为，发现三类玩家对游戏投入的时间、金钱和情感存在明显差异，玩家对游戏角色的认同度有显著区别，在游戏中实现的自我认同也呈下降趋势。④ 瓦格纳揭示了研究进行的横断面，玩家游戏动机与自我认同之间的关系。本研究发现，动机与自我认同还存在一

---

① R. Bartle. Hearts，Clubs，Diamonds，Spades：Players Who Suit MUDs[J]. *The Journal of Virtual Environments*，1996，01(01)：01.

② Nick Yee. Motivations of Play in Online Games[J]. *Cyberpsychology，Behavior and Sacial Networking*，2006，09(06)：772-775.

③ 黄少华. 青少年网络游戏行为研究[J]. 淮阴师范学院学报（哲学社会科学版），2008(01)：115-122.

④ Zach Waggoner. *My Avatar，My Self：Identity in Video Role-playing Games*[M]. North Carolina：McFarland&Company，2009.

种历时性的关系。

首先,青少年玩家的游戏动机处于变化之中。随着年龄的增长和思想的逐渐成熟,青少年玩家对于自我和社会的认识开始变得丰富起来,他们对网络游戏的认知逐渐深入,游戏动机呈现出一种历时性的变化。玩家 M4 在谈到游戏动机时就根据自己的经历将玩游戏的过程分为三个阶段。

“第一个阶段玩游戏只是沉迷游戏的代入性。就是你会把自己代入游戏中的角色,看这个游戏世界,这是一个层次。然后还有第二个层次是你去玩游戏、做任务,比如一些打怪升级什么的,让自己有一些成就感。第二个阶段就是光是沉迷于游戏里面的剧情和角色,就好比看一部小说一样,第一部看完了,因为里面的故事,你会去追第二部小说,你甚至还会继续追下去。比如说我玩过《仙剑奇侠传系列》系列,比起游戏性来讲,它更大的卖点就是它的情怀,《仙剑奇侠传1》你玩过,觉得剧情很吸引人,它出了 2,你就会想去玩 2,还有 3,我就差不多把所有的都玩了一遍。这是我第二个阶段。第三个阶段就是游戏与我们产生的一种交互性。我们生活中可能会感觉比较无聊,人都是比较怕孤独的一种生物,你一个人待着的时候,肯定心情会比较抑郁,你希望有一个人来陪你聊聊天,陪你说说话,陪你随便扯些什么。意思是‘吃饭没’这种话你也想问别人。”(玩家 M4)

玩家 F1 和 M8 也描述了类似的动机变化。

“首先我觉得这是我个人兴趣所在,就像有些女孩子很喜欢看韩剧这样,是一个课余爱好。小时候主要是觉得有趣、新奇。后来觉得完成任务升级什么的很有成就感。现在的话主要为了放松消遣和解压。还有就是打游戏开黑也算是一种社交吧,维系和朋友的感情,挺好的。”(玩家 F1)

“最开始接触游戏,是因为没有接触过,稀奇,各方面都很吸引你。到后面比如玩有些游戏是因为剧情,玩有些游戏是因为操作,它肯定有不同的方面吸引你。还有一种就我们现在玩的这种(指 MOBA 游戏),有可能是因为玩游戏喜欢上一个人,有些玩家玩得特别好,比如说他们打职业了,你就可能会喜欢上某一个职业玩家,就想要从他们身上学点东西来,有这种感觉。”(玩家 M8)

青少年玩家的网络游戏行为是一种媒介消费行为。使用与满足理论认为,媒介消费者的行为都是有动机的,他们基于各种不同的社会和心理原因而有目的地使用某种媒介,以满足自己的内在需求。伊莱休·卡茨等人将大众传播媒介能够满足的需求分为五个大类:认知的需求(获取知识、了解信息),情感的需求(获得情绪的、愉悦的体验),个人整合的需求(增强信心、稳固身份地位),社会整合的需求(加强与家人、朋友的接触联系),缓解压力的需求(逃避现实或转移注意力)。① 虽然卡茨的五个动机需求类别是针对传统媒体所提出的,但在现在看来仍然适用于新媒介的消费。如 M4、F1 和 M8 所述,网络游戏在认知、情感、个人整合、社会整合、缓解压力各方面都能够满足他们的某些需求,并且从了解游戏到寻求成就增强个人信心,从社会交往到解压放松,青少年网络游戏的动机呈现出一种变化趋势。

其次,青少年游戏动机的变化反映并影响了其自我认同的发展。自我认同是伴随个体成长一生的发展过程。詹姆斯·玛西亚等人发现,自我认同存在一条发展路径,由自我认同扩散状态发展到自我认同早闭或自我认同延缓状态,最后达到自我认同获得状态。② G. 亚当斯和 R. 蒙特马约尔进一步发现,随着青少年年龄的增长,自我认同的发展出现了稳定、前进、倒退、前进一倒退、倒退一前进五种发展模式。③ 其中,50%个体的自我认同发展属于前进模式(从扩散状态向早闭/延缓/获得状态发展,从早闭状态向延缓/获得状态发展,从延缓状态向获得状态发展),14%个体的自我认同发展属于稳定模式(一直处于某一种自我认同状态)。许多研究者的研究支持了关于自我认同状态发展的模式假设,即个体自我认同的发展状态存在着从扩散、延缓、早闭向获得逐渐发展的趋势。也就是说,青少年在自我认同发展的道路上,起初可能漫无目的,之后开始主动探索各种可能性,最后明确了自己的价值观念、理想信念和职业追求。在笔者的研究中,80%以上的青少年玩家都是从小学阶段即开始玩游戏的。伴随自我认同状态的发展,他们对游戏的认识和感受随着年龄的增长也经历了这种从探索尝试到发展出较为明确的游戏目的,再到从游戏中寻找价值与意义的变化。

最开始,青少年玩家往往是被网络游戏营造的虚拟世界所诱惑,"新鲜""有趣""好玩"是网络游戏对低龄玩家的首要吸引力之所在。《摩尔庄园》里玩家可以经营农场、买卖土地、体验各种职业,《梦幻西游》里玩家可以在长安、建邺这些

---

① Elihu Katz, et al. Uses and Gratifications Research[J]. *Public Opinion Quarterly*, 1973, 37(04): 509-523.

② James E. Marcia. Development and Validation of Ego-identity Status[J]. *Journal of Personality and Social Psychology*, 1966, 03(05): 551-558.

③ G. Adams, R. Montemayor. *Patterns of Identity Development during Late Adolescence: A Descriptive Study of Stability, Progression and Regression*[M]. Utah: Utah State University, 1987.

古都行侠仗义,《QQ 飞车》里玩家可以驾驶赛车飞驰在各种类型的赛道上。网络游戏虚拟的是一个青少年在现实里尚未经历或无法经历的世界,这对于刚刚开始进入社会、自我意识正在觉醒的低龄玩家来说充满了诱惑,吸引他们化身为角色符号,探索这些与现实生活迥异的虚拟时空。玩家 F3 从初一开始玩网络游戏,最早玩的就是《摩尔庄园》,游戏最吸引她的部分是游戏对成人世界的模拟,让她提前体会到身为成年人的自由,可以自己选择职业,通过劳动获得金钱并自由支配金钱。

"在《摩尔庄园》里会构建自己的一个世界,通过体验不同的职业,你可以把整个世界串起来。你可以对这个世界的整个结构进行一个初步的了解,方便你之后继续玩下去。它里面会有各种各样的小游戏,什么经营类的小游戏、敏捷类的小游戏都有。你作为个体,在里面就好像真的在生活一样,获得各种各样的资源、金钱。有银行,你就可以把钱存进去,可以选择定期不定期,利息什么的都有,你每个月还可以拿工资——如果你有每个职业的资格证的话,你就可以拿到它的工资。当时最开始就是接触这种比较简单比较低龄的游戏,但是我觉得它非常好玩,能够给人一种重新塑造了一个人的感觉。"(玩家 F3)

当青少年玩家经过了最初的熟悉和尝试阶段,按照游戏规则不断闯关升级就成为他们玩游戏的新动力。《摩尔庄园》里设计了 10 种职业体验,玩家需要通过考试获得职业资格证才能从事该职业并领取工资。《梦幻西游》中游戏角色的等级一共有 69 级,前 40 级任务比较简单,升级很快,到达 40 级以后玩家就需要花费更多时间和精力才能继续升级。40 级以后的玩家还能够尝试许多新鲜玩法,获得更好的装备和召唤兽。《魔兽世界》玩家按照系统指示完成任务和副本一步步升级,到达 70 级以后,任务、副本和战场门槛都会相应调整,可玩性更强,角色所代表的玩家的能力也越强。在这样的成就体系设置下,获得各种能力的提升很快成为青少年玩家主要的游戏动机之一,其自我认同也从摸索尝试的扩散状态慢慢向认同延缓或认同获得发展,试图从游戏中找到奋斗努力的方向。

"我玩那个游戏最开心的就是当我在达成各种职业的目标的时候,我会把它当成自己的一个任务来玩,医生的任务玩过之后,就想去把警察的资格证也搞到,警察的证搞到后下一步就是驾驶证。然后一环一环,我想把它们全部都集齐。有一种奇怪的感觉,想要收集所有的东西,把所有职业的证都拿到,我可能有这种奇怪的收集癖吧。"(玩家 F3)

"游戏好玩,但是也有难度嘛对吧?你肯定也想玩得好,然后感觉自己很厉害,得到表扬。这种虚拟的肯定也是一种肯定啊。"(玩家 M21)

无论是玩家 F3 的"奇怪的收集癖",还是玩家 M21 提到的"表扬""肯定",其实都是对自我认同获得状态的一种追求。因为身体发育出现质的变化,青少年在进入青春期后会特别注意他人对自己的看法和态度,渴望从他人那里得到认可与肯定。这种心理反映在游戏玩家身上,就是对游戏成就的执着追求,希望从游戏能力上得到其他玩家或现实朋友的羡慕、赞赏和崇拜。网络游戏往往都设置了升级、战斗、交易、道具等核心系统(见图 5-1),一些游戏还有宠物和声望等辅助系统,玩家的能力通过游戏行为在级别、金钱(或装备)和声望上能够得到象征性的符号体现,一些较高级别的游戏账号还能被转卖从而变成现实财富。21 世纪初网络游戏《天堂》风靡台湾时,一个空账号甚至被炒到一两万台币。[①] 级别、排名、坐骑、金币元宝、声望等游戏中的虚拟符号实际上对应了现实人生中地位、财富、名誉等评价要素[②],能够为青少年玩家带来真实的认同感受,促使他们投入更多的时间、精力与金钱,更积极地与游戏角色展开互动。

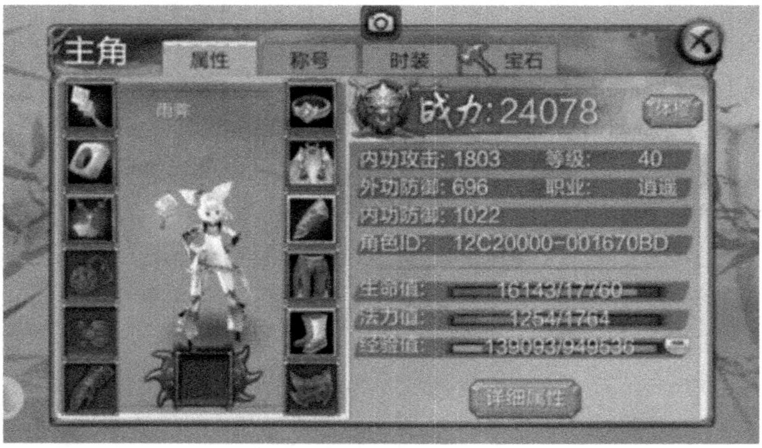


图 5-1　游戏《天龙八部》中的评价体系

成就是青少年玩家在网络游戏中普遍追求的一种认同实现,但并非他们自

① 陈怡安.线上游戏的魅力:以重度玩家为例[M].高雄:复文出版社,2003:107.

② 吴小玲.幻象与真实:网络游戏的文化建构[M].成都:西南交通大学出版社,2015:81.

我认同发展的终点。大部分玩家在积累了一定的游戏经验后会逐渐发展出实施网络游戏行为的主要动机，从游戏中寻找到自己最感兴趣的一个面向：有的玩家渴望通过游戏中的成功证明自己，甚至获得现实的利益；有的玩家热衷于在游戏中交朋结友，进行虚拟互动；有的玩家则特别享受玩游戏给自己带来的心理上和情绪上的愉悦感。不同类型的游戏动机背后呈现出各自不同的自我认同建构。

“小学就对游戏感兴趣，初中接触端游，高二开始玩《王者荣耀》。一个偶然的机会接触了职业圈，看直播，别人在舞台上捧着冠军奖杯的那一刻有一股热血吧，然后我也幻想，如果在上面捧着冠军奖杯的是我该多好。就从各方面打听这个圈子，一个偶然的试训机会，一个俱乐部的经理觉得我很有培养潜力就把我招过去了。现在电竞有两大类，一类是直播，另一类是打职业赛事，看自己的选择吧，直播赚钱多，我是打职业的。现在只玩《王者荣耀》，不碰其他任何手游。”（玩家 M23）

“我基本上不会一个人玩游戏，我从来不会因为无聊了去打游戏，我无聊了会去看电影、打球，无聊了去玩游戏，这是不可能的。所以我玩的游戏大部分是属于社交方面的，以游戏作为现实社交的一个辅助，比如今天你和他玩了游戏，明天刚好要和他接触，你就可以以这个为契机，在明天的接触中打开话匣子。”（玩家 M7）

“胜负类的游戏我就很少碰。我觉得玩游戏就是为了自己开心，赢得游戏也是一种开心的方式，但赢不了就很难受。我总有不能赢的时候，我又不是什么世界第一，就算是世界第一还有失手的时候。我玩游戏就是为了一个爽快，输了给自己找一肚子气，何必呢？我们几个经常不带胜负心乱玩，随便乱选一些英雄，大家就图个爽快嘛，这种时候输赢就不重要了，掏出自己喜欢的就往对面脸上扔，赢不赢不重要，先把对面打死再说。”（玩家 M3）

玩家 M23 已有多年的网络游戏经历，他在一次看直播时被冠军光环所激励，继而开始了解电竞职业圈，并最终成为一名职业选手，对于成功的追求是他建构自我认同的主要方式。玩家 M7 将网络游戏作为实施线下人际交往的一个起点，以此建立社交关系，拓展社会资本。在他看来，游戏中的社交部分是最重要的。玩家 M3 则坦承自己是因为怕输而不愿意玩电子竞技类游戏，不愿意自己的情绪被游戏胜负所主宰和牵制，他喜欢和志同道合的玩家一起以自己的方式享受游戏。如这几位玩家一样，青少年玩家在经过对网络游戏的多年探索之后,大部分都会发展出适合自己需求的游戏动机,这些动机背后折射出玩家自我认同的逐渐明晰。

本部分还需要说明的是,人的自我认同是一种非常复杂的心理机制,受到来自内外部各种因素的综合影响,处在自我认同发展关键时期的青少年尤其如此。青少年玩家在网络游戏中的自我认同普遍存在从扩散状态向延缓、早闭和获得状态发展的趋势,但不是所有青少年玩家都会沿着这个发展模式从游戏中获得自我认同,找到坚定的前进方向。毕竟,“这种虚拟化身(包括博客、虚拟社群、游戏角色等)表象上是一种隐藏,实质上是另一种揭露;它所要隐藏的是真实世界被诸多社会规约所约束的理性自我,而它所要揭露的正是被压抑潜藏在内心世界的另一个渴望自我”[①]。自我认同的发展状态以承诺和危机为主要变量,而这个释放了欲望的“渴望自我”是自由的,挣脱了现实生活中社会角色的束缚,不再需要承诺,也不会面临真正的危机。

## 二、性别角色观念的发展

性别角色观念是对男女性别角色的总的看法,是指人们对性别角色价值观的认识,比如人们普遍认为男性应该具备勇敢、富有责任心等品质,女性应该具有温柔、勤劳、有爱心和耐心等品质。[②] 有的研究者已经证明了年龄是性别角色观念很重要的一个决定因素,随着年龄增长,人们的性别角色观念呈现出一种持续、渐进的变化。凯瑟琳·乌尔博格在研究不同年龄段人们的性别角色观念时发现,处于中学时期的青少年在性别角色观念上体现出较强的刻板化特征,其中高中阶段的学生性别刻板化程度最高。[③] 苏联心理学家伊·谢·康进一步指出,当成长进行到青春期,男性青少年因为同龄人的影响,以及内心对自己在多大程度上能够达到更高的“男性标准”的怀疑,会产生“过分男性化”的补偿行为,比如举止粗鲁、强调进攻性、表现出对“女性”性格特点的蔑视等。[④] 笔者对青少年网络游戏玩家的访谈里确实表现出了这种情况。

---

① 林东泰.大众传播理论[M].台北:台湾师大书苑有限公司,2004:572.

② 张林林.青少年性别角色观的调查研究[D].长春:东北师范大学,2012.

③ Katheryn Urberg. Sex Role Conceptualizations in Adolescents and Adults[J]. *Developmental Psychology*,1979,15(01):90-92.

④ 伊·谢·康.青少年心理学[M].哈尔滨:黑龙江人民出版社,1985:163.

“我不会让女的。我打游戏如果娱乐无所谓，如果打竞技，碰到女的我就烦。因为如果我这把不疯狂输出肯定要输。女的操作差，而且还蠢，一般的肯定女的在哪边哪边输，职业的话另外说，有些女的很强。”（玩家 M10）

“女的菜一点，手脚笨、没脑子、脑子死、坑，打团就一个人上，不配合，技能乱放。”（玩家 M30）

“游戏里会欺负女生，发现是女生后会更凶猛点，更容易升级。队友是女生的话就有很坑的感觉。”（玩家 M28）

电子竞技类游戏如 MOBA 游戏对玩家的观察力、敏捷度和战略思维提出了较高要求，由于男女性别本身在这方面存在差异，女性玩家在战略和技术方面的总体表现不如男性玩家。曾在腾讯组织的电竞比赛中得到过全国八强称号的玩家 M10 就非常看不起普通女性玩家。在 M10 眼里，女性玩家缺少战略思维、操作能力差，在竞技类网络游戏中纯粹是“添乱”的角色。虽然他也承认并不是所有女性玩家都比男性玩家游戏表现差，职业电竞比赛中有些女性选手很强，但他所使用的语言如“烦”“蠢”之类已经表现出他对女性玩家普遍的歧视态度。另一位男性玩家 M30 在评论班级中的女性玩家时表现出同样的刻板化态度，玩家 M28 甚至表示会利用女性玩家来提高自己的游戏能力。在这里，英国大众传播研究者姬莲·杨斯提出的“安全”交流空间假说①受到一定挑战，虚拟空间确实形成了更加开放的个人话语，但并未打破传统的性别界限，带有偏见的性别认知在虚拟游戏空间依然存在。

从笔者的访谈来看，男性玩家对女性玩家的轻视都发生在性别角色观念尚未发展完全的中学生身上。玩家 M10 是高二学生，玩家 M30、M28 是初三学生，都处于发育的主要时期。在这一时期，青少年逐渐摆脱了儿童时期简单的形象思维，思维的独立性和批判性有了显著发展，但片面性和表面性仍然存在。② 由于知识经验不足，以及辩证思维尚未完全发展起来等原因，他们看问题容易片面化和表面化，陷入某种形式的极端，导致部分男性青少年对女性玩家产生某种歧视。

此外，个别中学生玩家对于角色扮演中的性别转换行为持有较大偏见，表现出固执的生理性别角色观念。玩家 M21 就直言“扮演女性就是变态”，玩家 M20

① 杨伯溆. 因特网与社会：论网络对当代西方社会及国际传播的影响[M]. 武汉：华中科技大学出版社，2002：94.

② 陈光磊，黄济民. 青少年网络心理[M]. 北京：中国传媒大学出版社，2008：40.

也表示,“这些人装女的不是为了要帮助,就是为了耍你们、捉弄你们,反正他就是想耍我们”。他们认为扮演对立性别的角色是一种不道德或病态的行为,尤其反感男性玩家进行性别转换。这一方面与他们的游戏经历有关,玩家 M21 曾经与一位扮演女性角色的玩家在游戏中互动频繁,后来语音聊天才发现对方是男性。虽然对方并没有存心欺骗,但 M21 却感觉自己的情感受到了伤害,“当时我知道谁谁谁是个男生的时候,听到男生的声音,我冷静了半个小时,心情久久不能平复”。另一方面,中学生正处在青春期最关键的时刻,不仅生理经历着巨大变化,而且人生观、价值观包括性别角色观念都在发生改变,他们的性别意识还不够稳定和成熟,特别在意两性之间的各种变化,这时往往容易对生理性别产生更强烈的依赖,会刻意表现出对生理性别的积极认同。

不过,随着青少年身心发育和自我认同的逐渐发展,他们的性别角色观念随着年龄与学识的增长而变得越来越成熟和客观。对女性玩家的刻板印象与歧视态度,在大学生网络游戏玩家身上已经很少出现。

“就我看来(男女角色)区别不是很大,因为你玩 RPG,都是一样做任务呀、打怪呀什么的,游戏设定的能力是一样的,男女并没有什么差别,你该怎么样还是怎么样,就是看起来有点不太一样而已。”(玩家 M5)

“其实主要还是看个人吧,因为男女在生理上有差异,反应上确实客观存在不同,比如 MOBA 游戏,没有 GCD ①设计大家都很依赖反应速度,相对来说女性确实比男性弱势一点。但如果存在 GCD,2.5 秒 GCD 你要是打错技能的话就会很尴尬,所以更多是需要你思考下一步需要丢什么技能。有 GCD 的情况下,女玩家对比男玩家劣势少很多。我知道的打得好的女玩家也挺多的,当然是《最终幻想 14》里面。《魔兽世界》的话我知道也有,不过相对少一点。就我遇到的人来看,其实真的要说玩得好的男玩家和女玩家,其实是差不多的,可能就根据玩家总体人数不同有点变化。总的来看,MMORPG 这种通过 GCD 来限制反应的游戏,男女玩家的操作是可以差不多的。”(玩家 M3)

“我觉得还是要看人,对性别这方面看得比较淡了,因为毕竟都是角色扮演,我也搞不清他到底是男是女。基本上还是要看人,坑不坑什么的真的跟性别没有什么关系。那些乱来的人,虽然总体来看这种情况还是少,但是遇到的话我觉

① GCD 即技能公共冷却时间,指玩家释放一个技能后,在场所有其他技能处于冷却状态,不能释放的时间。根据职业的不同,《魔兽世界》的 GCD 是 1～1.5 秒,《最终幻想 14》将 GCD 增加到 2.5 秒。

得跟男女性别本身没关系，跟个人性格关系比较大一点。”(玩家 F13)

M5、M3 和 F13 的态度基本上可以代表绝大部分大学生玩家和一部分中学生玩家的意见，即网络游戏中的行为表现与玩家个人性格关联较大，而与玩家性别并没有确定的联系。网络游戏是以符号替代自身的角色扮演游戏。欧文·戈夫曼区别了两种根本不同的符号活动：给予(gives)的表达和流露(gives off)出来的表达。[①] 前者是表演者按照表演情境的要求，以个体期望得到的反馈为目标而对符号进行有意识的操纵，表演者通过这种方式管理他人对自己的印象；后者是表演者无意间做出的表达，是一种没有留意或没有控制的、自发的符号使用，如细微的面部表情、眼神、肢体动作等，这些符号所表达的可能是表演者更真实的态度。网络游戏世界中，青少年玩家在面具的掩盖下操纵角色符号完成各种动作，匿名性使玩家的角色扮演更加具有流露的特质，他们按照自己的本性在虚拟空间中释放自我，其行为表现更应被归结于个体个性的表达，而非简单的性别二元划分。事实上，性别观念渐趋成熟的大学生玩家不仅能够不带偏见地看待两种性别，也能够较为客观地分析男女玩家在游戏操作上的不同表现。

“打副本看攻略可能很多人没这个意识。从我接触的情况来看，可能女性玩家在这方面态度还比男性玩家好一点。我之前打副本时遇到过好几个听言谈感觉上像是女性的，明显是没看过攻略的，这个副本就打得磕磕绊绊。后来在和 boss 开打前，我和 team 就跟她开黑，就在那边打字，告诉她这个副本应该怎么打，她就会看得很认真，然后会说一些话表示她看懂了。之后处理 boss 的技能上面，她的表现就比原来相对好一点，就感觉刚才你说的话她听了。我遇到过两个男的，我跟他们说该怎么打，然后他们是怎么打还是怎么打，该躺还是躺。跟他说老哥你离我近点，我救不了了，他依旧跑得老远。反正该怎么打还是怎么打。”(玩家 M3)

玩家 M3 比较讨厌打副本之前不看攻略、上阵乱打的玩家，他不认为女性玩家游戏能力差，反而觉得女性玩家的学习态度比男性玩家好，并将其归因于“男生可能潜意识里面会有点好面子，不太愿意听指挥”。M3 的观点来自自身游戏行为中的实践经历，并且使用了“可能”这样的表示概率的言辞，说明大学生网络游戏玩家已经能比较客观地分析男女性别之间的差异，既不是简单

① 欧文·戈夫曼.日常生活中的自我呈现[M].北京:北京大学出版社,2008:02.

的二元对立，也不是一味地强调平等一致，而是发展出理性、客观、成熟的性别角色观念。

## 第二节　“我”在哪里与“我”去往何处

吉登斯将他对自我认同的探讨置于现代性的宏大背景之下，认为自我认同是个体有意识地选择的结果。现代性是指形成于后封建时期的欧洲并在20世纪日益具有世界和历史性影响的制度及行为模式。① 吉登斯在分析现代时期与所有前现代时期的差异时指出了现代性的三大动力机制：时空分离、脱域和反身性。其中，时空分离是最首要和最根本的动力机制，意味着时间和空间的虚空化，指的是全球时空范围内社会关系的联合与再联合。随着互联网的兴起和普及，电子交换的回路、节点与核心、占支配地位的管理精英共同构成了曼纽尔·卡斯特尔提出的“流动空间”(flow space)。② 从空间上讲，互联网模糊了空间和地理界限，为社会沟通和互动提供了新的途径。“在场的东西的作用正越来越被在时一空意义上缺场的东西所取代。”③当网络使地方空间从地理、历史和文化意义中解脱出来，过去、现在和未来可以同处于同一信息里面且彼此互动时，时间的概念便也随之消失在这个新的空间之中④，成为无时间的时间(timeless time)。时间与空间的分离、压缩和重组，导致社会生活被不断重构，生活于其间的个体借由网络的力量可以在任意时间自由出入于各个不同空间，完成对时间和空间的“穿越”。

网络游戏充分体现了时空的分离和重组。在技术手段辅助下，网络游戏为青少年玩家建构了各种不同类型的虚拟空间，经由开机关机、进入和退出游戏，玩家可以随时穿越现实时空，感受发生于不同时期、不同地点的故事，玩家的生活在真实世界和虚拟世界之间不断切换。同时，网络游戏是青少年玩家自主选择的生活方式之一。他们把网络游戏视为与电视、小说、音乐一样的课余消遣，或者把它当作赚外快的一种手段，甚至在长期实践的基础上将网络游戏确立为

---

① 安东尼·吉登斯. 现代性与自我认同[M]. 北京：中国人民大学出版社，2016：14.

② 曼纽尔·卡斯特尔. 网络社会的崛起[M]. 北京：社会科学文献出版社，2000：506-509.

③ 黄少华. 网络空间的社会行为：青少年网络行为研究[M]. 北京：人民出版社，2008：22.

④ 陆扬. 解析卡斯特的网络空间[J]. 文史哲，2009(04)：144-150.

个人奋斗的方向。作为一组被整合起来的个体实践，生活方式不仅满足了功利主义之需，而且为特定的自我身份认同叙事提供了物质形式。[①] 那么，游戏经历带给青少年玩家怎样的反身性理解，玩家如何看待游戏和游戏行为，如何为自己定位，游戏经历又对玩家的未来发展起到什么影响？以反身性方式对自我认同进行构建既依赖于为未来做好准备，也依赖于为过去做好解释。因此，笔者从青少年玩家的网络游戏认知和他们对游戏的自我控制着手，讨论网络游戏行为对青少年玩家生活规划的影响，分析玩家线上认同与线下认同之间的关系。

## 一、游戏认知

认知的英语 cognition 一词最初来自拉丁文 cognoscere，意思是“与……相识”“对……了解”，它由 co 和 gnoscere 两部分构成，意即开始知道。《西方哲学英汉对照词典》(2001)对认知的解释是：知道或形成某物的观念。认知心理学将认知看作个体心灵的表征和过程，它不仅包括思维，而且包括语言运用、符号操作和行为控制。[②] 也有心理学家认为认知是思维的显现或结果，与问题解决相关。

青少年玩家在多年的网络游戏经历中慢慢发展出对于游戏的认知，形成自己关于游戏是什么、游戏的功能与角色、游戏对现实生活的影响的独特看法。有研究者通过大型调查问卷了解青少年玩家的网络游戏行为，发现青少年对网络游戏的认知呈现出三个重要特点：第一，多数青少年倾向肯定网络游戏中社会互动与团队合作的重要性，认为这是网络游戏的魅力所在；第二，在许多游戏玩家眼里，网络游戏是实现自我与放松心情的一种重要方式；第三，不少青少年玩家对网络游戏的认知还较为模糊，并没有形成清晰的价值判断。[③] 笔者的访谈结果则显示，青少年玩家普遍将玩网络游戏视为与看小说和看电视等同的消遣方式，并认为网络游戏在训练自己的思维、反应和沟通方式方面有所帮助，还有助于纾解和发泄负面情绪。部分青少年玩家能够反思性地看待自己的游戏经历。

“我觉得游戏在我生活中起到的是一种调节剂的作用，特别是有些时候当我

---

① 安东尼·吉登斯．现代性与自我认同[M]．北京：中国人民大学出版社，2016：76.

② 魏屹东，等．认知、模型与表征：一种基于认知哲学的探讨[M]．北京：科学出版社，2016：01.

③ 黄少华．网络空间的社会行为：青少年网络行为研究[M]．北京：人民出版社，2008：257.

觉得心情特别烦躁的时候，通过打游戏可以缓解一些。寒暑假，特别是暑假的时候，其实你在家待那么长一段时间，没作业，很无聊嘛，这个时候会选择去玩一些比较费时间的游戏，可以在里面花费一定的精力的，比如说可以打一个游戏打通关，或者是联机组建一个部落一个队伍。"（玩家 F3）

"玩游戏带来更多的是欢乐，压力倒是很少，都是很轻松的。无聊的时候会去玩游戏，都是暑假寒假没事情做的时候玩，游戏对我来说就是放松的一种方式，拿得起也能放得下，不会太在意。在游戏里有不一样的生活，确实是很有意思的，可以接触到现实生活中接触不到的事，是不受约束的，很轻松。"（玩家 F4）

"在学习和前进努力的路上，肯定有非常非常多的时间不是用在学习上，你可能在看电视什么的。游戏的作用就是你无聊的时候想找一个事情干，它就是其中的一种，这是它的作用吧。因为实在不会花太多的时间在学习上，那你不学习的时候干什么呢？就在电脑上找事情做。主要在电脑上，平常也不太愿意出去。游戏的作用跟电视剧是差不多的。"（玩家 M12）

总的来看，几乎所有青少年玩家都认为网络游戏和小说、音乐、电视、电影一样，是学习之余的一种休闲方式，游戏玩家和韩剧迷、综艺迷并没有本质上的区别。作为玩家众多爱好中的一种，网络游戏帮助他们度过学习之外的空余时间，排遣假期独自在家的寂寞和无聊。不同的是，在小说、电视等其他媒体中，受众的主体性是基本缺失的，而在网络游戏中，玩家需要不断投入心力与游戏系统和其他玩家互动，推进游戏叙事。这一开放式的互动过程丰富了青少年玩家对于游戏的认知。

"其实现在很多学生放假的时候不愿意去学习，没有那种氛围，那可能在课余时间除了跟朋友出去玩、跟家人一起，生活的重心就是在手机上。第一点，除了看微博聊天之外，游戏就是很好的一个打发时间的方式。第二点，游戏对于我有一定挑战性，其中的胜负机制也比较容易激起人们的好胜心。第三点，玩一些游戏对于社交方面也是很有帮助的。第四点，它可以让我们在一段时间内高度集中注意力，让自己有兴趣对一样事情钻研，我个人认为总比一天到晚无所事事的好。第五点，游戏的更新速度很快，正好适应了我们的需求。像这个暑假，《王者荣耀》就针对暑期推出了三款皮肤。第六点，他们会举办电子竞技的比赛，这些比赛也就变得很热门。像今年的比赛刚刚结束，我个人是很想去比赛现场看的。第七点，这个游戏就目前的市场水平而言，水准还是比较高的，内部各种机制也做得很好。第八点就是，游戏里每个角色呈现的效果有多种，每个英雄（人物)不同打法不同操作会有截然不同的感觉,所以网上有很多针对各个英雄的教程,讲解打法,研究游戏的趣味性也很强。"(玩家 F6)

玩家 F6 接受访谈时是重点高中的高三学生,现在在某省属重点高校就读。当问到网络游戏对她的吸引时,F6 以《王者荣耀》为例,用微信一口气发来四点她的看法,之后又补充了四点。除了将网络游戏看作是消磨时间的一种方式,F6 还历数了游戏胜负机制、社交体系等对青少年玩家的益处,认为网络游戏能够培养玩家的进取心,有利于注意力的集中,甚至将观看游戏教程上升到研究的高度。如果说 F6 的阐述还比较抽象,下面几位玩家从各自感受出发给予了更详细的解读。

"我觉得 DOTA2 对人的影响还是挺大的。里面思路还是很清晰的,从一开始不知道别的,只知道赢的条件,单纯地感觉只要杀人多、钱多就能赢,到后面逐步地先推移塔,优势抱团推塔、劣势守塔,单线牵制,我觉得这里面的思路还是很清晰的。还教会我跟队友互通,你得了解队友是在想什么,不能全部用你的思维在想。可能他的水平并没有你高,所以说你要告诉他你的思路,不能只是说'哎,你去干吗干吗'。他可能完全无法理解你这种行为,但你知道你这种行为有你什么目的、什么功效,所以说跟队友互通是很重要的。"(玩家 M13)

"那你比如玩 FPS 游戏的时候比较考反应能力,也就是视觉上的反应能力。像比较火的《守望先锋》,很考验人的动态视觉能力,如果这方面不好的话会比别人慢得多,有时候连人也看不到。还有一些什么 DOTA 和《英雄联盟》之类的游戏,很考验手速。人类的极限手速纪录基本上都出自这些人之手。不管玩什么游戏最重要的一点就是脑子,一定要动脑,不动脑没有用。就比如我刚刚死了,我为什么会死,我如果刚刚怎么处理就不会死了,都要想。"(玩家 M10)

"有些时候我觉得打游戏打得好的人就是很聪明,他们不管是思考问题的方式还是策略上面,都会独具一格、别出新意。我之前有玩过一个游戏,看那种游戏视频,那种厉害的人打游戏完全就是出乎你的意料,就是不按常理出牌。那个游戏的目标就是拆对方的房子,按照我们的正常思路肯定是要把你先打死,打死你之后我再拆你房子,对不对? 但他就是不正面去攻打,就用那种小兵拖住你,直接按照他最终目标走,拆对手的房子。他就会想到别的方式,更快更有效率地解决这个问题。"(玩家 F3)

"玩游戏让我了解到我还算比较聪明。还有就是,有些游戏比如《模拟人生》确实让我想通了很多事情。当时我跟朋友关系处理不好,后来玩这个游戏才有点想通了，原来大家都是这个样子的，就算是电脑运行也是这个结果，所以这是不可避免的。虽然说有点傻，但确实想通了，它会让你站到更高的方向去思考，是这样的感觉。"(玩家 F9)

上述玩家的游戏体验不同，他们对游戏的认知也体现出各自的侧重面。作为电子竞技类游戏玩家，玩家 M13 认为 DOTA2 让他的思路变得更清楚，并且意识到沟通的重要性，玩家 M10 感受更深的是游戏对反应和思维的训练。M10 认为"电竞跟打游戏完全是两个概念"，因为电子竞技类游戏不仅考验玩家的手速和视觉反应，而且必须要动脑，后者也是所有游戏共通的一点，只有不断反思自己的每一个步骤，才能避免重复失败。

玩家 F3 和 F9 也强调网络游戏对于玩家思维的训练，她们共同的看法是玩游戏和智商存在一定关联，并且她们都认为自己从游戏中获得了对于现实生活的帮助。F3 从游戏高手的视频中发现，游戏成功需要好的策略，从而得出"游戏打得好的人就是很聪明"的结论。虽然她游戏玩得不算很好，但游戏经历仍然对她有所助益。她就读的是公共事业管理专业，在《摩尔庄园》中的游戏体验激发了她对职业教育在线化的思考，她将这种思考以课程论文的形式反映出来并得到了老师的好评。玩家 F9 是职高学生，学历上的弱势一度影响了她对自己的认识，而游戏经历让她意识到自己"还算比较聪明"，进而开始更全面更客观地看待自我。模拟类游戏甚至帮助她想通了现实生活中的关系问题，使她不再纠结于个人情感。此外，玩家 F1 在玩游戏过程中还发掘了自己的社交潜能。她在读大学以前和异性接触很少，"然后一起打游戏的基本都是男生，发现和男生还蛮能沟通的，有了很多异性朋友"。

另有一些玩家特别提到网络游戏在释放负面情绪方面的作用。

"可能游戏在释放自己一些负面情绪上比较有优势。你现实要释放负面情绪，比如一拳把窗户打碎、把显示器打碎，爽是爽了，你回头还得自己赔啊，你打什么都不行。那我总不能大半夜跑到天台上'啊啊啊'，扰民是一方面，你会觉得挺羞耻的，反而负面情绪更多了。负面情绪非常重的时候，玩游戏可能是一个比较好的释放方式吧。"(玩家 M3)

"释放压力吧，不管心情变好还是变坏，你变坏了还是能发泄一下。发泄时会骂别人，一旦开骂了就很正常，什么话都说得出来。很多时候可能生活中受到压力需要宣泄，都会选择游戏。所以有些时候游戏世界的环境还是挺污浊的，因为很多人都把这边当'垃圾场'，不好的事情都往这边丢，不好的情绪都在里面宣泄,如果调节能力差的就会把这些情绪又带回现实里去。年纪稍微小一点的,心智不怎么成熟的就会有这种事情。大学生,怎么说,还是有过这种例子的吧。”(玩家 M1)

处于生理和心理成长发展中的青少年,其情感和情绪总体上处于复杂、变动的动态过程中[①],其间难免会经历负面情绪。根据临床定义,当人们情绪低落时,会遭遇缺乏信心的悲观感和缺乏活动力的沮丧感,而玩家紧张投入游戏这种经主动选择的艰苦工作,是产生各类积极情绪与体验的正确心态。[②] 生活中的负面情绪可以通过网络游戏得到一定调整,已成为青少年玩家对待网络游戏的一种普遍认知。当负面情绪产生时,玩家 M3 在考虑情绪处理方式时会尽量避免带来负面情绪的叠加,他认为玩游戏比砸东西发泄有益,也比夜里到天台上乱吼乱叫更文明并且更具有隐私性,因为这两种处理方式都会带给玩家额外的负担,前者产生经济负担,后者产生心理负担,均不利于情绪的调整和自我认同的建构。玩家 M1 则指出,游戏匿名性使玩家在倾泻情绪时肆无忌惮,将虚拟空间当作“垃圾场”,往里面宣泄各种不好的情绪,从而使自己的心情变好。之前笔者在分析玩家与公会的互动时曾提到,玩家 F2 因为不满意公会成为玩家任意吐槽个人情绪的公共空间而退出公会。可见,网络游戏在化解青少年玩家负面情绪、帮助他们追求积极情绪体验的同时,也有可能破坏游戏公共环境,助长青少年本我中不道德的那部分的无限制释放。这里涉及的行为和情绪控制问题,将在下一小节得到进一步讨论。

自我认同是在反思中不断被建构的。无论是将网络游戏看作现实生活的调剂和补充,抑或是将网络游戏当作训练思维和反应、锻炼社交能力、发泄负面情绪的渠道,青少年玩家在回顾个人游戏经历时,基本上都将其视为自己青春成长的一部分。

“初中玩游戏浪费了很多学习的时间吧,让学习成绩下降了。但还是不后悔,青春期就该这样吧,至少没让自己颓废。初中的时候影响了学习,现在还好,没上瘾,偶尔娱乐一下。”(玩家 M25)

“说实话,玩了这么多年游戏,真没什么价值。而且就算以前玩得好的朋友,

---

① 徐静.认同·权力·资本:青少年网络游戏中的情感研究[D].杭州:浙江大学,2015.

② 简·麦戈尼格尔.游戏改变世界:游戏化如何让现实变得更美好[M].北京:北京联合出版有限责任公司,2016:28-29.

现在也基本不玩不联系了，除非是本来就认识的现实中的朋友。但我也不后悔吧，毕竟都是自己的回忆。可能别人回想自己的大学生活是参加社团活动什么的，我回想起来就是和一群认识的不认识的朋友一起杀怪战斗。是的，所以我才说我是怎么都不会卖号的，卖了就没有回忆了。有些东西是不能用金钱来衡量的。"（玩家 F9）

玩家 M25 和 F9 是普通大学学生，都是从小学四五年级开始玩游戏的，可以说网络游戏陪伴了他们青春期的成长。M25 在初中阶段曾出现游戏上瘾情况，"无心学习，所以成绩一落千丈"。高中时期他几乎没玩游戏，最后通过艺体生招生进入一所师范学院的体育专业，大学才开始接触手游，目前玩得不多，比较节制。F9 初中和大学玩游戏比较多，高中阶段没有玩，大学时成绩一般。他们在回忆自己的网络游戏经历时，已将网络游戏作为生命中烙下的印记纳入了个人的自我认同之中。即使反思这段经历时，他们承认在网络游戏上花费的时间和精力并没有产生相应价值，"浪费了很多学习的时间"，但仍然表示不后悔。在他们看来，青春期就应该恣意自由、放飞自我，学习并非唯一的青春期成长模式。这表明了青少年玩家自我认同建构的多样性，他们不再认同统一的评判标准，而是推崇多样化的个体发展和多元化的评判体系。

不过，笔者在研究中发现，无论是曾因玩游戏耽误了学习的，还是能够做到游戏、学习两不误的，青少年玩家普遍都肯定学习的重要性。

"嗯，但我觉得，初中高中生还是要以学习为重。打游戏是真的会上瘾，而且花钱，前期玩起来不砸个几百块根本就练不起来。"（玩家 F9）

"我觉得是，玩游戏像我这样也挺好的，能打发时间、能娱乐、能交朋友，还能赚赚钱。但是像那种小学生，我记得有一个，他打《王者荣耀》被他爸收掉手机，他就跳楼，手术后醒来第一句话就是要手机、要登录游戏什么的，这就很有问题了。还有什么小学生作文，整篇写的就是《王者荣耀》，什么李白是刺客、荆轲是女的，就是完全沉迷在游戏里那种。像我这种成绩不耽误，生活也不耽误的，还能娱乐，挺好的。"（玩家 M22）

玩家 F9 虽然不后悔自己在游戏中投入青春，但还是认为青少年在中学阶段应该以学习为主。对于因玩游戏影响了学习成绩的青少年玩家来说，他们对网络游戏的认知体现出矛盾的双重性：一方面，他们承认游戏耽误了他们的学习，且并没有产生太多有价值的效益；另一方面，他们不愿意否认自己主动选择游戏的意义，情愿认为这是青春期成长的应有之义。青少年玩家自我认同的建构中充斥着正视、反思、逃避的往复过程。

对于 F6 和 M22 这样能够在游戏和学习之间找到平衡的玩家而言，他们将网络游戏看作能够被自己掌控的事物，并且认为这种自我掌控能力会随着年龄与学识的增加而逐渐增强。在他们看来，小学生学习意识不足、控制力差，应该尽量防止他们沉迷游戏，而中学生尤其是高中生自我控制能力增强，应该争取做到学习和娱乐两不误。

## 二、自我控制

自我控制是个体对自己的心理和行为过程的控制，是个体为实现其行为的长远利益最大化而试图对自己的所想、所感和所为之事进行的改变。[①] 由于自我控制包括克服或压抑与自我控制目标相竞争或冲突的冲动、行为和欲望，因而被网络游戏研究者用于游戏成瘾的相关研究。研究者们发现，自我控制在自尊和网络游戏成瘾之间起着完全中介作用，自我控制与网络游戏成瘾有直接关系，成瘾行为的核心可能在于游戏玩家缺乏足够的自我控制能力。[②] 笔者的研究不针对游戏成瘾做专门的探讨，但从访谈中也可以看出，在明确个人当前主要任务的前提下，大部分青少年玩家会对游戏行为和个人情绪进行有意识的自我控制。

“游戏控制方面，其实我觉得这个暑假好像是不太好，在没有别的事情的时候我玩得比较放肆一点，但是在有事情的时候我觉得我应该还是能控制住的。”(玩家 F9)

“没有欲罢不能，因为对于我们，学习还是挺重要的。一般就是假期的时候玩，而且玩这种竞技类的游戏也容易让人产生疲惫感。一般读书的时候课余时间少，时间也很紧张，所以只要是对学习有一定的重视，收心还是挺容易的。”(玩家 F6)

“有时候就特别想玩游戏，但是前提基本上都是我个人有足够的比较长段的空余时间，不然的话我会觉得说这游戏肯定会打扰之后的一些工作和学习，因为

---

① Walter Mischel, et al. Principles of Self-regulation: The Nature of Willpower and Self-control [M]//Edward Tory. *Social Psychology: Handbook of Basic Principles*. New York: Guildford Press, 1996:329-260.

② 何灿，等. 自尊与网络游戏成瘾：自我控制的中介作用[J]. 中国临床心理学杂志，2012(01):58-60.

有些时候确实克制不住自己，那一开始就不要去玩。”（玩家 F3）

“因为我觉得我从小就属于那种‘别人家的孩子’，上课认真，作业也是认真完成的，但该玩还是要玩的。我觉得我学得还是足够到位的，该学的还是学的。像高中的时候住校，也玩不了，下午顶多打打《三国杀》娱乐一下，然后晚自习该学学，上课该听听。我上课听不懂的时候会有紧张感，会自己特意补一下。所以说玩游戏还是玩，但是当我的学习受到影响的时候，我会自我反馈。”（玩家 M13）

因为住校、学业紧张等原因，青少年玩家普遍在高中阶段很少玩游戏。玩家 F9 因为就读于职业高中，学习任务相对轻一些，加上每天走读，时间相对自由，因而平时比同龄的高中生花费了更多时间在网络游戏上，暑假里玩游戏时间更长。她意识到自己在刚过去的暑假里自我控制不够好，但将其归因于暑假空闲时间太多，认为自己在有事情的时候还是能够控制住玩游戏的冲动的。玩家 F6 接受访谈时刚刚结束高考，她虽然从小学一年级开始玩游戏，并且对网络游戏的益处有很清晰的认识，但同时也非常清楚自己的主要任务，自律性和自控力一直较强。玩家 F3 和 M13 同样将学习视为当前最主要的目标。F3 对自己的自我控制能力有一定预估，在游戏欲望出现时，她会首先考虑行为实施的后果，在不会影响学习的前提下才下载游戏。M13 在感觉到学习受到玩游戏影响时，会立即调整自己的行为，尽量实现学习和娱乐的平衡。总的看来，学习成绩比较好的青少年玩家自我控制和自我反思能力都比较强，他们对网络游戏在自己生活中扮演的角色相对清楚，能够根据具体情况随时反思自己的游戏行为。

在上一节的分析中，笔者指出青少年玩家会借助网络游戏发泄生活中的负面情绪，实际上，因为有胜负机制，玩家在玩游戏的过程中产生负面情绪的可能性更大。此时，青少年玩家对网络游戏的自我控制不仅体现在控制游戏行为上，还体现在控制伴随游戏过程产生的个人情绪上。“游戏中有时候会宣泄一些负面情绪，比如说队友很坑，我会生气。游戏中会有一些行为是情境激发出来的，所以其实玩游戏有时候心态会炸。现实中我不太会生气。这是游戏不好的地方，但也可以说游戏锻炼心态。”（玩家 F1）

“游戏锻炼了我的心态，队友都是坑，心态要好，要能忍。”（玩家 M22）

“我印象比较深刻是抢五杀，我连杀四个人，最后一个人已经失血了，这时候一个干将莫邪出来一个超长技能把他给……不说了，我想举报他，想挂机、想打人，就这种。现实里情绪会有，但是我一般不会跟人吵架。但是我游戏里也没有

真的做，我只是想想，我在游戏里基本上不骂人。”（玩家 F14）

“一般在游戏中我不会骂别人，但总有一些人是会骂人的，然后我就会举报。这样就不好，我很希望可以改善一下这个游戏环境。很多人会很消极，一有一点劣势就骂人，甚至挂机送人头。这本来能赢的都会因为这样输了。”（玩家 F6）

“我玩游戏不喜欢骂别人，因为这种团队竞技的游戏，如果才打到一半，还没到必输的那种程度，你越骂他，那他打得就越不好啦。你骂他，他也骂你，没有什么意思。而且更关键的事情是，你永远不知道你骂的那个人到底是个什么样的人，也许他就是个小屁孩，你跟他们玩你会骂他们吗，他们就这样子啊。别人如果骂我，我会直接屏蔽掉。就像狗咬了你一口，你还会咬狗一口吗？一个副本，最多你得到的奖励少一点，那又没有什么问题，就算你一天都没玩好也没什么，我一般不会骂人。”（玩家 M4）

网络游戏最大的特征在于其较强的互动性。无论是出于游戏任务的需要，还是出于多层次游戏体验的需要，青少年玩家在游戏中都要与其他玩家相互配合，一起攻克游戏难关，赢得副本，或者争取团战胜利。在这个过程中，玩家可能会因为队友太弱太坑导致战斗失败而生气，或者因为自己被骂而愤怒，还有可能因为胜利果实被抢夺而情绪失控。正因如此，玩家 F1 和 M22 才认为玩网络游戏对于心态是很好的锻炼。青少年玩家普遍表示自己会尽力控制各种有失道德的行为冲动：现实中性格很温和的玩家 F1，被队友坑时有时会生气，但总是尽力控制自己不让情绪失控；玩家 M22 强调，面对坑人的队友，要能忍；玩家 F14 在抢五杀时产生举报、挂机、打人等种种冲动，但只是想想，发泄下情绪，不会真的付诸行动；玩家 F6 会向系统举报骂人的玩家，并希望以此改善污浊的游戏环境；玩家 M4 更是从行动的结果和行为的价值两方面分析了自我控制的重要性，一则互喷无助于游戏结果，二则玩家面对的有可能是小学生或文化程度不高的玩家，与他们互争对错实际上没有价值，反而降低了自己的自我认同。

对于 FPS 和 MOBA 这样以胜负为核心的快节奏游戏而言，持续输掉游戏的时刻对青少年玩家情绪控制的考验最大。

“大二的时候跟他们一起玩过《守望先锋》这类游戏，这些比较竞技类的游戏，游戏周期也比较短，一局分胜负。玩这种游戏，如果不是大家一起开黑玩，就自己一个人玩的话，胜负心会很强，如果连着好几局你一直输的话，心态就会突然间爆炸了，不想玩了，感觉再玩下去肯定要骂人了，自己嘴里就会吐出一些不是那么好的词，反正再玩也是输，就先下了做点别的事情。反正一局也就那么点时间，那么点时间我做点别的事不好吗？就是这样一种心态。反正输多了就是会有一种失控的倾向，失控完之后就会对这个游戏突然有一种厌恶感，不想玩了，就下线了。”（玩家 M3）

“有的时候就一直输一直输，输习惯了，打到后面就不想玩了，知道自己跑不掉了就懒得跑了，站在那里站着不动，让别人打了。如果输了，关机后情绪就一会儿，就想着不玩了，垃圾游戏，结果第二天又开始玩了。”（玩家 M30）

“输了对我的正常生活是没有什么影响的，最多就是下了游戏跟室友吐槽两句，今天输了一天了，都是什么什么队吧啦吧啦的，吐槽完以后就没了。这事情就像翻书一样，这一页翻过去了，没了。之后就该咋样就咋样，第二天还是想玩就玩，不想玩就做点别的事情。”（M24）

“如果一个下午一直输，刚开始可能很生气，因为自己的原因或者因为别人的原因，可能会口头上骂两句。有时候玩到后来就觉得骂人都不想骂，不想说任何话，就觉得很绝望，就想非要赢一局再去干其他事情，然后就一直在那里玩玩玩、非要赢一局，那玩到最后总会赢一局的，这样才肯舒服地离开。”（玩家 M5）

竞技类游戏胜负决断时间很短，玩家往往在还没有意识到的情况下就已连输多局。面对持续输的局面，玩家 M3、M30 和 M24 最后采取的自我控制手段都是下线关机，强制性地离开游戏。玩家 M3 在感觉到自己心态不好的时候会有意识地告诫自己不要再玩下去，以避免心态爆炸。M30 在连输之后会出现意识上的麻木和动作上的迟缓，之后便强行关机，第二天再重新开始。M24 则将情绪转移到现实生活中，通过跟室友相互吐槽的方式发泄郁闷不爽的情绪。他们对自己的情绪控制没有绝对把握，遂主动采取抽身而出的方式重新建立起和现实世界的联系，寻找别的事情转移自己的注意力。玩家 M5 好胜心比较强，自我控制能力比前面几位略微差一点。他采取了另一种处理方式，在连输的情况下不是选择主动离开游戏，而是一定要赢回一局才肯罢休。在 M5 眼里，游戏中获得的虚拟自我认同并不虚拟，而是能真切影响自己的情绪和自我评价。

自我需要克制不利于个体发展的冲动和欲望。如果青少年玩家对游戏行为和情绪不能很好地控制，则容易出现游戏成瘾现象。笔者的访谈对象中，自我控制能力较弱的玩家并不多，但青少年们也表示，身边不乏自我控制能力差、出现游戏成瘾症状的玩家。玩家 F6 和 M27 提到同学中有人翻墙去网吧玩游戏，不读书在课堂上看游戏攻略，玩家 M1 提到 22 岁的邻居不上学也不工作，就宅在家打游戏。这些青少年玩家已经具备了游戏成瘾的主要特征，过度沉浸到游戏营造的虚拟世界中,几乎将虚拟认同等同于全部的自我认同。

吉登斯从社会学视角分析了成瘾行为的基本特征,包括高峰体验、自我沉醉、个人平常生活和行为的暂停、暂时放弃日常生活的自我认同、丧失的自我感被羞愧感和悔恨感所代替、作为一种"特别"经验在其发作时其他东西都无济于事、解脱或束缚得更紧。[①] 黄少华通过实证研究发现,网络成瘾群体更倾向将网络视为一个表达自我与重塑自我的场域,对他们而言,网络更像是他们生活的另一重空间,供其重新形塑和建构着自我的不同面向。[②] 这类青少年玩家虽然数量少,但他们自我控制能力非常弱,即使仍在学校学习,也不重视学业,成绩比较差,就像玩家 F6 和 M27 的同学那样,一有机会就不惜破坏现实生活中的规章制度,到虚拟世界中寻求更满意的自我。

网络游戏构建的虚拟世界充满诱惑与挑战,即使成年人也很难自如地做到自我控制。游戏设计师简·麦戈尼格尔在描述自己的游戏经历时提及,她第一次接触《魔兽世界》时就在周末玩了 23 个小时,并且"等星期一的清晨到来,我顶住了回到'真正'工作中的念头。我知道这不理智,但我身体的一部分还想着继续赚取经验值、积累财富、收集道具、完成待做事项清单上那些尚未完成的救世任务"[③]。当然,作为成熟的成年人,简最终还是回到了真正的工作中,但"颇花了一番工夫才把继续练级的念头给'摇晃'掉"。如同简追求虚拟成就一样,网络游戏在建构青少年玩家的自我认同中起着重要作用,但如何通过自我控制在虚拟认同和现实认同之间寻找到一种平衡,不少青少年玩家还在反思中不断进行着尝试与探索。

## 三、线上认同和线下认同的交织与分离

亚历克斯·戈鲁布认为,大型网络游戏的玩家们,往往高度沉浸于游戏的感知环境中,对他们来说并没有"进去"与"出来"的分别,许多时候,即使不在玩游

① 安东尼·吉登斯.亲密关系的变革:现代社会中的性、爱和爱欲[M].北京:社会科学文献出版社,2001:96-97.

② 黄少华.网络空间的社会行为:青少年网络行为研究[M].北京:人民出版社,2008:330.

③ 简·麦戈尼格尔.游戏改变世界:游戏化如何让现实变得更美好[M].北京:北京联合出版有限责任公司,2016:64.

戏的状态下，他们也依然置身于游戏体验之中。[①] 戈鲁布的研究再次提醒我们注意线上认同和线下认同的关系问题。实际上，笔者从研究中发现，玩家们广泛且深刻地投入网络游戏之中，有时抛弃了现实世界与虚拟世界的区隔，将线上认同与线下认同交织在一起，有时又能清晰分辨虚拟与现实的差异，建构不一样的自我认同。

一方面，线上认同和线下认同可能界限模糊，交织在一起。严梦音在研究玩家自我认同时提供了这样一个案例：一对情侣和另外三名玩家一起组团打游戏，开战后没多久，这对情侣中的男性玩家因为觉得对方阵营里一个女孩很像自己的女朋友而突然停战，继而他的女朋友也退出团战，两人放弃仍在继续的战斗，开始讨论虚拟角色和现实人物之间的相像之处。[②] 在这个案例中，玩家没有区分"进去"和"出来"，混淆了虚拟的游戏世界和真实的现实生活，产生了认同混乱。

这种较为极端的案例在笔者的研究中尚没有发现，但青少年玩家确实有时候会混淆虚拟与现实，出现线上认同和线下认同的交织重叠。笔者在第二章里讨论青少年玩家的角色依附现象时提到，玩家 F3 在游戏里考驾驶证时总是因为撞到小鸭子、小鸡等路障而无法通过，这使她产生了心理阴影，致使现实中一直不敢去报考驾照。F3 也意识到现实中考驾照并非像游戏中那样有诸多路障，但多次通关失败建构起强烈的线上认同，使她不玩游戏时也依然置身于游戏体验之中，产生"我肯定不行"的线下认同，认为自己不能顺利通过驾照考试。

另一方面，线上认同和线下认同在某些条件下会出现分离，被玩家区别对待。现实环境、互动对象都有可能促使青少年玩家将线上认同与线下认同割裂开来。

"我在外面，下大雨，那时我本来想去外面跟别人玩，结果下雨了去不了，就被我同学拐到边上一家小网吧。他玩的游戏我又不会玩，我就一个人坐在那里发呆，他就说你玩这个吧，这个很好玩。在那个游戏中，要代入游戏中心角色，就是讲你到了一个房子里，那个房子里有一个人要把你给杀了，房子到处都是特别恐怖的游戏。那时候非常地惊悚，汗都吓出来了。一直硬撑着玩了半个多小时。"（玩家 M18）

---

① 丹尼尔·米勒，希瑟·霍斯特. 数码人类学[M]. 北京：人民出版社，2014：318.

② 严梦音. 虚拟与现实：网络游戏中青少年的自我认同[D]. 桂林：广西师范大学，2017.

西格蒙德·弗洛伊德曾讨论过关于恐惑和类我的概念。电影理论家莱斯利·斯特恩将其运用到对观众观影感受的分析中,指出当看到荧幕上的人物从高空坠落、被抛出或表演特技动作时,观众会产生肉体上的移情作用。在瞬间的想象中,观众的身体与他者的身体同在,并对他者身体的运动做出回应,“我们感到恐惧、兴奋,为之颤抖”①。在网络游戏构建的虚拟世界,游戏角色同样可以起到触发恐惑共鸣的作用。随着玩家敲击键盘的行为,角色做出翻滚、跳跃、进攻等各种行动,当角色头部遭受撞击时,所有玩家都会感到恐惧。

正是因为游戏环境的高度逼真性,当玩家 M18 在玩一个新的恐怖游戏时,切身感受到无处可逃的惊悚,“汗都吓出来了”。但是有趣的是,虽然他当时感到非常恐惧,却不愿意离线关机,离开这个让他不舒服的虚拟环境和氛围。当笔者询问原因时,M18 略带羞涩地回复:“因为发现边上还有女孩子,(离开)有点丢脸。”网吧里的女孩子使 M18 意识到自己作为男孩应该表现出镇定和大胆,他在现实和虚拟中瞬间切换,尽力控制自己的恐惧情绪,一直陪同学玩了半个多小时才离开,进而维持了在他看来合适的线下认同。这表明,身处公共空间时,玩家的情感会受到周围环境的影响,即使虚拟情境激发的感受蔓延开来,玩家也可能因为周边环境或其他人的讲话和动作而意识到自己所处的真实空间,进而有意识地控制自己的行为,呈现出符合当下现实环境的自我。

除了现实环境,互动对象是促使线上认同和线下认同分离的更重要的条件。

“等到自己技术也好了,可能就会有那种与人互相看不顺眼的情况发生,就会觉得是对方做得不好。其实可能双方都做得不好,但是我可能会把锅甩给别人,把包袱丢给别人,会把责任推到别人身上。其实他也会把责任推到我身上。玩游戏的时候会这样,现实里面反倒不会,现实里面因为感情好,可能跟人抹不开面子,网络游戏里面可能都不认识,就会把包袱丢给别人,没有什么心理压力。现实里面就会自己扛了,‘做人留一线,日后好相见’嘛,万一以后自己什么时候栽到他身上,这样子不太好吧。”(玩家 M6)

“我跟室友一起玩游戏比较少一点,虽然室友也玩这个。大多数时候还是跟其他人一起玩,因为比较轻松,虽然同样是很熟,跟室友跟其他人都很熟,但是打副本互相骂的时候,骂室友总觉得有点心理压力,不太好意思。室友脾气好一点,你骂他他也不回你,我自己也不好意思骂。但是我的性格是这样,遇到坑了

---

① 戴安娜·卡尔,等.电脑游戏:文本、叙事与游戏[M].北京:北京大学出版社,2015:91-92.

我想骂你两句不让骂憋着难受。线上朋友就没有那么多烦恼,你想骂就骂,反正你回头也会被骂回来的。跟室友一起打,打着打着我就下意识地要去照顾他情绪,被坑就会很难受。大家情绪互相照顾一下,就没有那种不受束缚的感觉。”(玩家 M3)

如同他们所讲述的那样,玩家 M6 和 M3 采用了不同方式对待熟人和陌生人。同样是自己的原因导致了失败,玩家 M6 在游戏中会将责任推卸给不认识的队友,在现实里和朋友一起时则会自己承担;M3 和网上认识的小团体成员一起玩游戏时,可以随意开玩笑互骂,而和室友玩时却往往要照顾对方情绪不能随便发泄,他因此觉得和室友玩游戏太累,情愿和现实中不认识的玩家一起玩,享受不受束缚的感觉。在物理身体在场的现实社会,人们往往会依据双方的身份地位及关系,参照交往情境,按照人际交往的一般性准则进行社会活动,并在互动中建构自我认同。因而,从现实互动中产生的线下认同决定了人们不可能完全按照自己的心意说话做事,而是会充分考虑互动双方的立场与情感。然而在虚拟游戏世界,由于角色面具的遮掩和物理身体的消失,人格中本我的部分冲破自我的规约,将人性中最本真、最利己的那一面释放出来,线上认同的建构脱离了现实社会的束缚,呈现出不一样的内容。互动对象与青少年玩家之间的不同关系,帮助玩家区分现实社会与虚拟空间,促使他们在虚拟和现实中建构不一样的自我认同。

线上认同和线下认同既交织又分离,二者的转换也引起了研究者们的关注。雪莉·特克在分析自我认同时描述了一个名叫司徒华的玩家的经历。司徒华是一个 23 岁的物理系研究生,他因为心脏问题,从小就受到健康状况和抑郁情绪的困扰。在现实中他不能远行、经济困窘,害羞且不善与人交流。但是在网络游戏 MUD 中,他不仅谈吐得当、表现得体,而且善于社交,甚至还与一名女玩家发展出浪漫情感。然而一旦回到现实社会,司徒华还是缺少朋友,他极度孤独并且遇事退缩,还因为沟通问题而与他的好朋友闹翻。游戏中的社交经验并未进入现实生活帮助他发展人际关系,游戏中获得的自我认同也没有让司徒华克服现实中的胆怯和自卑。两个人物之间的自我整合没有出现。① 巢乃鹏等人在研究线上自我认同和线下自我认同时发现,RPG 青少年玩家的线上自我认同与线下

① 雪莉·特克.虚拟化身:网路世代的身份认同[M].台北:远流出版事业股份有限公司,1998:265-277.

自我认同之间出现了分裂的状况。这种分裂一方面显示了“自我”的多样性，另一方面也说明，玩家通过游戏角色互动所构建的线上自我认同，无法转化为对线下自我认同的显著延伸和有效修正。①

笔者的访谈对象中没有出现像司徒华这样在现实生活和虚拟世界中呈现出完全不一样的自我的玩家。访谈发现，绝大部分青少年玩家能够分辨现实生活与游戏世界的不同，他们的线上认同和线下认同确实表现出差异，但这种差异是他们在不同的互动环境中由于情境判断和自我认识的不同而主动建构的，并非因玩家无法分清“进去”和“出来”而造成。事实上，青少年玩家虽然偶尔会混淆虚拟和现实，但从笔者的研究来看，大部分青少年能够根据互动情境调整个体行为，他们在网络游戏中建构的自我认同有别于线下认同，恰恰说明了他们对虚拟世界和现实社会有清晰的认知，并且能够以不影响现实生活为前提来建构线上认同。

## 四、生活规划

在埃里克森看来，自我认同的建构主要具有 6 种功能：为个体的过去、现在和预期的将来提供主观的连续性；为综合个体与父母、同辈群体的认同提供心理机制；为生活的不同方面的组织和整合提供框架与结构，促进行为的跨情境的一致性；帮助个体防止突然的不连续的体验；为社会比较提供基础；为个体的生活提供方向感。② 其中，为个体的生活提供方向感即吉登斯所指的，建立在对个人经历进行反身性理解基础上的自我认同有助于生活规划的形成。生活规划是以反身性方式形成的自我发展轨迹之实质内容。③ 在充满生活方式备选项的现代社会，策略性的生活规划显得格外重要，可以被用于反身性思考并安排个人生命周期中的阶段性时间。

青少年时期是儿童向成年人发展的过渡时期，青少年在这个时期中通过各种方式发展自我意识、探索自我认同，并努力从中制定出合适的未来生活规划。

① 巢乃鹏，马晓菲. 自我的分裂：角色扮演网络游戏青少年玩家的自我认同研究[J]. 新闻大学，2016(02)：107-114.

② 埃里克·埃里克森. 同一性：青少年与危机[M]. 杭州：浙江教育出版社，1998：117.

③ 安东尼·吉登斯. 现代性与自我认同[M]. 北京：中国人民大学出版社，2016：77.

在这中间，“具备反身性特征的、有组织的生活规划是经过专业知识过滤后对风险的考量”[①]，对充满反思性的自我认同建构的不断尝试使青少年对于自我的认识越来越清晰，能够为明确个人生活规划提供方向。作为在青少年玩家日常生活中占据一定位置的重要休闲活动，网络游戏经历已经融入部分玩家尤其是资深重度玩家的现实自我认同之中，他们的生活规划受到各自游戏经历及随之而来的游戏认知的影响，网络游戏既有可能成为玩家未来的职业生涯目标，也有可能影响玩家的生活规划。

“我现在还没有到舞台上吧，我的梦想只有在 KPL[②] 舞台上才能实现。现在可以说迈进了半只脚，我上面还有一些更顶尖的，就是一线职业选手，我现在充其量算一个二线的。我对未来的规划目前是打到 KPL，如果《王者荣耀》不火了，我会参与其他电竞项目，直到打不动了，转管理层管理队员。管理，边做队员边学习嘛，不需要刻意去学吧。青春饭，是现在成年人对电竞的看法。现在电竞和体育我感觉是一样的，都是竞技，体育有跳高、跳远、跑步等项目，就跟有不同的电竞游戏一样。”（玩家 M23）

“先打两年职业吧。当主播没梦想，就为了赚钱。正儿八经打职业的最早的时候不会开直播的，只有出了名以后和俱乐部签约了要开一下。”（玩家 M10）

玩家 M23 是俱乐部的职业电竞选手。对于他的职业选择，父亲很支持，母亲和爷爷奶奶一开始都比较反对，爷爷还一度要去上海把他接回来。在父亲和他的解释下，家人们了解到电竞选手也是一份正当职业，有五险一金和法定休息日，而且工资待遇并不低，这才逐渐扭转态度。M23 对自己的未来有非常清晰的规划，他希望能进入最高规格的全国职业联赛，成为一线职业选手，之后再转为俱乐部管理人员。为此，正像他的 QQ 签名“不对自己狠一点，拿什么成功”所表达的那样，M23 严格执行俱乐部的日常训练要求，并参与各种赛事锻炼自己。在他看来，电竞选手和篮球、足球运动员一样，属于高薪、高付出的竞技类职业，应该受到同等的重视和尊重。他从游戏经历中获得的对于自己能力的认知和对于电竞职业的认知，不仅被用于构建个人自我认同，而且被用于指导并说服他人接受和理解自己的生活规划。

---

① 安东尼·吉登斯. 现代性与自我认同[M]. 北京：中国人民大学出版社，2016：05.

② KPL（King Pro League），即《王者荣耀》职业联赛，是《王者荣耀》官方最高规格的专业竞技赛事，也是整个移动电竞行业中的顶级职业赛事。

玩家 M10 竞技类游戏玩得很好，他的生活规划也是毕业后先进入电竞行业工作一段时间。在他的认知中，只有职业选手可以称得上是游戏玩家的梦想，即使同一个行业内的其他职业，例如主播，都只是赚钱的工具，成为游戏主播不能被称为梦想。M10 的看法难免有偏激之处，但从中也可以看出他对未来凭借自己努力成为职业选手的自信和自豪，对于他而言，能够在“用脑”的电竞行业占有一席之地，是个人能力的一种体现，是自我认同的一种实现。

在我国，电子竞技职业化道路尚处于不断完善之中，无论是社会还是家人，对其接受度总体还比较低。玩家 23 和 M10 是笔者的访谈对象中唯二对电竞职业有清晰规划的青少年玩家。绝大部分玩家没有将游戏作为终身职业的打算，但游戏经历对他们未来生活规划的影响仍时而可见。

“我之前很想做游戏解说的！可是现在发现解说的学历都好厉害……人大什么的。嗯嗯，就是感觉这个行业竞争开始变得激烈了。”（玩家 F1）

“未来想当兵，想考军校。如果考不上好一点的军校的话，就选某种比较喜欢点的职业。比如说医生、会计，读完之后不是就学会这种技能了嘛，如果当了医生，家里人生病了也能帮得上。又比如说在家里直播、当代练。上了大学我也可以直播啊。电竞专业没想过，因为那种电竞专业一般就是打《英雄联盟》，自学就可以，还是要学一个专业，生活里多一种技能，就能多一种渠道吧。”（玩家 M22）

“玩《狂野飙车》时看那些车很酷，以后就想做汽车设计师。我以后准备学机械工程学，想和跟我兴趣一样的一个同学开个汽车厂，他做电子那块，我做工程这块。我现在在机器人团队主要是工程师搭建师，编程我也会一点，但不多。跟我兴趣一样的那个同学也是在这个团队里，他搭建比较不成熟，但他编程也不错。我们各有所长，我们都喜欢汽车，平常交流也很多。我现在学完英语，回来之后应该也算比较好的了，之后再学德语。”（玩家 M19）

玩家 F1 从小学开始玩游戏，对游戏的热爱让她一度想做一名游戏主播，但经过了解，她发现在竞争激烈的电竞行业，主播的门槛并不低，不少游戏主播都是名牌大学毕业。她在放弃从事电竞职业的同时决定申请到国外高校就读研究生，进一步提升学历，并已成功拿到两所英国大学的录取通知书，将继续在传媒专业深造。F1 选择继续学习当然不只是被游戏主播的学历所刺激，更多是一种综合考虑的结果，但对游戏行业的逐渐了解确实对她的深造决定起到促进作用，使她意识到即使从事“不务正业”的电竞行业都需要学历学位打底，进而激发了她深造的想法。

玩家 M22 目前高一，课余经常接游戏代练工作赚钱。他的生活规划中首先是考大学，学一个自己喜欢的专业，但游戏直播和代练也在其备选职业当中。M22 就读的是普通高中，成绩挺好，在班上属于能玩能学，人缘又好的学生。高一开始的游戏代练经历让他意识到“玩得好也能赚钱”，由此在某种程度上影响了他对自己未来的规划。

玩家 M19 喜欢玩《狂野飙车》，他有时会录游戏视频上传到爱拍网和哔哩哔哩网站上，并且“现在已经有好几个粉丝了”。游戏激发了他对汽车的喜爱，线下的机器人培训又培育了他对机械工程的兴趣。虽然才初一，M19 已经为自己定下了汽车设计师的职业方向。接受访谈后不久，M19 就要跟随赴美访学的父母去美国学习一年，他打算先学好英语，回国后学习德语，以后再到德国学习车辆设计。

当然，绝非所有游戏玩得好的青少年都会将网络游戏与自己的生活规划关联起来。大部分青少年玩家只是纯粹将游戏作为生活中的一种休闲方式，而生活规划则是依据兴趣、特长、成绩和家庭条件综合做出的对自己生活的安排。例如，玩家 F6 的父亲是游戏公司老总，她自己对游戏也有诸多正面的看法，并给笔者发来 8 条游戏吸引她的原因，但她从未考虑过从事游戏相关工作，对父亲的游戏公司“一点都不感兴趣”。F6 高考时报考的是传媒类专业，打算毕业后进入电视台、报社、杂志社等媒体单位。玩家 M2 是医学类专业的大一学生，他认为当前必须要把学习成绩提上去，因为“只有现在读好了，以后的职业规划才能够跟得上”。玩家 M3 性格温和稳重，他遵从家人的想法，希望毕业后进入政府部门或银行等较为稳定的单位工作。

上述玩家的经历和想法表明，青少年玩家基本上都从比较正面的一面来看待游戏，他们中大部分人视网络游戏为自己的一个爱好，也有小部分人会受到游戏行为的激励而制定相应的生活规划，甚至直接将游戏作为职业方向。但是，需要指出的是，也有个别玩家对自己未来的发展表现得很迷茫。

“我现在对深造这些其实都不是非常了解。我现在才大一，如果要深造是要先专升本吧，专升本以后如果再深造是要考研，对吧？这些我都不是太了解。大二才会慢慢考虑，先玩一年再说。”(玩家 M8)

“最主要就是现在比较茫然，就知道他们要我学习，但是我不知道以后要干什么，也没有什么想干的，就没有学习动力。游戏的话，暂时没有找到比游戏更有意思的事情。其实我觉得像刘×他们这样的挺累的，年级第一嘛，你要成绩排名稍微下滑一点，就会受到来自老师和家长的压力，感觉其实特别累。我现在觉得挺开心的，就我现在这个样子挺舒服的。我朋友嘛，小学的时候成绩跟我差不多，她比我差一点，后来她是去蓝青（指宁波市鄞州蓝青学校）了，然后成绩的话就那种差不多在下游这样子，家长和老师就那种压着，她觉得挺累的，所以我也挺心疼。重点高中我也不怎么想上，感觉上个普高就差不多了。（玩家F15）

玩家M8和F15在学校里属于成绩中等偏下但人缘还不错的学生，网络游戏在他们的生活中占据了很大份额。M8沉迷于游戏，平时学习比较迷糊，是班上的开心果，他对未来生活还没有任何规划，认为自己现在才大一，"先玩一年再说"，等大二再慢慢了解并考虑以后发展的方向。虽然M8就读的是大专，但毕竟已考入大学，拥有了最基础的社会资本。与之相比，没有方向感、缺少学习动力的玩家F15更加令人担忧。F15目前读初二，对学习没有什么兴趣，每天晚上回家玩2～3小时游戏。她对未来发展没有规划，不知道自己要干什么或想干什么，感觉上个普高就差不多了，没有感受到自我存在的意义和价值。生活规划的缺失导致她出现自我认同危机，随着"自我价值感、自我意义感的丧失"①，自我认同危机反过来又影响她对成长方向的探索，二者相互影响，使F15极度迷茫，只能沉浸于目前"最有意思"的游戏中，甚至对游戏失去自我控制。

## 第三节　本章小结

在吉登斯看来，自我认同是个体对其个人经历进行反身性理解而形成的自我概念。吉登斯强调自我认同的反思性，指出自我认同是个体在回顾过去的经历中对"我是谁""我在哪""我要干什么"的不断追问。网络游戏为青少年玩家探索和思考自我认同提供了新的空间。伴随着个体成长及其网络游戏经历的日益丰富，青少年玩家在建构自我认同的同时也不断对游戏行为进行反思，思考自我在网络游戏中的价值和意义。因此，本章从青少年玩家的成长角度出发，分析玩家成长对自我认同发展的影响，探讨玩家如何看待身处游戏世界的自己。

---

① 罗洛·梅. 人寻找自己[M]. 贵阳：贵州人民出版社，1991：45.

自我认同产生于个体自身及与外在环境的互动。随着青少年玩家的成长,他们逐渐建构起自己的知识体系和价值体系,对世界的认知更加客观和全面,其互动对象、互动环境和互动内容都发生了变化。年龄、学识和阅历的增加,推动青少年玩家的自我认同建构不断发展。一方面,玩家游戏动机的变化反映了自我认同的发展。最开始,青少年玩家因为新鲜、有趣和好奇而进入游戏世界,开始探索与现实生活迥异的虚拟时空,享受脱离身体和身份的自由,寻找一个与现实中不同的自我。接着,当经过最初的熟悉和尝试阶段,寻求虚拟成就成为玩家玩游戏的新动力,他们渴望通过游戏中的成功得到他人的肯定与认可。之后,随着游戏经历的增加和游戏经验的积累,青少年玩家逐渐发展出最主要的游戏动机,获得成就、社交、休闲享乐等不同的游戏动机反映了玩家不同的自我认同。由此笔者发现,青少年玩家在网络游戏中的自我认同普遍存在从扩散状态向延缓、早闭以及获得状态发展的趋势。另一方面,随着个体年龄的增长,玩家的性别角色观念渐趋成熟。部分初中生和高中生玩家对女性玩家表现出轻视态度,个别中学生玩家甚至对性别转换行为持有偏见,显示出固执的生理性别角色观念。然而,大学生网络游戏玩家基本上能够正确看待男女性别角色上的差异,很少出现对女性玩家的刻板印象与歧视态度。随着年龄和学识的增长,青少年玩家逐渐发展出理性、客观、成熟的性别角色观念。

自我认同发展的过程也是青少年玩家不断追问“我在哪里”和“我去往何处”的过程。现代性造就了时空分离,互联网进一步模糊了现实与虚拟的界限,青少年玩家长期徜徉在游戏世界里,逐渐形成了对自己与游戏关系的独特看法,后者又反过来影响了玩家对未来发展的规划,自我认同的反身性得以体现。

第一,青少年玩家普遍从积极的一面看待自己身处的虚拟世界。绝大部分玩家将网络游戏当作一种休闲和消遣方式,并认为网络游戏在训练思维反应、拓展社交关系、促进进取心等方面有所帮助,还有助于缓解和发泄负面情绪。青少年玩家基本上能够反思性地看待自己的游戏经历,既肯定游戏的正面影响和价值,也指出控制游戏的必要性。第二,大部分青少年玩家会对游戏行为和个人情绪进行有意识的自我控制,学习成绩比较好的玩家自我控制和自我反思能力比较强,能够根据具体情况随时反思自己的游戏行为,防止自己深陷虚拟空间。第三,玩家在虚拟空间和现实生活中建构的自我认同出现了双向性:一方面,线上认同和线下认同有时可能界限模糊,交织在一起,使玩家产生认同混乱;另一方面,大多数时候,现实环境、互动对象等因素会促使青少年玩家将线上认同与线下认同割裂开来，按照两个世界不同的行为规范与评价体系，以不影响现实生活为前提来建构线上自我认同。第四，游戏认知、行为控制、认同建构等上述因素对青少年玩家的生活规划产生了一定影响。虽然大部分青少年玩家只是将游戏视为陪伴自己的一个爱好，仍有部分玩家在制定生活规划时受到游戏的影响，甚至直接将网络游戏作为未来的职业方向。笔者也发现，个别玩家由于缺少动力和方向感，对未来发展没有规划，导致自己沉迷于游戏之中，出现了自我认同危机。

# 第六章　结论与展望

## 第一节　研究结论

自我认同是个体对于自己是谁和自己将会怎样的主观感受和体验，是个体在与环境和他人的互动中对自我成长的不懈追求。互联网的发展为个体实现自我认同提供了有别于现实社会的另一个空间，使人们能够挣脱身体在场时的拘谨和束缚，抛开现实身份的限制与规约，隐藏在昵称背后尽情地嬉笑怒骂，表达自己的情绪和态度。实际上，雪莉·特克直接将电脑称为"第二个自我"(a second self)。在她看来，网络具有自我建构和自我延伸的功能，当人们参与电脑中介传播(computer-mediated communication)时，他们不只是改变文本的作者，同时也成为自我的形塑者，透过社会互动而建构新的自我。作为互联网的应用之一，网络游戏因为情境的逼真性和互动内容的开放性，更是赋予玩家充分的展示机会。玩家可以在游戏中再造一个身体，行走于丰富多彩的虚拟空间，在放松身心之余探索自我发展的多重可能，在与游戏角色和游戏玩家的多重互动中塑造一个新的自我。

玩家在网络游戏中为自己设定新的身份，并通过游戏中的互动逐渐建构起这个新身份的个人形象与社会关系。正是因为玩家对游戏角色的不断投入与长期经营，在部分玩家眼里，虚拟自我俨然就是另一个真实的我。2000 年在椰林站 MUD 讨论区里曾发生一场争执，某资深 MUD 玩家退出了台大龙域网的 RPG，但他在该 MUD 的好友随即发现有人注册了他的昵称。许多人为这个所谓冒充或侵占的举动感到不安，因而试图要求那位新注册的使用者放弃使用该昵称，其中一位网友甚至声称：对他而言，MUD 不仅是个游戏，而是一个实实在在的生活领域，昵称也不只是个昵称，而不折不扣就是他的朋友的名字。[①] 玩家将游戏角色看作自己的化身，对游戏里的互动以及因此而构建的社会关系和所倾注的情感信以为真，这样的情况虽然现在已经很少出现，但玩家确实在网络游戏中发现了自我的更多面向，获得他人的认可与肯定，建立起包括亲密关系在内的各种社会网络，甚至从中找到个人职业发展方向。游戏中的自我认同问题已经不容忽视。

## 一、研究发现

本书在符号互动论的理论观照之下，采用米德的研究视角，依托埃里克森、J. M. 乔克和吉登斯的自我认同理论，以青少年玩家为研究对象，分析玩家的游戏实践，以探讨网络游戏中自我认同的建构。按照米德对于心灵和自我的分析，儿童首先在独自玩耍时进行自我互动，产生模糊的自我意识；继而，儿童开始意识到他人的存在，发展出有意味的姿势或符号与他人互动，并根据他人的态度逐渐建构自我认同；之后，儿童参与不同的社会群体，在群体活动中得到作为一般化的他人的群体成员的共同态度，并在此基础上调整自己的行为，完成对自我认同的建构。

自我认同产生于互动之中。基于米德的视角，笔者以玩家在游戏中的符号互动为分析对象，从个人认同、社会认同和集体认同三个维度探讨青少年如何在网络游戏中建构自我认同。研究发现，青少年玩家首先与游戏角色进行互动，通过对角色的选择和扮演呈现个体对于个人形象及能力、价值观和人生观的追求，从中建构个人认同。玩家在建构个人认同时进行现实自我与理想自我的双重投射，玩家既希望在角色身上呈现自我的某些特征，也希望借助角色让自己更加完美。其次，青少年玩家以角色为依托和其他玩家展开多种形式的互动，从中获取来自他人的态度和评价，建构社会认同。他们通过竞争得到他人的羡慕和崇拜，实现对价酬偿，满足自我实现和自我超越的心理需求。玩家在互动中与其他玩家建立情侣/“基友”/死党、夫妻、师徒等亲密关系，以自己的方式建构或解构亲密关系的内涵，从彼此的态度中发展自我意识，形成社会认同。最后，青少年玩

① 黄厚铭. 网路上探索自我认同的游戏[J]. 教育与社会研究，2002(03)：78.

家还加入各种游戏共同体，以不同身份和群体成员互动，在和一般化的他人的态度往来中建构集体认同。对于核心成员而言，他们在创建及管理团队过程中实现了自我成长，并在权力实践中体会到权威感和满足感。对于普通成员而言，他们享受着集体身份带来的归属感，并在相互陪伴和团队协作中得到其他成员的认可与肯定，从中实现个人价值、获取情感支撑。

经由个人认同、社会认同和集体认同这三个自我认同维度的不断积累，青少年玩家在游戏虚拟空间逐渐建构起自我认同。在此过程中，玩家也在回顾和期望中对自我认同进行着反思和调整。一方面，伴随游戏经历的增加，青少年自身的成长对自我认同发展产生影响，促使自我认同不断调整，直至实现。另一方面，玩家的游戏认知、行为控制和生活规划之间相互作用，影响着自我认同的建构。

## 二、研究贡献

在上述研究发现的基础上，本书从理论和实践方面与已有研究对话，产生了如下几点贡献。

其一，本书试图对米德的符号互动理论做出一点小小的补充。自我认同"私我"和"公我"的部分是相互影响、彼此作用的关系。米德在论述个体自我发展时，特别强调他人态度对个体自我认同的影响，认为只有将群体的态度纳入个人行动之中，个体才能拥有充分发展的自我。[①] 笔者的研究显示，虽然社会认同和集体认同产生于青少年玩家与其他人之间的互动，但其他玩家或一般化的他人的态度并不是认同建构的唯一来源，玩家自我认同中个人认同的部分比如价值观仍然会发挥作用，对社会认同和集体认同的建构产生影响。据此可以认为：个体会根据他人或群体的态度调整个人行动，使自身符合他人的期待，一旦个体已有价值观和自我认知与他人态度相抵触时，个体很可能会坚持已经建构的个人认同，自我认同中的"私我"并不会完全臣服于"公我"。

其二，笔者发现，传统的集体认同建构方式在网络游戏世界并不完全适用。在传统的集体认同建构中，集体身份归属是很重要甚至是最主要的一种建构方式，然而在网络游戏世界中，这一建构方式并不完全适用。玩家角色身份的多元

① G. H. Mead. *Mind Self and Society*[M]. Chicago: The University of Chicago Press, 1934: 151-155.

化和游戏共同体组织本身具有的流动性，加上游戏类型不同对共同体组织重要性也有所不同，决定了青少年玩家对单纯的集体身份不是非常在意，玩家的团队归属感呈现出减弱趋势。相反，他们将集体认同建构的重心转移到和团队成员的日常互动中，从相互合作与长期互动中发展亲密感情，获得他人的认可、肯定与感谢，并形成联系更为紧密的小团体。

其三，对于性别转换和角色依附这两个讨论网络游戏中自我认同时的常见议题，本书的发现更新或推动了已有研究的成果。已有研究认为，青少年男性玩家会出于利益目的而进行性别转换，本书发现，青少年玩家实施性别转换主要是基于体验的目的，他们在游戏过程中普遍持有男女平等观点，表明玩家自我认同中独立和平等意识的增强。同时，已有研究中多次提及的角色依附现象也发生了变化。随着网络行为实践的增加，青少年玩家对游戏虚拟性有较为清晰的认知，角色依附现象大为减少，玩家视虚拟角色为陪伴现实我成长的另一个自己，对角色的情感从代入与“附体”转化为对游戏岁月的回忆和纪念。

## 三、启示与反思

按照福柯的看法，人的自我是被发明出来，而不是被发现的。① 网络游戏具有匿名、流动、不确定、没有终结的特性，青少年玩家在网络游戏中的互动，从某种意义上说正是福柯所说的“发明”另一个新的自我的过程。黄少华进一步指出，“不管是现实中的人还是网络中的人，都永远是未完成和未定型的，人的存在，就是一个不断创造新的可能性的过程”②。笔者发现，网络游戏中的自我认同建构正是这样一个持续的、不断发展的过程。也正是因为自我认同建构的复杂和动态，本研究带给我们的不只是上述研究结论，还有很多启示与反思。

网络游戏的类型和内容更新换代很快，对青少年玩家在游戏中的自我认同建构需要从更广泛的视野予以考察。对玩家自我认同的研究至今仅有 20 多年历史，从最早的雪莉·特克开始，大部分研究者将研究场域设定在 RPG 中。这一方面是因为从 20 世纪七八十年代开始，RPG 在相当长的时期内一直是最受玩家青睐的游戏类型，另一方面是因为此类游戏赋予玩家最大的自我展现和社

① 詹姆斯·米勒. 傅柯的生死爱欲[M]. 台北：时报文化出版公司，1995：112.

② 黄少华. 另一种文化比较的尺度[J]. 兰州大学学报(社会科学版)，2000(03)：07-08.

交空间,也因此对玩家自我认同建构具有较大意义。然而,正如玩家 M8 在谈到《魔兽世界》玩家时所讲到的那样:“他们是属于上一辈的人,80 后。他们那个时间没见过这么好的游戏,所以都喜欢这款游戏,但我们现在选择太多了,这款游戏太老了。”如今,游戏类型发生了变化,RPG 已不再是青少年玩家最喜欢的游戏类型,MOBA、FPS 等游戏类型正在取而代之。因此,许多基于 RPG 做出的研究成果,需要被重新审视。

同时,网络游戏是当前青少年中普遍流行的娱乐社交方式之一,比起隔绝和压制,更重要的是如何引导青少年从中发现一个更好的自我,并促进他们现实自我的成长。网络游戏曾经被视为危害青少年发展的洪水猛兽,用于矫正过度游戏行为的电击疗法甚至一度颇受网瘾青少年家长的欢迎。及至现在,一些家长和老师仍对网络游戏讳莫如深,笔者在访谈过程中就遭遇不止一位家长或老师的委婉拒绝。然而从笔者的访谈结果来看,绝大部分青少年对网络游戏还是持有比较清晰的认识,能够处理好娱乐与学习、生活的关系。对于部分存在过度游戏行为的玩家来说,生活规划的缺乏是他们沉迷于游戏的一个重要原因。

玩家 F15 成绩不太好,因为不喜欢新换的语文老师,原本还可以的语文成绩也迅速下降,对学习几乎完全丧失兴趣。她不知道自己想干什么,也不知道自己能干什么,生活规划的缺乏导致自我认同危机出现,因而只能躲到游戏中寻求自我价值。M8 在进入大学后同样缺少生活规划,对于未来完全没有考虑,“先玩一年再说”。即使考入重点大学的玩家 M13,也表达了对于未来的迷茫。

“从小到大一个目标就是高考,考得好,进入一个好大学,家长老师都是这么说的。但是当你达到这个目标以后呢,家长老师都消失了,你爱咋咋地,你自己决定。有时候我就很迷茫。我高三的时候,哇,就一年了,考个好大学,争光。争完光,然后呢,没了。考研、出国、工作,都没人说啦。所以说就很奇怪。”(玩家 M13)

上述玩家的案例值得我们反思。青少年时期是个体生理和心理发育出现重大变化的时期,也是个体明确个人发展方向并为之付出努力的重要时期。个体在这个阶段里会面临巨大的升学压力,面对发展方向的多重抉择,也可能会经历友情及爱情的复杂变化。这一阶段的青少年心理发育还不够成熟,价值观和人生观的建构尚不完善,需要来自家庭、学校以及同学朋友的积极引导。如 M13 讲述的那样,即使进入大学,也并不意味着他们能够完全自主地选择未来的道路。因而,如何合理并且有效地引导青少年玩家发现自己的优势和兴趣、建立起适合自己发展的生活规划、避免玩家深陷于网络游戏，是一个需要家长、学校、游戏产业、政府和整个社会思考的重要问题。建立游戏分级制度，加强对网络游戏内容的监管；实行对游戏时间和玩家年龄更有力的限制，防止对利润的过度追求；丰富校园生活，加强学校对青少年的吸引力；变堵为疏，以共同玩游戏的方式引导子女树立正确的游戏行为价值观，并制定奖惩措施将玩游戏与学业发展联系起来……这些都是值得考虑的解决方案。毕竟，对于绝大部分青少年玩家而言，游戏只是陪伴他们成长的一个玩伴，是他们发现和展示自我的另一个舞台。这个舞台与现实舞台并行交汇，在一定时期内融合共生，但始终不可能完全代替多姿多彩的现实生活。

玩家 M13 曾提及某论坛里有一个帖子，该帖子的楼主发问："你觉得有一天电脑游戏会完全取代现实生活吗？"其中点赞数量最多的回复就是"人永远最开心的是和人玩"。随着青少年玩家的成长，他们在网络游戏中建构的自我认同将内化为现实自我的构成部分，伴随他们继续在现实交往中追求自我的发展和实现，游戏在自我实现和人际交往方面的功能将逐渐减弱。正如美国电子游戏研究专家希德尔·古塔教授所说："游戏的本质是制造快乐，游戏者的初衷也是寻找快乐。当电子游戏随着科技的发展，规则变得越来越复杂、画面越来越精致时，游戏者的快乐也就差不多要开始往尽头走了。随着年龄增长，游戏者会觉得越来越不好玩，为什么呢？因为社会角色的分配会使生活逐渐丰富多彩起来，人们也就无须依靠虚拟世界来寻求快乐和满足。而对于电子游戏本身来说，陪伴人类走过了一段寂寞的时光，它也光荣地完成了它的历史使命，这是一个很光明的结局。"①

## 第二节　研究局限与展望

### 一、研究局限

自我认同是一个跨越传播学、社会学和心理学的多学科概念，涉及互动行为、社会关系、性格和心理等个体发展的多方面内容。关于青少年认同的研究很

① 鲍蝇.网络青年亚文化现象：年轻人为何迷恋"网游"[N].中国青年报，2014-11-03.

多,研究者们针对不同青少年群体,从国家、政治、民族、文化、道德等不同认同内容展开探讨,形成了相对丰富的研究成果。然而对于青少年自我认同,尤其对于虚拟空间自我认同问题的探索还比较欠缺。本书使用深度访谈资料,试图全面描述青少年玩家的游戏互动,深入展现网络游戏中玩家自我认同建构的过程与心理机制,但由于国内外的已有研究相对缺乏,加之研究者对融合多学科理论的把控能力稍显不足,分析过程中对一些现象和问题的理论阐释还不够深刻,如虚拟空间里自我认同建构的规律、自我投射的心理因素、亲密关系被解构背后的文化机制与社会语境、现实自我认同与虚拟自我认同之间的复杂关系等,有待以后进一步深化。

本书在研究方法和调查中也还存在一些具体问题。本书采用质性研究方法探讨青少年玩家在网络游戏中的自我认同建构。笔者在半年时间内共访谈了47位青少年玩家,并尽可能使样本在年龄、年级、学校和地域方面实现多样化,然而自我认同的建构是伴随玩家成长而不断发展的过程,虽然玩家在访谈中会回顾以往的游戏经历和感受,并且笔者对不同年龄段玩家的情况进行了对比分析,但长期跟踪研究的缺失仍使本书在论述自我认同发展时显得不够充分。

与此同时,对于访谈中发现的个别典型案例,本书没有进行深度挖掘。比如,玩家F5和M28提到他们有同学出于身体缺陷原因,在现实和游戏中表现出不一样的自我,并且在游戏中构建的虚拟自我认同并没有改变他们的现实交往困境。又比如,玩家M1和F6提到同学和邻居中有沉迷游戏直至成瘾,甚至不上学不工作就宅在家里玩游戏的青少年。这些玩家虽然数量很少,但也是青少年玩家群体中不可忽视的一部分,探讨他们的自我认同建构将丰富和深化本书的研究主题。然而在有限的时间内,这部分群体很难接触。笔者试图通过访谈对象联系这几位玩家,均因各种原因遭到了拒绝,不能不说是一大遗憾。

另外,质性研究方法自身的缺陷在本书中依然存在。亨利·詹金斯等人指出,接受访谈的孩子会以一种“应然的方式”来回答提问,他们会选择“对于他们的性别而言看起来是合适的”[①]的回答来应对采访者。笔者在研究中也有类似感受,即青少年玩家会有意识地根据互动情境选择有利于自己的表述,这可能也是本研究中较少呈现游戏负面因素的原因之一。个体的互动行为及其内心发展

① 戴安娜·卡尔,等.电脑游戏:文本、叙事与游戏[M].北京:北京大学出版社,2015:221.

都是非常复杂的，要想全方位地呈现和阐释青少年玩家自我认同的建构，还需笔者更多的努力和尝试。

## 二、研究展望

根据中国互联网络信息中心公布的《2019 年全国未成年人互联网使用情况研究报告》，中国未成年人（小学、初中、高中及中等职业学校学生）网民中的网络游戏用户占 61.0%。[①] 而《第 45 次中国互联网络发展状况统计报告》则显示，截至 2020 年 3 月，我国网络游戏用户规模已达到 5.32 亿[②]，比 2017 年 6 月笔者着手研究之时增加了 1.1 亿。虽然该报告没有提供网络游戏用户的具体年龄分布，但从网民群体的相关数据（学生群体占比最大，达到 26.9%；10～19 岁和 20～29 岁网民在网民总数中分别占到 19.3%和 21.5%）可以推断，青少年仍然是网络游戏用户的主体。

生活中，我们随处可见青少年玩家在学习、等车的间隙玩游戏，和同伴交流游戏经验、比较游戏战绩，网络游戏已经成为青少年娱乐休闲和填充碎片时间的主要工具之一。他们在虚拟世界中体验不同年代、不同剧情的世界，透过角色面具呈现现实中无法展现的一面；他们追求等级、技能和金币的提升与积累，渴望在竞争中战胜他人；网络游戏还为他们提供了结交朋友、体验另一种性别及建构各种亲密关系的机会。青少年玩家从网络游戏里得到新的自我认知，他们玩游戏的过程也是自我不断成长、自我认同不断建构的过程。结合当前的研究成果，从这个意义上讲，网络游戏中的自我认同建构可以挖掘的空间还很广阔。在本文的资料收集和撰写过程中，笔者也发现了很多值得深入探讨的问题，有待于以后做出进一步的探索和讨论。

首先，社会科学的研究目的不仅是描述社会现象、阐释社会问题，更重要的是要推动个体和社会的共同发展。自我认同的产生建立在个体与他人长期互动的基础之上，其建构过程受到时间和环境等多种因素影响。之前研究中有少量

① 中国互联网络信息中心.《2019 年全中国未成年人互联网使用情况研究报告》[R/OL].(2020-05-13)[2021-03-09]. http://www.cnnic.net.cn/hlwfzyj/hlwxzbg/qsnbg/202005/t20200513_71011.htm.

② 中国互联网络信息中心.《第 45 次中国互联网络发展状况统计报告》[R/OL].(2020-05-15)[2021-03-09]. http://111.0.93.184/www.cnnic.net.cn/hlwfzyj/hlwxzbg/hlwtjbg/202004/P020200428596599037028.pdf.

研究者对青少年玩家的游戏实践展开一定时间的田野观察,但一则观察时间普遍在一年以内,二则大部分是对虚拟空间内的游戏行为进行总体观察,少有结合现实情境展开的讨论。如果条件许可,笔者希望将来能够在这方面进行一些尝试,以学制为阶段,持续跟踪初中生或大学生的游戏实践行为,并将玩家在现实生活中的互动环境和互动行为纳入研究范围,考察虚拟认同和现实认同之间的相互转换与影响,探索自我认同的形构及其对个人成长的作用。

其次,对于某些特定的典型案例,深入挖掘的必要性显而易见。特克的研究指出,部分玩家在网络游戏和现实生活中呈现出完全不一样的自我,但她对此并未给予充分的阐释。笔者从访谈中也了解到,确实有个别身体有缺陷的青少年玩家,在虚拟世界和现实世界里表现为两个人。这些玩家如何看待两个不一样的"我"?他们怎样控制虚拟和现实中自我的自由进出与角色转换?游戏中建构的自我认同能否延伸至现实生活,帮助他们发现并构建一个更好的自我?如果不能,对于这些在现实中处于弱势的青少年而言,网络游戏的意义何在?家庭、学校和社会又应该如何帮助他们?这些都是研究者个人非常感兴趣的问题,希望以后能在这方面做出一些探索。

# 参考文献

## 中文文献


1. 西格蒙德・弗洛伊德. 弗洛伊德谈自我意识[M]. 北京:中国商业出版社,2010.

2. 西格蒙德・弗洛伊德. 自我与本我[M]. 北京:台海出版社,2016.

3. 鲍丽娟,黄佩. 自我认同与化身的文化分析:基于网络角色扮演游戏[J]. 北京邮电大学学报(社会科学版),2012(01).

4. 彼得・M. 布劳. 社会生活中的交换与权力[M]. 北京:商务印书馆,2008.

5. 步平平. 网络游戏对青少年的心理发展影响初探[J]. 中国青年研究,2004(05).

6. 才源源,等. 青少年网络游戏行为的心理需求研究[J]. 心理科学,2007(01).

7. 曹殿联. 社会角色理论对青少年网络游戏行为的解读[J]. 河南师范大学学报(哲学社会科学版),2007(06).

8. 巢乃鹏,马晓菲. 自我的分裂:角色扮演网络游戏青少年玩家的自我认同研究[J]. 新闻大学,2016(02).

9. 车文博. 弗洛伊德文集 6:自我与本我[M]. 长春:长春出版社,2004.

10. 陈光磊,黄济民. 青少年网络心理[M]. 北京:中国传媒大学出版社,2008.

11. 陈佳靖. 网路空间・人际关系:线上线下・生活世界[J]. 资讯社会研究,2003(04).

12. 陈坤虎,等. 不同阶段青少年之自我认同内容及危机探索之发展差异[J]. 中华心理学刊,2005(03).

13. 陈文江,黄少华. 互联网与社会学[M]. 兰州:兰州大学出版社,2001.

14. 陈向明. 质的研究方法与社会科学研究[M]. 北京:教育科学出版社,2000.

15. 陈怡安. 线上游戏的魅力:以重度玩家为例[M]. 高雄:复文出版社,2003.

16. 陈俞霖. 网路同侪对N世代青少年的意义:认同感的追寻[M]. 嘉义:南华大学社会所,2003.

17. 陈俞霖. 网路同侪型塑及对青少年社会化影响之探讨[J]. 资讯社会研究,2002(03).

18. 恩特尔·卡西尔. 人论[M]. 上海:上海译文出版社,1986.

19. 斐迪南·滕尼斯. 共同体与社会[M]. 北京:商务印书馆,2010.

20. 弗里德里希·席勒. 审美教育书简[M]. 北京:北京大学出版社,1985.

21. 范国光,等. 虚与实性别化身研究:以《魔兽世界》探讨为基础[J]. 文化创意产业研究学报,2012(04).

22. 费孝通. 我看人看我[J]. 读书,1999(03).

23. 付强. 我心中的《魔兽世界》[J]. 互联网天地,2009(09).

24. 奥古斯丁. 忏悔录[M]. 北京:商务印书馆,1963.

25. 关萍萍. 游戏公会的社会网络关系与意见领袖研究:以《大话西游OnlineⅡ》为例[J]. 北京邮电大学学报(社会科学版),2017(06).

26. 郭爱妹. 社会性别:从本质论到社会建构论[J]. 南京师大学报(社会科学版),2003(01).

27. 郭金山,车文博. 自我同一性与相关概念的辨析[J]. 心理科学,2004(05).

28. 何灿,等. 自尊与网络游戏成瘾:自我控制的中介作用[J]. 中国临床心理学杂志,2012(01).

29. 贺倩如. 云南特有少数民族青少年自我认同研究[D]. 上海:复旦大学,2014.

30. 约翰·赫伊津哈. 游戏的人:文化的游戏要素研究[M]. 北京:北京大学出版社,2014.

31. 约斯・德・穆尔. 从叙事的到超媒体的同一性:在游戏机时代解读狄尔泰和利科[J]. 学术月刊,2006(05).

32. 约斯・德・穆尔. 赛博空间的奥德赛:走向虚拟本体论与人类学[M]. 桂林:广西师范大学出版社,2007.

33. 亨利・詹姆士. 威廉・詹姆士信件[M]. 波士顿:大西洋月刊出版社,1920.

34. 胡林涵. 青少年玩家在 MMORPG 中的认同行为结构[D]. 兰州:兰州大学,2015.

35. 黄厚铭. 网路上探索自我认同的游戏[J]. 教育与社会研究,2002(03).

36. 黄少华. 互联网的社会意义:以网络参与和网络游戏为例[M]. 杭州:浙江大学出版社,2015.

37. 黄少华. 另一种文化比较的尺度[J]. 兰州大学学报(社会科学版),2000(03).

38. 黄少华. 青少年网络游戏行为研究[J]. 淮阴师范学院学报(哲社版),2008(01).

39. 黄少华. 网络空间的社会行为:青少年网络行为研究[M]. 北京:人民出版社,2008.

40. 黄少华. 网络空间的族群认同:以中穆 BBS 虚拟社区的族群认同实践为例[D]. 兰州:兰州大学,2008.

41. 黄少华. 网络社会学的基本议题[M]. 杭州:浙江大学出版社,2013.

42. 黄少华. 网络游戏意识对网络游戏行为的影响:以青少年网民为例[J]. 新闻与传播研究,2009(02).

43. 黄少华,陈文江. 重塑自我的游戏:网络空间的人际交往[M]. 兰州:兰州大学出版社,2002.

44. 黄少华,刘赛. 青少年网络游戏行为的结构[J]. 兰州大学学报(社会科学版),2013(05).

45. 黄少华,等. 网络游戏中的角色扮演与人际互动:以《魔兽世界》为例[J]. 兰州大学学报(社会科学版),2015(02).

46. 黄少华,翟本瑞. 网络社会学学科定位与议题[M]. 北京:中国社会科学出版社,2006.

47. 黄盈盈,潘绥铭. 中国社会调查中的研究伦理:方法论层次的反思[J]. 中国社会科学，2009(02).

48. 柯舜智.传播研究转向：了解电玩游戏[J].新闻学研究，2010(102).

49. 李河.得乐园・失乐园：网络与文明的传说[M].北京：中国人民大学出版社，1997.

50. 李慧凤，蔡旭昶."共同体"概念的演变、应用与公民社会[J].学术月刊，2010(06).

51. 李慧敏.社会转型时期的自我认同与教育：以吉登斯自我认同理论为视角[M].北京：高等教育出版社，2005.

52. 李静，谢耘耕.大学生在社会热点事件中的社交媒体传播行为研究：基于上海10所高校的实证调查分析[J].新闻记者，2018(01).

53. 李巧兰.皮尔斯与索绪尔符号观比较[J].福建师范大学学报(哲学社会科学版)，2004(01).

54. 李伟，王桂菊.转型期大学生不良社会心态的表现、成因与治理[J].中国青年研究，2013(09).

55. 李岩.媒介批评：立场、范畴、命题、方式[M].杭州：浙江大学出版社，2005.

56. 李银河.西方性学名著提要[M].南昌：江西人民出版社，2002.

57. 李英明.网路社会学[M].新北：扬智文化事业股份有限公司，2000.

58. 李紫茵，王嵩音.线上游戏性别转换行为分析[J].传播与社会学刊，2011(18).

59. 廖佩珊，郑景仁.大台北地区中学生线上游戏涉入研究[J].智慧科技与应用统计学报，2004(02).

60. 林东泰.大众传播理论[M].台北：台湾师大书苑有限公司，2004.

61. 林雅容.自我认同形塑之初探：青少年、角色扮演与线上游戏[J].资讯社会研究，2009(16).

62. 林宇玲.超越召唤：线上游戏的快感——从Žižek的观点解析线上游戏的意识形态运作[J].资讯社会研究，2010(18).

63. 林宇玲.偏远地区学童的电玩实践与性别建构：以台北县乌来地区某小学六年级学童为例[J].新闻学研究，2007，90(01).

64. 林宇玲.线上游戏与性别建构[J].新闻学研究，2011(108).

65. 刘芳."制造青春"：当代流行文化与青少年的自我认同[M].北京：中国

社会科学出版社,2015.

66. 刘泓. 虚拟游戏的身份认同:网络游戏的文化体验之反思[J]. 福建论坛(人文社会科学版),2003(03).

67. 刘晋飞. 大学生在网络游戏世界中互动持续性的影响因素分析:对华中科技大学 282 名在校生的调查[J]. 中国青年研究,2009(07).

68. 刘瑛,黎民. 知识经济与团队精神[J]. 青年研究,1998(10).

69. 陆扬. 解析卡斯特的网络空间[J]. 文史哲,2009(04).

70. 马克·波斯特. 第二媒介时代[M]. 南京:南京大学出版社,2000.

71. 马克斯·舍勒. 死与永生·舍勒选集(下卷)[M]. 北京:三联书店,1999.

72. 毛晶晶. 青少年浪漫关系倾向发展特点、相关影响因素及其与学业成绩的关系研究[D]. 大连:辽宁师范大学,2012.

73. 埃里克·H. 埃里克森. 同一性:青少年与危机[M]. 北京:中央编译出版社,2017.

74. J. B. Ashford,等. 人类行为与社会环境[M]. 台北:双叶书廊,1999.

75. 查尔斯·库利. 人类本性与社会秩序[M]. 北京:华夏出版社,1999.

76. 欧文·戈夫曼. 日常生活中的自我呈现[M]. 杭州:浙江人民出版社,1989.

77. 欧文·戈夫曼. 日常生活中的自我呈现[M]. 北京:北京大学出版社,2008.

78. Jessica Mulligan,Bridgette Patrovsky. 网络游戏开发[M]. 北京:机械工业出版社,2004.

79. 简·麦戈尼格尔. 游戏改变世界:游戏化如何让现实变得更美好[M]. 北京:北京联合出版有限责任公司,2016.

80. 杰弗里·阿内特. 阿内特青少年心理学[M]. 北京:中国人民大学出版社,2009.

81. 洛雷塔·A. 马兰德罗,拉里·巴克. 非语言交流[M]. 北京:北京语言大学出版社,1991.

82. 罗洛·梅. 人寻找自己[M]. 贵阳:贵州人民出版社,1991.

83. Markus Friedl. 在线游戏互动性理论[M]. 北京:清华大学出版社,2006.

84. 诺曼·邓津,伊冯娜·林肯. 定性研究:经验资料收集与分析的方法[M]. 重庆:重庆大学出版社,2007.

85. 乔治・赫伯特・米德. 心灵、自我和社会[M]. 南京:译林出版社,2012.

86. 斯蒂芬・李特约翰,凯伦・福斯. 人类传播理论[M]. 北京:清华大学出版社,2009.

87. 雪莉・特克. 虚拟化身:网路世代的身份认同[M]. 台北:远流出版事业股份有限公司,1998.

88. 亚伯拉罕・马斯洛. 动机与人格[M]. 北京:中国人民大学出版社,2007.

89. 詹姆斯・米勒. 傅柯的生死爱欲[M]. 台北:时报文化出版公司,1995.

90. 蒙培元. 人是情感的存在:儒家哲学再阐释[J]. 社会科学战线,2003(02).

91. 孟威. 网络互动:意义诠释与规则探讨[D]. 北京:中国社会科学院,2002.

92. 乔纳森・特纳. 社会学理论的结构[M]. 杭州:浙江人民出版社,1987.

93. 沈杰. "仇富心理"何以可能:对北京市和杭州市问卷调查资料的分析[J]. 北京青年政治学院学报,2010(01).

94. 伊・谢・康. 青少年心理学[M]. 哈尔滨:黑龙江人民出版社,1985.

95. 孙晓娥. 深度访谈研究方法的施政论析[J]. 西安交通大学学报(社会科学版),2012(03).

96. 王建冬. 博客空间中的角色扮演现象研究[D]. 北京:北京大学,2008.

97. 汪民安,陈永国. 后身体:文化、权力和生命政治学[M]. 长春:吉林人民出版社,2003.

98. 王薇. "被划分"的群体:青少年网游玩家的社会身份认同[J]. 中国网络传播研究,2013(07).

99. 魏婷. 青少年网络游戏行为意向研究[M]. 北京:科学出版社,2015.

100. 魏屹东,等. 认知、模型与表征:一种基于认知哲学的探讨[M]. 北京:科学出版社,2016.

101. 吴玲玲. 网络游戏生态系统研究[M]. 福州:福建人民出版社,2016.

102. 吴小玲. 幻象与真实:网络游戏的文化建构[M]. 成都:西南交通大学出版社,2015.

103. 吴自强. 网络游戏互动对玩家自我认同的影响[D]. 兰州:兰州大学,2013.

104. 曼纽尔・卡斯特尔. 认同的力量[M]. 北京:社会科学文献出版

社,2006.

105. 曼纽尔·卡斯特尔. 网络社会的崛起[M]. 北京:社会科学文献出版社,2000.

106. 肖丽. 消费者的权力感和价格参照来源对其价格公平感知的影响及其机制研究[D]. 上海:复旦大学,2012.

107. 谢利·泰勒,等. 社会心理学[M]. 上海:上海人民出版社,2010.

108. 徐静. 认同·权力·资本:青少年网络游戏中的情感研究[D]. 杭州:浙江大学,2015.

109. 薛原. "入奥",电子竞技可以吗[N]. 人民日报,2017-11-24.

110. 严梦音. 虚拟与现实:网络游戏中青少年的自我认同[D]. 桂林:广西师范大学,2017.

111. 杨伯溆. 因特网与社会:论网络对当代西方社会及国际传播的影响[M]. 武汉:华中科技大学出版社,2002.

112. 杨敏杰. 线上游戏之消费者行为研究:态度、主观规范、知觉行为控制、行为意图与沉迷行为之应用[D]. 台中:台湾中兴大学,2006.

113. 杨善华,孙飞宇. 作为意义探究的深度访谈[J]. 社会学研究,2005(05).

114. 杨韶钢. 精神追求:神秘的荣格[M]. 哈尔滨:黑龙江人民出版社,2002.

115. 杨效宏,陈京京. 错位的角色肯定:网络游戏中的青年女性身份认同——一次个案的观察与分析[J]. 兰州学刊,2009(10).

116. 安迪·班尼特,基思·哈恩-哈里斯. 亚文化之后:对于当代青年文化的批判研究[M]. 北京:中国青年出版社,2012.

117. 安东尼·吉登斯. 亲密关系的变革:现代社会中的性、爱和爱欲[M]. 北京:社会科学文献出版社,2001.

118. 安东尼·吉登斯. 社会的构成:结构化理论大纲[M]. 北京:三联书店,1998.

119. 安东尼·吉登斯. 现代性与自我认同[M]. 北京:中国人民大学出版社,2016.

120. 安东尼·吉登斯. 现代性与自我认同:晚期现代中的自我与社会[M]. 北京:三联书店,1998.

121. 戴安娜·卡尔,等. 电脑游戏:文本、叙事与游戏[M]. 北京:北京大学出版社,2015.

122. 丹尼尔·米勒,希瑟·霍斯特. 数码人类学[M]. 北京:人民出版社,2014.

123. Nicky Hayes. 协作制胜:成功的团队管理[M]. 大连:东北财经大学出版社,1998.

124. 齐格蒙特·鲍曼. 共同体[M]. 南京:江苏人民出版社,2003.

125. 伊恩·伯基特. 社会性自我与社会面面观[M]. 北京:北京大学出版社,2012.

126. 约翰·诺顿. 互联网:从神话到现实[M]. 南京:江苏人民出版社,2001.

127. 游佳萍,陈妍伶. 虚拟社群中的组织公民行为之研究:以线上游戏团队为例[J]. 资讯社会研究,2006(11).

128. 翟本瑞. 逃到网中:网路认同形成的心理机制研究[J]. 第四届资讯科技与社会转型研讨会,2001.

129. 张春玲. 资本逻辑与现代人的归属感[J]. 南昌大学学报(人文社会科学版),2015(01).

130. 张春兴. 青年的认同与迷失[M]. 北京:世界图书出版公司,1993.

131. 章立明. 身体消费与性别本质主义[J]. 妇女研究论丛,2001(06).

132. 张林林. 青少年性别角色观的调查研究[D]. 长春:东北师范大学,2012.

133. 张雯宜. 影像传播与亲密关系:社交网络秀恩爱仪式研究[D]. 上海:复旦大学,2014.

134. 张轶楠. 网络游戏对青少年人格心理发展的影响[J]. 现代传播,2003(05).

135. 张玉佩. 线上游戏与媒体文化[J]. 新闻学研究,2011(108).

136. 张玉佩,吕育玮. 网路促进女性解放的可能? 从线上游戏开启的反思[J]. 中华传播学刊,2006(09).

137. 张玉佩,邱馨玉. 游戏媒体文化之男性气概探索:文本结构与玩家诠释[J]. 传播与社会学刊,2010(12).

138. 郑杭生. 社会学概论新修(精编本)[M]. 北京:中国人民大学出版社,2015.

139. 中共中央马克思恩格斯列宁斯大林著作编译局. 马克思恩格斯选集(第四卷)[M]. 北京:人民出版社,1995.

140. 钟智锦. 网络游戏玩家的基本特征及游戏中的社会化行为[J]. 现代传播,2011(01).

141. 周晓虹. 现代社会心理学:多维视野里的社会行为研究[M]. 上海:上海人民出版社,1997.

142. 朱丹红,等. 网络游戏中的社会互动与认同[J]. 兰州大学学报(社会科学版),2013(05).

143. 朱丽丽,何珂. 网络游戏迷的投射、补偿与社会动员:以《魔兽世界》迷为例[J]. 中国网络传播研究,2013(07).

## 英文文献

1. A. D. Meredith. The Presentation of Self in Massively Multiplayer Online Games[D]. Nottingham:Nottingham Trent University,2014.

2. G. Adams, R. Montemayor. *Patterns of Identity Development during Late Adolescence: A Descriptive Study of Stability, Progression and Regression*[M]. Utah:Utah State University,1987.

3. K. AhYun. Similarity and Attraction[M]//M. Allen,et al. *Interpersonal Communication Research*. New Jersey:Erlbaum,2002.

4. Alex Meredith,et al. Identity in Massively Multiplayer Online Games:A Qualitative Pilot Study[J]. Proceedings of iiWAS2008,2008.

5. Alexandra Buchan,Jacqui Taylor. A Qualitative Exploration of Factors Affecting Group Cohesion and Team Play in Multiplayer Online Battle Arenas (MOBAs)[J]. *The Computer Games Journal*,2016(05).

6. Anthony Giddens. *The Transformation of Intimacy*[M]. Cambridge: Polity Press,1992.

7. Hilary Arksey, Peter Knight. *Interviewing for Social Scientist*[M]. London:Sage Publications,1999.

8. A. Bandura. Self-efficacy:Toward a Unifying Theory of Behavior Change [J]. *Psychological Review*,1977(84).

9. R. Bartle. Hearts, Clubs, Diamonds, Spades: Players Who Suit MUDs [J]. *The Journal of Virtual Environments*,1996,01(01).

10. Faith Bayraktar, Zübeyit Gün. Incidence and Correlates of Internet

Usage Among Adolescents in North Cyprus[J]. *Cyberpsychology, Behavior, and Social Networking*, 2007, 20(02).

11. P. L. Berger. *Invitation to Sociology*[M]. New York: Doubleday, 1963.

12. F. Bernardo, J. M. Palma. Place Change and Identity Processes[J]. *Medio Ambientey Comportamiento Humano*, 2005(06).

13. I. Broverman. Sex Roles Stereotypes: A Current Appraisal[J]. *Journal of Social Issues*, 1972(28).

14. Chee Siang Ang, Panayiotis Zaphiris. Social Roles of Players in MMORPG Guilds[J]. *Information, Communication & Society*, 2010, 13(04).

15. J. M. Cheek. Identity Orientations and Self-interpretation[M]//D. M. Buss, N. Canter. *Personality Psychology: Recent Trends and Emerging Directions*. New York: Springer, 1989.

16. Chih-Chien Wang, et al. Self-present by Avatars in Multiplayer Online Role-Playing Games: The Influence of Self-esteem, Online Disinhibition, and Virtual Self-discrepancy. PACIS 2014 Proceedings, 2014.

17. Claude Lévi-Strauss. The Principle of Reciprocity[M]//Lewis A. Coser, Bernard Rosenberg. *Sociological Theory*. New York: Macmillan, 1957.

18. Craig Calhoun. *Social Theory and the Politics of Identity*[M]. Oxford: Blackwell, 1994.

19. Diane J. Schiano, et al. The "Lonely Gamer" Revisited[J]. *Entertainment Computing*, 2013, 05(01).

20. R. M. Dienesch, R. C. Liden. Leader-member Exchange Model of Leadership: A Critique and Further Development[J]. *Academy of Management Review*, 1986(11).

21. D. Dietrich. (Re)-fashioning the Techno-erotic Woman: Gender and Sexuality in the Cyberculture Matrix[M]//S. Jones. *Virtual Culture, Identity & Communication in Cybersociety*. London: Sage Press, 1998.

22. Dmitri Williams, et al. The Social Life of Guilds in World of Warcraft Games and Culture[J]. *Game and Culture*, 2006, 01(04).

23. Donald Horton, R. Richard Whol. Mass Communication and Para-social Interaction: Observations on Intimacy at A Distance[J]. *Psychiatry*, 1956, 19

(03).

24. Donald Horton, A. Strauss. Interaction in Audience-participation Shows [J]. *The American Journal of Sociology*, 1957, 62(06).

25. Elihu Katz, et al. Uses and Gratifications Research[J]. *Public Opinion Quarterly*, 1973, 37(04).

26. E. H. Erikson. *Identity and the Life Cycle: A Reissue*[M]. New York: Norton, 1980.

27. Esther Stuwart. Real Boys Carry Girly Epics: Normalising Gender Bending in Online Games[J]. *Eludamos Journal for Computer Game Culture*, 2008, 02(01).

28. L. Festinger. A Theory of Social Comparison Processes[J]. *Human Relations*, 1954(07).

29. G. H. Mead. *Mind, Self and Society*[M]. Chicago: The University of Chicago Press, 2015.

30. G. Simmel. *Conflict and the Web of Group Affiliations*[M]. Illionois: Free Press, 1954.

31. O. Geertjan, et al. Brief Report: Intimacy, Passion, and Commitment in Romantic Relationships-validation of A "Triangular Love Scale" for Adolescents[J]. *Journal of Adolescence*, 2007(30).

32. M. D. Griffiths, et al. Breaking the Stereotype: The Case of Online Gaming[J]. *Cyberpsychology, Behavior, and Social Networking*, 2003(06).

33. M. D. Griffiths, et al. Demographic Factors and Playing Variables in Online Computer Gaming[J]. *Cyberpsychology, Behavior*, and *Social Networking*, 2004(07).

34. S. M. Grüsser, et al. Excessive Computer Game Playing: Evidence for Addiction and Aggression? [J]*Cyberpsychology, Behavior, and Social Networking*, 2007, 10(02).

35. D. Haraway. A Cyborg Manifesto Science, Technology and Socialist-feminism in the Late Twenty Century[M]//D. Bell, B. M. Kennedy. *The Cybercultures Reader*. London: Routledge, 2000.

36. Hee-Woong Kim. What Motivates People to Purchase Digital Items on

Virtual Community Websites? The Desire for Online Self-presentation [J]. *Information Systems Research*, 2012, 23(04).

37. Helen Harris, et al. The Evolution of Social Behavior over Time in Second Life[J]. *Presence: Teleoperators & Virtual Environments*, 2009, 18(06).

38. Helena Cole, M. D. Griffiths. Social Interactions in Massively Multiplayer Online Role-playing Gamers[J]. *Cyberpsychology, Behavior, and Social Networking*, 2007, 10(04).

39. Herbert Blumer. *Symbolic Interactionism: Perspective and Method* [M]. New Jersey: Prentice-Hall Inc., 1969.

40. Herbert J. Rubin, Irene S. Rubin. *Qualitative Interviewing: The Art of Hearing Data* [M]. California: Sage Pub Inc., 1995.

41. E. T. Higgins. Self-discrepancy: A Theory Relating Self and Affect[J]. *Psychological Review*, 1987, 94(03).

42. Holly Maxwell Pringle. Conjuring the Ideal Self: An Investigation of Self-presentation in Video Game Avatars[J]. *Press Start*, 2015, 02(01).

43. Z. Hussain, M. D. Griffiths. Gender Swapping and Socializing in Cyberspace: An Exploratory Study[J]. *Cyberpsychology, Behavior, and Social Networking*, 2008(11).

44. James E. Marcia. Development and Validation of Ego-identity Status [J]. *Journal of Personality and Social Psychology*, 1966, 03(05).

45. Janet Murray. *Hamlet on the Holodeck: The Future of Narrative in Cyberspace* [M]. New York: Free Press, 1997.

46. R. Jenkins. *Social Identity* [M]. London & New York: Routledge, 1996.

47. J. M. Cheek, S. R. Briggs. Self-consciousness and Aspects of Identity [J]. *Journal of Research in Personality*, 1982, 16(04).

48. J. M. Cheek, et al. Relational Identity Orientation: A Fourth Scale for the AIQ[J]. Society for Personality and Social Psychology Annual Meeting, 2002.

49. Joël Billieux, M. V. Linden. Why Do You Play World of Warcraft? An In-depth Exploration of Self-reported Motivations to Play Online and In-game Behaviours in the Virtual World of Azeroth[J]. *Computers in Human Behavior*, 2013 (29).

50. Joel M. Charon. Symbolic Interactionism: An introduction, An Interpretation, An Integration[M]. New Jersey: Prentice-Hall Inc. , 1998.

51. Jorge Peña, J. T. Hancock. An Analysis of Socioemotional and Task Communication in Online Multiplayer Video Games[J]. *Communication Research*, 2006, 33(01).

52. Junghyun Kim. "I Want to Be Different from Others in Cyberspace": The Role of Visual Similarity in Virtual Group Identity[J]. *Computers in Human Behavior*, 2009(25).

53. Jesper Juul. Half-real: Video Games between Real Rules and Fictional Worlds[J]. *Sociological Review*, 2006, 54(03).

54. Katherine Bessière, et al. The Ideal Elf: Identity Exploration in World of Warcraft[J]. *Cyberpsychology, Behavior, and Social Networking*, 2007, 10(04).

55. Katheryn Urberg. Sex Role Conceptualizations in Adolescents and Adults[J]. *Developmental Psychology*, 1979, 15(01).

56. Kathrin M. Gerling, et al. Measuring the Impact of Game Controllers on Player Experience in FPS Games[J]. 15th International Academic Mindtrek Conference: Envisioning Future Media Environments, 2011.

57. Kennth J. Gergen. *The Saturated Self: Dilemmas of Identity in Contemporary Life*[M]. New York: Basic Books, 1991.

58. Kirsten Dortner. Modernity and Media Panics[M]//M. Skovmand, K. C. Schroder. *Media Cultures Reappraising Transnational Media*. London&New York: Rutledge, 1992.

59. S. Kiousis. Interactivity: A Concept Explication[J]. *New Media&Society*, 2002, 04(03).

60. J. Kristeva. The Adolescent Novel[M]//John Fletcher, A. E. Benjami. *Abjection, Melancholia and Love*. London: Routledge, 1990.

61. Lo Shao-Kang, et al. Physical Interpersonal Relationships and Social Anxiety among Online Game Players[J]. *Cyberpsychology, Behavior, and Social Networking*, 2005, 08(01).

62. Lotte Vermeulen, et al. Challenging the Other: Exploring the Role of

Opponent Gender in Digital Game Competition for Female Players [J]. *Cyberpsychology, Behavior, and Social Networking*, 2014, 17(05).

63. N. Madge, J. Barker. *Risk and Childhood* [M]. London: The Royal Society for the Encouragement of Arts, Manufactures and Commerce, 2007.

64. M. Maffesoli. *The Time of the Tribes: The Decline of Individualism in Mass Society* [M]. London: Sage, 1996.

65. T. W. Malone, M. R. Lepper. Making Learning Fun: A Taxonomy of Intrinsic Motivation for Learning [M]//R. E. Snow, M. J. Farr. *Aptitude, Learning, and Instruction*. New Jersey: Lawrence Erlbaum Associates, 1987.

66. Manuel Castells. Toward A Sociology of the Network Society [J]. *Contemporary Sociology*, 2000, 29(05).

67. Marcel Mauss. A Category of the Human Mind [M]//M. Carrithers, et al. *The Category of the Person: Anthropology, Philosophy, History*. Cambridge: Cambridge University Press, 1985.

68. Marie-Laure Ryan. Beyond Myth and Metaphor: The Case of Narrative in Digital Media [J]. *Game Studies*, 2001, 01(07).

69. A. H. Maslow. *Motivation and Personality* [M]. New York: Harper & Row, 1954.

70. A. H. Maslow. *Motivation and Personality* [M]. New York: Harper & Row, 1970.

71. Melissa L. Lewis, et al. "They May Be Pixels, But They're MY Pixels": Developing a Metric of Character Attachment in Role-playing Video Games [J]. *Cyberpsychology, Behavior, and Social Networking*, 2008, 11(04).

72. Mengxiao Zhu, et al. Motivations for Self-assembling into Project Teams [J]. *Social Networks*, 2013, 35(02).

73. Mikael Jakobsson, T. L. Taylor. The Sopranos Meets EverQuest-social Networking in Massively Multiplayer Online Games [J]. Digital Arts and Culture (DAC) Streaming Words Conference, 2003.

74. Miroslaw Filiciak. Hyperidentities: Post-modern Identity Patterns in Massively Multiplayer Online Role-playing Games [M]//Mark J. P. Wolf, Bernard Perron. *The Video Game Theory Reader*. New York: Routledge, 2003.

75. Mitja D. Back, et al. Facebook Profiles Reflect Actual Personality, Not Self-idealization[J]. *Psychological Science*, 2010, 21(03).

76. M. Moretti, E. T. Higgins. Relating Self-discrepancy to Self-esteem: The Contribution of Discrepancy beyond Actual Self-ratings[J]. *Journal of Experimental Social Psychology*, 1990(26).

77. N. D. Bowman, et al. "'I'm Attached, and I'm a Good Guy/Gal!'": How Character Attachment Influences Pro-and Anti-social Motivations to Play Massively Multiplayer Online Role-playing Games [J]. *CyberPsychology, Behavior, and Social Networking*, 2012, 15(03).

78. Narnia C. Worth, Angela S. Book. Dimensions of Video Game Behavior and Their Relationships with Personality[J]. *Computers in Human Behavior*, 2015(50).

79. Nick Yee, et al. The Unbearable Likeness of Being Digital: The Persistence of Nonverbal Social Norms in Online Virtual Environments[J]. *Cyberpsychology, Behavior, and Social Networking*, 2007, 10(01).

80. Nicolas Ducheneaut, et al. Body and Mind: A Study of Avatar Personalization in Three Virtual Worlds[M]//S. Greenberg, et al. *Proceedings of International Conference on Human Factors in Computing System*. New York: Assoc Computing Machinery, 2009: 1151-1160.

81. Nicolas Ducheneaut, et al. "Alone Together?" Exploring the Social Dynamics of Massively Multiplayer Online Games[J]. CHI 2006 Proceeding, 2006.

82. D. Niven, J. Zilber. Do Woman and Man in Congress Cultivate Different Images? Evidence from Congressional Web Sites[J]. *Political Communication*, 2001(18).

83. J. O'Brien. Writing in the Body: Gender (Re) production in Online Interaction[M]//M. A. Smith, P. Kollock. *Communities in Cyberspace*. New York: Routledge, 2000.

84. T. Parsons. Age and Sex in the Social Structure of the United States [M]//T. Parsons. *Essays in Sociological Theory*. New York: Free Press, 1954.

85. R. A. Dunn, R. E. Guadagno. My Avatar and Me: Gender and Personality Predictors of Avatar-self Discrepancy[J]. *Computers in Human Behavior*, 2012,

28(01).

86. S. Rafaeli. Interactivity: From New Media to Communication[M]//R. P. Hawkins, et al. *Advancing Communication Science: Merging Mass and Interpersonal Process*. California: Sage, 1988.

87. Rosa Mikeal Martey, et al. The Strategic Female: Gender-switching and Player Behavior in Online Games[J]. *Information, Communication & Society*, 2004, 17(03).

88. Rowland S. Miller. *Intimate Relationship* [M]. New York: McGraw-Hill Education, 2012.

89. G. D. Rowles. Place and Personal Identity in Old Age: Observations from Appalachia[J]. *Journal of Environmental Psychology*, 1983(03).

90. Sally J. McMillan. The Researchers and the Concept[J]. *Journal of Interactive Advertising*, 2005, 05(02).

91. E. E. Sampson. Personality and the Location of Identity[J]. *Journal of Personality*, 1978(46).

92. Seung-A Annie Jin, Namkee Park. Parasocial Interaction with My Avatar: Effects of Interdependent Self-construal and the Mediating Role of Self-presence in an Avatar-based Console Game, Wii[J]. *Cyberpsychology, Behavior, and Social Networking*, 2009, 12(06).

93. Seung-Bae Park, Namho Chung. Mediating Roles of Self-presentation Desire in Online Game Community Commitment and Trust Behavior of Massive Multiplayer Online Role-playing Games[J]. *Computers in Human Behavior*, 2011(27).

94. Slavoj Žižek. *The Plague of Fantasies* [M]. London: Verso Books, 1997.

95. R. Stedman. Toward a Social Psychology of Place: Predicting Behavior from Place-based Cognitions, Attitude, and Identity [J]. *Environment and Behavior*, 2002(34).

96. R. J. Sternberg. A Triangular Theory of Love [J]. *Psychological Review*, 1986(93).

97. J. Suler. Do Boys Just Wanna Have Fun? Gender-switching in Cyberspace

[EB/OL]. (2017-11-17) [2021-03-09]. http://www. rider. edu/users/suler/psycyber/ genderswap. html.

98. Susan Herring. Gender Differences in Computer-mediated Communication: Bringing Familiar Baggage to the New Frontier[M]//Victor J. Vitanza. *Cyber Reader*. Massachusetts:Allyn&Bacon,Inc. ,1996.

99. Walter Mischel, et al. Principles of Self-regulation: The Nature of Willpower and Self-control[M]//Edward Tory. *Social Psychology:Handbook of Basic Principles*. New York:Guildford Press,1996.

100. William James. *The Principles of Psychology*[M]. New York:Henry Holt,1890.

101. N. Yee. Motivations for Play in Online Games[J]. *Cyberpsychology, Behavior,and Social Networking*,2006,09(06).

102. Zach Waggoner. *My Avatar, My Self: Identity in Video Role-playing Games*[M]. North Carolina:McFarland&Company,2009.

## 网络文献

1. 艾瑞咨询. 中国 MOBA 游戏用户行为研究报告简版(2012—2013 年)[R/OL]. (2017-09-13)[2021-03-08]. http://www. iresearch. com. cn/report/1973. html.

2. 教育部职业教育与成人教育司. 关于做好 2017 年高等职业学校拟招生专业申报工作的通知[EB/OL]. (2017-08-10)[2021-03-08]. http://www. moe. edu. cn/s78/A07/A07_gggs/A07_sjhj/201609/t20160907_277984. html.

3. 文化部. 网络游戏管理暂行办法[EB/OL]. (2017-08-11)[2021-03-08]. http://www. gov. cn/flfg/2010-06/22/content_1633935. htm.

4. 中国互联网络信息中心. 第 45 次中国互联网络发展状况统计报告[R/OL]. (2018-05-11)[2021-03-08]. http://111. 0. 93. 184/www. cnnic. net. cn/hlwfzyj/hlwxzbg/hlwtjbg/202004/P020200428596599037028. pdf.

5. 中国音像与数字出版协会游戏出版工作委员会,等. 2018 年中国游戏产业报告(摘要版)[R/OL]. (2019-05-05)[2021-03-08]. http://www. cgigc. com. cn/gamedata/20752. html.

6. 中华传播学会. 中华传播学会传播研究伦理守则[EB/OL]. (2017-09-19)[2021-03-09]. http://ccs.nccu.edu.tw/news_content.php? N_ID=892.

# 附　录

## 访谈大纲

### 一、个人基本信息

1. 性别、年龄、年级、所在城市、学校性质
2. 常用游戏昵称及其含义

### 二、网络游戏行为及感受

1. 基本游戏经历：何时及如何开始玩游戏的，主要玩哪些游戏、最喜欢玩的游戏，每日或每周玩游戏的大概时长。

2. 你先后扮演过哪些角色，最喜欢的游戏角色是哪个，为什么？选角色时你是怎么选的，角色身上哪些因素是你最看重的呢？你觉得游戏里的角色跟你本人有相似之处吗？你对他的形象满意吗？

3. 角色是怎么成长的，你平时都怎么练角色，花费的时间多吗，会买装备或其他虚拟物品来装扮他吗？

4. 你有没有在游戏中跨性别扮演的经历，即女孩子扮演男性角色，男孩子扮演女性角色？如果有，为什么要跨性别扮演，有什么好处吗？扮演另外一个性别

的角色感觉怎么样？其他玩家有没有发现你的真实性别，他们对你的跨性别角色有什么反应？你怎么看待游戏中的跨性别扮演？

5. 看到角色受伤或死亡，你会难受吗？你对游戏角色产生过感情吗？如果有的话，能不能详细叙述下你对角色的感情，比如一次具体的游戏经历，或卖掉角色时的感受。

6. 你一般在什么情况下，基于什么动机会去玩游戏？主要是跟现实中认识的人一起玩游戏，还是跟陌生玩家一起玩？跟游戏里的玩家交流多吗？跟游戏中新认识的朋友关系怎么样，都聊些什么，有没有在现实生活中来往过？

7. 你游戏玩得怎么样，别人一般怎么评价你？如果游戏玩得好，会带给你怎样的心理感受，能够弥补你其他方面的不足吗，如果你有不足的话？

8. 你有在游戏里结成情侣或结婚吗？如果有，是在怎样的情形下决定建立这种关系的，举办婚礼了吗，经过如何？结婚或结成情侣对你的游戏参与有什么影响吗？如果没有，你怎么看待游戏里的这些亲密关系，比如看到游戏情侣或夫妻你会有什么反应？

9. 在游戏里有拜师或收徒弟吗？如果有，这样做的目的是什么？你一般怎么跟徒弟或师傅互动，师徒之间的关系如何？如果没有，为什么不拜师或收徒弟？

10. 你参加过游戏里的公会或战队组织吗？如果参加过，参加了多长时间，是在什么样的情况下参加的，你在里面通常做些什么？喜欢公会生活吗，对公会的归属感如何？你们线下有交流互动吗？如果没有参加过，为什么不参加？

11. 你一般怎么跟公会里的其他人互动，会参与团队行动吗，比如团战之类？参加这些团队行动时，你负责做什么，能否具体描述一次这样的经历？你觉得你在团队里的作用如何？其他人呢，他们有什么看法？

12. 你有加入游戏玩家组织的 QQ 群或微信群吗？和里面的人关系怎么样，是怎样加进去的，为什么要加进去？你在里面一般会做些什么？你们线下会有互动吗？

13. 若是公会创建者：你是怎么想着要创建一个公会的，具体是怎么做的，效果如何，公会表现怎么样，凝聚力强吗？公会成员对你是什么态度，有没有具体的事例可以讲一下？

14. 若是公会管理者：你在公会里具体负责哪一块管理工作？管理公会难吗，你从中学到了什么，感觉如何？你觉得公会里的管理经验有用吗？

15. 在游戏中，你是否帮助过别人？如果是，是在怎样的情形下帮助别人的，为什么你要帮助别人，可以详细讲讲吗？如果没有，为什么呢？你接受过别的玩家的帮助吗？如果有，感受如何呢？这种帮助对你的游戏参与有影响吗？

16. 你觉得凭游戏里的行为能分辨得出玩家的身份吗，不同性别的玩家在游戏中的行为有什么不同吗？有人认为竞技类游戏不是女生玩的，你觉得呢？能否综合评价下女性在游戏里面的表现？

17. 玩游戏你大概花了多少钱，会花钱买游戏以及为游戏充值吗？线下会不会玩 cosplay(角色扮演)，或者买游戏衍生产品？一般出于什么样的心态或目的会去买这些东西呢？

18. 玩网络游戏对你的个人能力、反应速度、思维，以及人际交往有什么影响吗？一旦玩起游戏来，你能控制自己的行为和情绪吗？

19. 你是怎么看待网络游戏的？这么多年玩游戏的经历给你带来的欢乐和压力哪个更多？你觉得游戏中你的价值体现在哪里？

20. 现实生活中你是个怎样的人，可以简单描述一下自己吗？接下来你有什么目标吗，对未来有什么规划？

此外，笔者还会向访谈介绍人简单询问有关访谈者的情况，以便与访谈者沟通以及进行现场观察。